U0917615

# 大学生就业指导与实务

朱 军 王 慧 朱旻华 编著

中国水利水电出版社
www.waterpub.com.cn
·北京·

## 内 容 提 要

本书以就业为导向，以职业能力培养为核心，为大学生提供全方位的就业指导与就业服务。本书分上、中、下三篇，共八章，全书结构清晰，章节设计紧扣主题，层层推进，从唤醒大学生就业意识入手，对大学生职业素养的提升及就业创业的指导进行了介绍，内容注重实用性与可读性，贴近实践。为方便教学，每章除设有学习目标、案例导入外，还设计了知识加油站和课后作业等模块，构建了多维立体资源。本书既可作为本科院校大学生就业指导的公共基础课实用教材，也可作为有关培训机构的就业培训教材。

**图书在版编目（CIP）数据**

大学生就业指导与实务 / 朱军，王慧，朱旻华编著
. -- 北京 : 中国水利水电出版社，2022.7
ISBN 978-7-5226-0847-1

Ⅰ. ①大 ... Ⅱ. ①朱 ... ②王 ... ③朱 ... Ⅲ. ①大学生—职业选择 Ⅳ. ① G647.38

中国版本图书馆 CIP 数据核字（2022）第 128178 号

| 书　　名 | 大学生就业指导与实务<br>DAXUESHENG JIUYE ZHIDAO YU SHIWU |
|---|---|
| 作　　者 | 朱　军　王　慧　朱旻华　编著 |
| 出版发行 | 中国水利水电出版社<br>（北京市海淀区玉渊潭南路1号D座　100038）<br>网址：www.waterpub.com.cn<br>E-mail：sales@mwr.gov.cn<br>电话：（010）68545888（营销中心） |
| 经　　售 | 北京科水图书销售有限公司<br>电话：（010）68545874、63202643<br>全国各地新华书店和相关出版物销售网点 |
| 排　　版 | 北京水利万物传媒有限公司 |
| 印　　刷 | 天津旭非印刷有限公司 |
| 规　　格 | 185mm×260mm　16开本　15.5印张　280千字 |
| 版　　次 | 2022年7月第1版　2022年7月第1次印刷 |
| 定　　价 | 48.00元 |

# 前言

就业是民生之本、安国之策，是社会和谐与国家发展的基石。当前，大学生就业指导教育已经引起各高校的极大重视。有效的就业指导教育，可以增强大学毕业生在就业市场的竞争力，提高大学毕业生的就业率和就业质量。就业指导并不是在学生临近毕业时才开展的工作，而是一个全面、系统、持续、有序的教育过程。

大学生就业指导工作应该贯彻“全程化、课程化、个性化、教材化”的原则。全程化就是把就业指导贯穿在从招生宣传到学生入学直至毕业的整个过程之中；课程化就是把就业指导的内容以课程的形式向学生进行系统讲授，并纳入学校的整个教学计划中，保证就业指导的严肃性、系统性、有序性，确保就业指导的质量和效果；个性化就是依据学生个人能力、兴趣、发展潜力，指导学生选择适合自己的专业或职业，主要通过开展就业咨询的方式来进行；教材化就是充分利用传统教材这一重要载体，为学生提供全方位的就业指导和就业服务。

明确以就业为导向，以职业能力培养为核心，加强对大学生的就业指导服务，提升大学生的职业化素质与技能，对于推动高校人才培养模式改革，培养适应社会需要的高质量人才，具有十分重要的意义。本教材为浙江农林大学校本教材，由朱军、王慧、朱旻华编著完成。本教材分为上、中、下三篇，共八章。上篇为唤醒就业意识，包括大学生就业形势与政策、社会职业与求职准备；中篇为职业素养提升，包括职业目标确立与实施、就业实务与职场礼仪；下篇为就业创业指导，包括就业签约与派遣实务、角色转换与心理调适、就业权益与职场保障、创业基本知识与实践。

本书在编写过程中还借鉴和参考了一些专家教授的理论和观点，并直接引用了一些教材和文献资料，以及教育同行的经验和案例，在此也向他们致以衷心的感谢。本书中所用素材图片均收集于互联网，其版权属于原作者或单位，本书引用仅作教学之用，如果侵犯了您的版权，请与我们联系。

由于时间和编者水平有限，书中难免有疏漏和不妥之处，真诚欢迎广大读者提出宝贵建议和意见，以便更好地修订和完善。

编者

2021 年 11 月

# 目　录

## | 上篇 |　唤醒就业意识

## ｜中篇｜　职业素养提升

## | 下篇 | 就业创业指导

# ｜ 上篇 ｜

# 唤醒就业意识

# 第一章　大学生就业形势与政策

## 【学习目标】

1. 了解大学生就业形势
2. 了解大学生就业政策
3. 了解就业方向和就业形势
4. 树立正确的就业观

## 【案例导入】

毕业生小王来自云南罗平，直到当年3月份他还未落实工作单位。笔者去参加国家医药管理局的供需见面协调会，顺便将他的应聘材料带去帮他落实单位。刚好罗平有一家制药厂想要聘用他，既专业对口，又是家乡的企业，但他本人的择业意向是：单位地点必须在昆明市，至于是什么单位、具体做什么工作都无关紧要，除此以外，他什么单位都不考虑。在这种心态下，结果自然难以如愿。

**分析：**

小王的思想在当前毕业生的择业过程中具有一定的代表性。不少毕业生过于向往经济发达地区，尤其是沿海地区的中心城市，最低的期望也是回自己家乡所在地的中心城市。他们只注重经济文化发达、工作环境优越的一面，而忽视了人才济济、相对过剩的一面，择业期望值居高不下，甚至还有逐年上升的趋势，从而导致主观愿望与现实需求之间的巨大落差。像小王这样过分看重单位所在地的毕业生不在少数。根据笔者对本校20届毕业生的抽样问卷调查，在衡量单位是否符合自己的标准时，有92%的毕业生会选择效益好、工资高的单位，超过85%的毕业生要求工作单位地处大中城市，愿意到急需人才的边远地区和艰苦行业的毕业生仅占2%。

## 第一节　就业形势分析

### 一、国内就业形势

2020年1月2日，求是网在其发布的评论性文章《如何看待我国就业形势》中指出，近些年我国总体就业形势总体稳定，但总量压力仍需破解。就业是民生之本，在当前我国经济“增速换挡”“结构优化”“动力转换”的大背景下，高校毕业生是就业群体最重要的新生力量，其就业问题与国家经济建设和社会发展息息相关，从而备受社会关注。[①]

2021年以来，各地区各部门统筹推进疫情防控和经济社会发展，经济社会持续稳定恢复，各项稳就业政策不断落实落地，全国城镇调查失业率有所回落，就业形势稳中趋好。

在就业方面，突如其来的新型冠状病毒感染肺炎疫情对我国经济社会发展及就业工作都造成严重冲击，2020年整体就业走势前低后稳。一季度就业开局低迷，二季度随着复工复产稳步推进，稳就业举措全面落地，劳动力市场需求升温，就业局势逐步回稳。二季度末全国城镇登记失业率3.84%；市场需求一改疫情初期的急剧下滑，实现由负转正，并正延续回升态势。进入三季度，我国就业形势保持总体平稳、稳中向好。

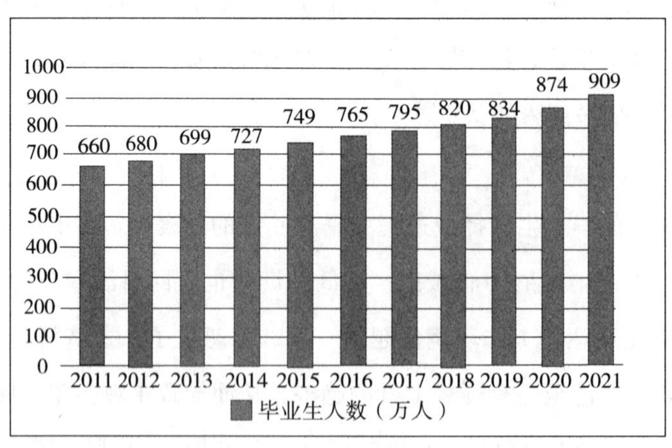


图1-1　2011—2021年高校应届毕业生数量增长情况

① 人力资源和社会保障部党组. 如何看待我国就业形势［J］. 求是，2020（1）.

## 二、就业形势分析及中长期展望

### （一）新业态优势凸显，灵活就业成为就业新引擎

新型冠状病毒感染肺炎疫情暴发以来，传统就业领域受到冲击，而灵活就业集中的新业态领域优势凸显。人力资源和社会保障部数据显示，我国灵活就业从业人员规模达2亿左右。

2020年第一季度，快递业率先飘红，增长13.2%，并始终保持领先的发展态势。增长势头迅猛的还有网络直播带货，2020年有估计近百万从业人员。7月，国家人社部发布第三批新职业，新增“互联网营销师”等9个职业，并在“互联网营销师”职业下增设了“直播销售员”工种。此外，外卖、网约车、家庭服务等平台经济就业领域同样展现了活力。

西南财经大学中国家庭金融调查与研究中心CHFS的调查显示，截至2020年底我国传统灵活就业人数约1.25亿人，主要集中于居民服务、批发零售、住宿餐饮等行业；新型灵活就业约6 000万人，包括4 300万人从事经营个体（私营）企业、自主创业、网上开店，1 200万人选择自由职业。其中，互联网平台灵活就业者达2 058万人，包括796万网约车司机、455万快递和外卖员、114万网络主播、80万微信公众号等自媒体运营者。

当前，以新业态就业渠道为主的灵活就业成为就业新引擎已经形成普遍共识。与传统就业相比，其优势主要体现在以下五个方面：一是劳动精准度更高，效率提升，数字技术为劳动者管理提供了支撑，突破了传统契约缔结和监督管理的局限；二是更符合新生代农民工自由劳动的选择取向；三是收入高于传统行业；四是收入分配较好地体现了效率和公平，一般是个人得大头、平台得小头，多劳多得、技高多得；五是越来越多的新业态出现、成长，为这种就业模式提供了更多岗位。

### （二）伴随双循环格局构建，就业形势有望进一步好转

2020年，我国经济在全球新型冠状病毒感染肺炎疫情中率先复苏，总产出已回到疫情前的水平。2021年经济复苏态势有望持续，内生动力（如私人消费和制造业投资）将成为主要引擎，推动经济活动回到疫情前的增长轨道，弥补疫情对经济增长的短期冲击。当前就业的有利形势正在激活巨大的消费市场潜力，而消费的持续复苏也将进一步激发人力资源市场活力。

此外，各行业、各领域的数字化升级，以及双循环发展新格局构建下的强链、补链、

扩链都将成为促进就业市场发展的有利因素。同时，新业态就业、灵活就业拓宽就业渠道的作用会越来越凸显。

预计就业形势将持续稳中向好，城镇调查失业率有望继续下降。

## 第二节　大学生就业政策与措施

党的十八大以来，我国持续深化就业创业体制机制改革，在推动高质量发展中创造更多高质量的就业机会。尽管如此，我国就业总量压力依然较大，结构性矛盾依然突出；不仅如此，新发展阶段增进民生福祉和构建新发展格局都离不开就业的保障和支撑。

首先，2017 年国家密集发布了《关于进一步引导和鼓励高校毕业生到基层工作的意见》《高校毕业生基层成长计划》等文件，不断增加“特岗教师”等基层岗位的招聘人数，扩大高校毕业生基层的就业规模。其次，基层就业服务水平不断提升，优惠政策范围不断增加。同时，特别重视高校毕业生的物质诉求，上调了毕业生基层就业的经济补贴标准。《2019—2020 年度大学生志愿服务西部计划实施方案》将先前文件中的“农业科技”专项变更为“服务三农”专项，服务范围得以扩大，岗位设置也进一步向“三区三州”等地区调整。2020 年《关于引导和鼓励高校毕业生到城乡社区就业创业的通知》（人社部发〔2020〕53 号），也将社区作为基层就业的新重点领域。这些调整都体现了国家建设好基层的决心与信念，也使我国高校毕业生基层就业政策逐步完善，高校毕业生基层就业的规范性大大提升。

### 一、鼓励高校毕业生到基层、到中西部地区就业

对到农村基层和城市社区公益性岗位就业的高校毕业生，给予社会保险补贴和公益性岗位补贴；对到农村基层和城市社区其他社会管理和公共服务岗位就业的，给予薪酬或生活补贴；对到中西部地区和艰苦边远地区县以下农村基层单位就业并履行一定服务期限的，由政府补贴学费，代偿助学贷款；对有基层工作经历的，在研究生招录和事业单位选聘时优先录取。对参加“选聘高校毕业生到村任职”、“三支一扶”（支教、支农、支医和扶贫）、“大学生志愿服务西部计划”、“农村义务教育阶段学校教师特设岗位计划”等项目的，给予生活补贴，按规定参加社会保险；项目服务期满并考核合格的，报考硕士研究生初试总分

加 10 分，高职（高专）学生可免试入读成人本科；今后相应的自然减员空岗全部聘用参加项目服务期满的高校毕业生。

## 二、鼓励高校毕业生应征入伍服义务兵役

国家鼓励高校应届毕业生应征入伍服义务兵役，对应征入伍服义务兵役的高校毕业生，由政府补偿学费，代偿助学贷款；在选取士官、考军校、安排到技术岗位等方面优先；退役后参加政法院校为基层公检法定向岗位招生考试时，优先录取。

具有高职（高专）学历的，退役后免试读成人本科，或经过一定考核，读普通本科；退役后报考硕士研究生初试总分加 10 分，荣立二等功及以上的，退役后免试推荐读硕士研究生。高等学校学生应征入伍退出现役，且符合硕士研究生报考条件者，可报考“退役大学生士兵计划”。

## 三、鼓励和支持高校毕业生到中小企业就业和自主创业

对企业招用非本地户籍的普通高校专科以上毕业生，各地城市应取消落户限制（直辖市按有关规定执行）；为到中小企业就业的高校毕业生提供档案管理、人事代理、社会保险办理和接续等方面的服务；从事个体经营符合条件的，免收行政事业性收费并享受国家相关扶持政策；登记失业并自主创业的，如自筹资金不足，可申请 5 万元小额担保贷款；对合伙经营和组织起来就业的，可按规定适当提高货款额度；参加创业培训的，按规定给予职业培训补贴；灵活就业并符合规定的，可享受社会保险补贴政策。

## 四、积极聘用优秀高校毕业生参与国家和地方重大科研项目

高校毕业生在参与项目研究期间，享受劳务性费用和有关社会保险补助，户口、档案可存放在项目单位所在地，或入学前家庭所在地人才交流中心。聘用期满，根据需要可以续聘或到其他岗位就业，就业后工龄与参与项目研究期间的工作时间合并计算，社会保险缴费年限连续计算。

## 五、强化对困难家庭高校毕业生的就业援助

就业困难和零就业家庭的高校毕业生，享受公益性岗位安置、社会保险补贴、公益性岗位补贴等就业帮助政策；机关、事业单位免收招聘报名费和体检费；高校可根据实际情况给予适当的求职补贴；对离校后未就业回到原籍的高校毕业生，由各地公共就业服务机构免费提供就业服务并组织就业实习和职业技能培训。

# 第三节　毕业去向的分析与选择

## 一、就业方式

签约就业是较为传统的就业模式，一般指正规的全日制、与用人单位建立稳定的劳动法律关系、获有工资福利和社会保障的就业。签约就业是大学毕业生就业最普遍的一种方式。它包括以下几种情形，见表 1-1。

**表1–1　高校毕业生就业去向界定及标准**

| 分类 | | 分类界定 | 审核依据 |
|---|---|---|---|
| 就业 | 1. 签就业协议形式就业 | 包含以下七种情况 | |
| | | （1）与就业单位签订省级就业部门统一制定的就业协议书，且盖有单位人力资源（人事）部门公章或单位行政公章 | 依据签订的省级就业部门统一制定的就业协议书或相关制式协议书 |
| | | （2）具有人事调配权限的单位出具的接收毕业生及其人事关系（档案、户口、党团组织关系等）的录用接收函 | 依据用人单位出具的录用接收函 |
| | | （3）定向、委托培养毕业生回原定向、委托培养单位就业 | 依据毕业生与定向委培单位签订的定向、委培协议或回原定向、委托培养单位就业的报到证 |
| | | （4）部队招收士官或文职人员 | 依据招收士官或文职人员协议书 |
| | | （5）医学规培生 | 依据与规培基地签订的协议书 |
| | | （6）国际组织任职 | 依据国际组织出具的接收材料 |
| | | （7）出国、出境就业 | 依据国（境）外用人单位开具的接收证明或出国签证文件 |

续表

| 分类 | | 分类界定 | 审核依据 |
|---|---|---|---|
| 就业 | 2. 签劳动合同形式就业 | 毕业生与用人单位签订劳动合同 | 劳动合同相关解释参见《中华人民共和国劳动法》十六、十八、十九条 |
| | 3. 科研助理、管理 | 指被高校、科研机构或企业聘用作为博士后、科研辅助研究、实验技术、技术经理人、学术助理、财务助理等，包含以下两种情况 | |
| | | （1）科研助理、管理助理 | 依据高校、科研机构或企业出具的证明，薪酬需达到当地最低工资标准 |
| | | （2）博士后入站 | 依据劳动（聘用）合同、协议书、接收函、商调函、《博士后研究人员备案证明》 |
| | 4. 应征义务兵 | 应征义务兵 | 依据预定兵通知书或入伍通知书 |
| | 5. 国家基层项目 | （1）特岗教师 | 依据录用单位出具的录用文件或有关部门出具的接收证明 |
| | | （2）三支一扶 | |
| | | （3）西部计划 | |
| | 6. 地方基层项目 | （1）特岗教师 | 依据录用单位出具的录用文件 |
| | | （2）选调生 | |
| | | （3）农技特岗 | |
| | | （4）乡村医生 | |
| | | （5）乡村教师 | |
| | | （6）其他 | |
| | 7. 其他录用形式就业 | 用人单位不签订就业协议或劳动合同，仅提供聘用证明、工资收入流水等证明材料 | 依据用人单位出具的聘用证明或毕业生本人提供的工资收入证明、收入流水等其他证明材料，薪酬需达到当地最低工资标准 |
| | 8. 自主创业 | 指创立企业（包括参与创立企业），或是新企业的所有者、管理者。包括个体经营和合伙经营两种类型，包含以下三种情况 | |
| | | （1）创立公司（含个体工商户） | 依据创立企业的工商执照、股权证明或其他证明材料 |
| | | （2）在孵化机构中创业，暂未注册或注册当中 | 依据与孵化机构签订的协议或孵化机构提供的证明材料 |
| | | （3）电子商务创业，利用互联网平台从事经营活动，如开设网店等 | 依据网店网址、网店信息截图和收入流水 |
| | 9. 自由职业也属于就业 | 指以个体劳动为主的一类职业，如作家、自由撰稿人、翻译工作者、中介服务工作者、某些艺术工作者、互联网营销工作者、全媒体运营工作者、电子竞技工作者等 | 依据毕业生本人签字确认的证明材料，由校、院两级就业部门负责同志审定，薪酬需达到当地最低工资标准 |
| 升学 | 10. 升学 | （1）研究生 | 依据拟录取名单、录取院校调档函或录取通知书 |
| | | （2）第二学士学位 | |
| | | （3）专科升普通本科 | |
| | 11. 出国、出境 | 毕业生出国、出境深造 | 依据国（境）外高校录取通知书 |

续表

| 分类 | | 分类界定 | 审核依据 |
|---|---|---|---|
| 未就业 | 12. 待就业 | （1）求职中：正在择业，尚未落实工作单位 | |
| | | （2）签约中：已确定就业意向，准备正式签订协议或合同 | |
| | | （3）拟参加公招考试：准备参加公务员、事业单位公开招录考试 | |
| | | （4）拟创业：准备创业，尚未在工商行政管理部门注册登记，拟创立的实体尚未开始实际运营 | |
| | | （5）拟应征入伍：准备应征入伍，尚未被批准 | |
| | 13. 不就业拟升学 | 准备升学考试，暂不打算就业 | |
| | 14. 其他暂不就业 | （1）暂不就业：暂时不想就业等无就业意愿的毕业生 | |
| | | （2）拟出国出境：准备出国出境学习或工作 | |

## 二、全国大学生期望行业和就业去向

就业市场结构性失调，行业的资源错位。在我国经济结构的转型过程中，传统的制造业和劳动密集型产业正在进行激烈的转轨，且在国内的产业结构中依然占据主要地位，然而这些产业的工作环境总体不佳，部分行业盈利水平较低，导致人才吸引力不强。相比之下，第三产业快速发展，已成为吸纳就业的重要领域，以生活服务业为典型代表。伴随产业结构进一步向中高端迈进，新一代信息技术等生产性服务业、互联网经济等加快发展，将成为吸纳大学生就业的重点领域。

### （一）2019 年本科毕业生相关情况

#### 1. 2019 级学生毕业去向和目标行业

根据智联招聘对 2019 届应届毕业生的统计数据，毕业生主要的期望行业是互联网、传媒、娱乐等新兴的第三产业。25.1% 的应届本科毕业生的期望行业为 IT/ 互联网，而我国中西部地区的互联网经济和生产服务型行业发展水平相比于沿海地区仍有较大差距，在传统制造业对于毕业生吸引力不强的情况下，例如教育、信息服务、文化娱乐等服务行业成为大学生就业的重要渠道。根据对 2019 届大学毕业生的抽样调查显示，教育行业成为本科毕业生最大的就业吸纳行业，15.9% 的毕业生选择从事教育行业。

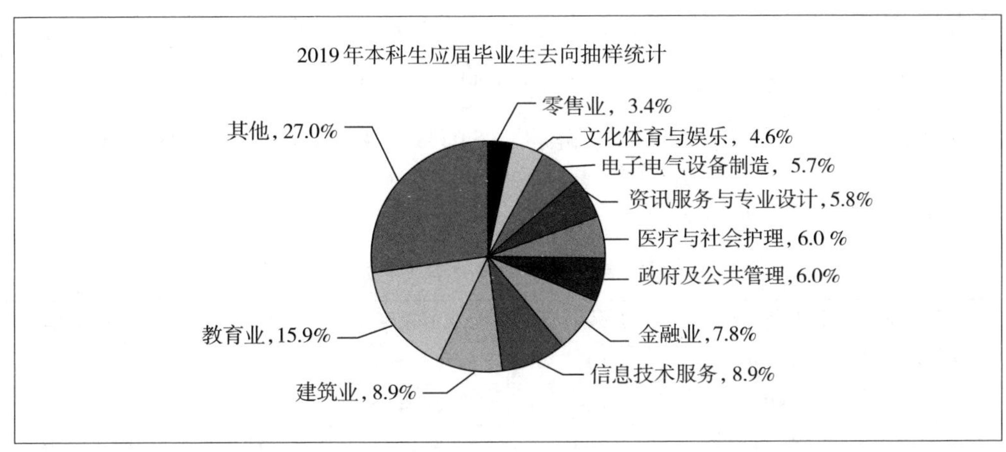


图1-2 2019年本科生应届毕业生去向抽样统计

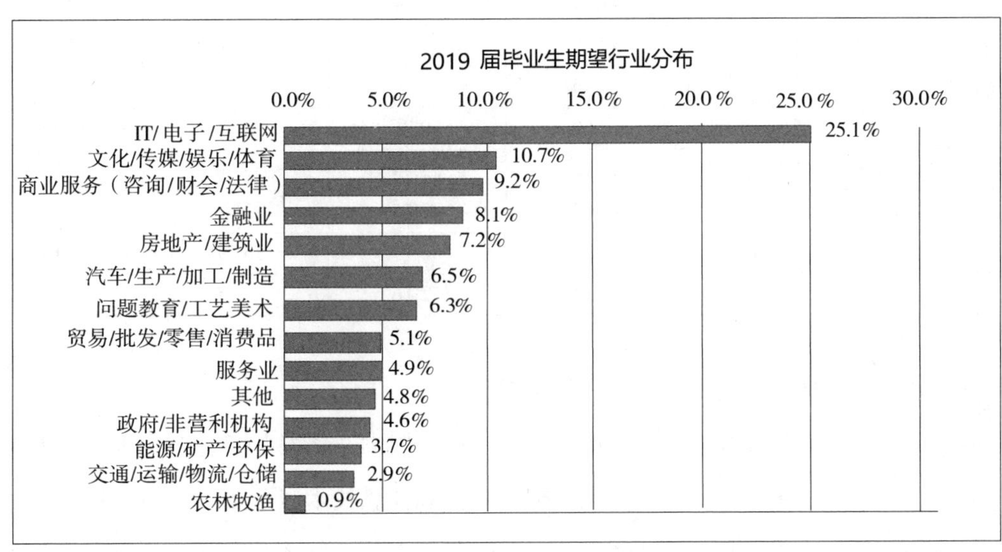


图1-3 2019届毕业生期望行业分布

### 2. 2019 届各专业本科毕业生就业情况

根据新锦成研究院《2020 年大学生就业质量研究》一书显示。2019 届本科毕业生，按专业划分来看就业率，艺术学（88.43%）、工学（87.80%）、教育学（87.14%）、管理学（86.23%）、农学（86.08%）5 个学科门类的本科毕业生就业率高于平均水平（85.62%）；就平均月薪来说，工学（5 515 元）、经济学（5 111 元）2 个学科门类的本科毕业生平均月薪高于平均水平（4 953 元）；就业单位和专业相关度来说医学（80.77%）、教育学（77.06%）、历史学（72.55%）、法学（59.76%）、文学（58.86%）、理学（55.40%）、艺术学（53.26%）7 个学科门类的本科毕业生专业相关度高于平均水平（52.16%）；就业满意度则是医学

（80.77%）、教育学（77.06%）、历史学（72.55%）、法学（59.76%）、文学（58.86%）、理学（55.40%）6个学科门类最高，高于平均水平（54.75%）；离职率方面，艺术学（24.07%）、文学（19.82%）、管理学（19.01%）、经济学（16.05%）、4个学科门类的离职率高于平均水平（15.27%）。

**表1–2　2019届主要学科门类本科毕业就业质量**

| 学科门类 | 就业率 / % | 平均月薪 / 元 | 专业相关度 % | 就业满意度 % | 离职率 % |
|---|---|---|---|---|---|
| 艺术学 | 88.43 | 4 877 | 53.26 | 53.26 | 24.07 |
| 文学 | 84.08 | 4 616 | 58.86 | 58.86 | 19.82 |
| 管理学 | 86.23 | 4 790 | 41.59 | 41.59 | 19.01 |
| 经济学 | 83.88 | 5 111 | 34.07 | 34.07 | 16.05 |
| 农学 | 86.08 | 4 439 | 42.37 | 42.37 | 14.91 |
| 工学 | 87.80 | 5 515 | 47.70 | 47.70 | 12.85 |
| 教育学 | 87.14 | 4 244 | 77.06 | 77.06 | 11.89 |
| 法学 | 76.73 | 4 350 | 59.76 | 59.76 | 10.86 |
| 理学 | 84.59 | 4 615 | 55.40 | 55.40 | 10.80 |
| 历史学 | 85.40 | 4 503 | 72.55 | 72.55 | 8.60 |
| 医学 | 78.34 | 4 250 | 80.77 | 80.77 | 7.48 |
| 总体 | 85.62 | 4 953 | 52.16 | 54.75 | 15.27 |

### 3. 2019年应届毕业生在各行业的就业情况

从就业行业来看，2019届毕业生平均月薪是“国际组织”（7 137元）、“采矿业”（6 758元）、“军队”（6 629元）、“信息传输、软件和信息技术服务业”（6 203元）、“房地产业”（5 689元）、“金融业”（5 475元）、“科学研究和技术服务业”（5 300元）、“交通运输、仓储和邮政业”（5 230元）、“文化、体育和娱乐业”（5 163元）、“电力、热力、燃气及水生产和供应业”（5 145元）、“建筑业”（5 033元）及“制造业”（4 966元）12个行业门类的本科毕业生平均月薪高于平均水平（4 953元）；就业行业的专业相关度来说“卫生和社会工作”（77.38%）、“电力、热力、燃气及水生产和供应业”（62.37%）、“国际组织”（61.76%）、“教育”（61.62%）、“建筑业”（61.45%）、“采矿业”（58.64%）、“科学研究和技术服务业”（58.50%）、“农、林、牧、渔业”（53.96%）、“水利、环境和公共设施管理业”（53.88%）9个行业门类的本科毕业生专业相关均高于平均水平（52.16%）；就业满意度来说2019届“军队”（70.99%）、“公共管理、社会保障和社会组织”（60.34%）、“国际组织”（57.69%）、“电力、热力、燃气及水生产和供应业”（57.16%）、“农、林、牧、渔业”

（56.41%）、“教育”（56.34%）、“卫生和社会工作”（56.05%）及“房地产业”（54.92%）8个行业门类的本科毕业生就业满意度高于平均水平（54.75%）。

表1-3　2019届不同学科门类本科毕业生毕业去向（单位：%）

| 学科门类 | 国内工作 | 国内求学 | 自主创业 | 自由职业 | 出国／出境 |
|---|---|---|---|---|---|
| 教育学 | 68.80 | 9.18 | 2.74 | 5.55 | 0.87 |
| 管理学 | 68.65 | 10.83 | 1.49 | 2.80 | 2.46 |
| 艺术学 | 68.01 | 7.63 | 4.50 | 6.04 | 2.27 |
| 工学 | 62.48 | 20.45 | 0.98 | 1.95 | 1.95 |
| 文学 | 61.36 | 13.54 | 1.65 | 3.23 | 4.29 |
| 历史学 | 59.15 | 21.24 | 1.42 | 2.61 | 0.98 |
| 经济学 | 58.82 | 16.16 | 1.29 | 2.27 | 4.85 |
| 理学 | 55.80 | 23.30 | 0.94 | 3.34 | 1.21 |
| 法学 | 52.22 | 20.03 | 0.96 | 2.47 | 1.06 |
| 医学 | 47.19 | 28.16 | 0.41 | 1.65 | 0.94 |
| 农学 | 46.27 | 34.71 | 1.37 | 2.44 | 1.30 |

注：个别学科门类因样本较少，没有包括在内。

## （二）2021年全国本科毕业生相关情况

### 1. 招聘会及招聘单位形势

2020年，因为突如其来的新型冠状病毒感染肺炎疫情，毕业生就业受到巨大影响，但是根据BOSS直聘人力资源大数据平台2021年1月1日至5月15日数据显示，2021年应届生春招回暖，招聘需求同比大幅增长，据教育部官方数据显示，2021届高校应届毕业生规模约为909万人。相较去年复杂严峻的就业形势，2021年应届生春招形式明显回暖，招聘会数量增加，规模也在不断扩大。BOSS直聘研究院数据显示，截至5月，2021年春季应届生招聘规模同比增幅达到52.5%。校园招聘岗位的平均招聘薪资为6 112元，同比增长4.7%，继续保持连年小幅增长的趋势。2021年应届生的平均期望薪资为6 030元，与去年同期基本持平。

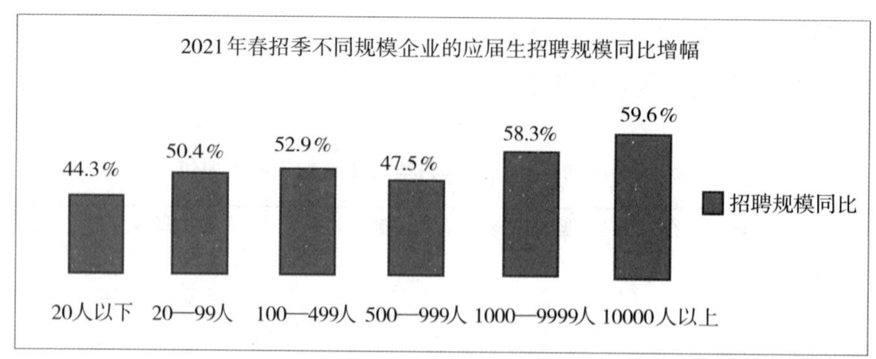


图1-4　2021年春招季不同规模企业的应届生招聘规模同比增幅

## 2. 2021 年春招各行业需求情况

2021 年市场上的应届生岗位在行业分布上呈现出明显的多元化特点。虽然互联网、金融等行业仍然是传统的"岗位大户"。同时，2021 年是全面推进乡村振兴的起始年，因此，新能源 / 环保、农林牧渔、公共管理、社会保障和社会组织招聘规模增幅最大。国家在政策层面积极引导高校毕业生面向基层就业，以促进基层高质量发展。

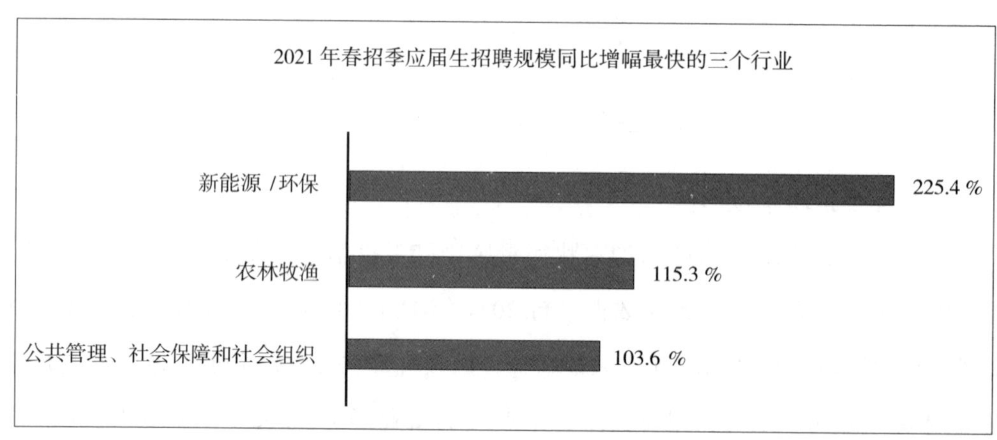


图1-5　2021年春招季应届生招聘规模同比增幅最快的三个行业

# 第四节　树立正确的就业观

大学生的就业观念是影响学生就业的重要因素之一。根据人力资源和社会保障部的最新数据显示，2020 年第四季度，岗位空缺与求职人数的比率约为 1.52，全国人力资源市场用工需求大于劳动力供给，供求总体保持平衡。造成这样的状况的主要原因是部分大学生还存在“等、靠、要”等不良的就业观念，直接影响了其顺利就业。认清形势，转变观念，放眼未来，是大学生实现顺利就业的重要前提。

所谓择业，就是择业者根据自己的职业理想和能力，从社会上各种职业中选择其中的一种作为自己从事的职业过程。任何已具备劳动能力的人，都要进入社会职业领域选择特定的职业。在职业选择过程中，择业者不仅要考虑到个人的需要、兴趣、能力等因素，还要考虑社会发展的需要。就业观是指导就业的观点，正确科学的就业观对人生有着十分重要的影响。就业观的形成主要在学校，学校根据市场导向、个人能力大小、知识水平高低等客观因素来正确指导学生的就业观。

## 一、明确就业的目的和意义

简单来说，就业就是找到工作，获得报酬，满足自身需要。而工作是人类进行劳动生产，创造价值，推动社会发展的活动。人类的生活只有在社会的正常运行之下才能实现，同时人类社会的正常运行，要求社会成员参与社会分工。 因此，就业（工作）本质上是人类为了生存和发展而进行的社会劳动生产活动。对于个人来说，就业是他（她）参与各自社会分工的具体方式；不仅解决了个人的生存问题，还是个人融入社会、紧跟社会和时代发展步伐，体现个人价值和实现未来理想的最基础平台。所以，一个人如果对就业本质认识不清，不工作或者不勤奋工作，不但必然缺乏经济来源，而且必然落伍于时代的进步而被淘汰。

## 二、树立正确的价值观和择业观

大学毕业生是国家宝贵的人才资源，是社会主义经济建设的重要力量。大学生无论在求学还是求职的过程中，首先要把自己的需要和国家、社会的需要结合起来，把社会的进步，国家的发展与个人的前途命运有机地结合起来，在服务社会、奉献社会的过程中，实现自己的人生价值；其次，要树立风险观念，在市场经济条件下，单位的生存和发展充满竞争和风险，个人的就业也有竞争和风险，因此，要转变“一份职业定终身”的思想，树立“合理就业、科学择业、积极创业”的观念。通过工作实践，丰富阅历，积累经验，增强各方面的能力，更好地提升自己的职业发展竞争力。

## 三、树立长远的发展观和基层成才观

高等教育已从“精英教育”转变为“大众教育”，就业格局已从原来比较单一的国有企业和事业单位发展为多渠道、多领域、多行业。清醒认识当前的就业形势，正确评价自我，做好自我的合理定位。大城市、经济发达地区机会多，但竞争激烈，人才需求趋向饱和，中西部地区、基层单位条件相对差些，但机会更多，发展空间更大，为青年建功立业提供了广阔的舞台。因此，树立长远的发展观和基层成才观，对毕业生的长远发展和个人价值的实现是十分必要的。

## 四、正确认识自己，把握择业良机

### （一）正视现实，务实择业

每个人的综合素养与能力都不尽相同，各有各的特点。因此，在选择职业方向前，每位毕业生都应对自身情况有较为理性的、客观的分析与认识，同时对社会的就业现状和态势有相应的了解，以务实肯干的积极态度来迎接社会的第一次考验。切忌好高骛远，以理性的眼光看世界、主动实行时代的新要求与变化。找准自己与社会的最佳结合点，以积极进取的心态迎接社会的选择。

### （二）增强就业意识，全面提高自身素质，为就业做好充分准备

就业意识是大多数毕业生需要尽早树立起来的对就业这件事全方位的认识。求职是一个全面展示自己的过程，所展示的能力不是凭空产生的，而是在日常生活中有意识地培养起来的，要始终保持自信、自立的人生态度，相信真正影响就业过程和结果的是毕业生自己，自身素质如何在求职过程中起决定作用。以质取胜是在求职市场中脱颖而出的关键，因此，毕业生的素质会直接影响其就业状况，大学生要不断学习，不断思考，学而常思，思而求学，培养自己独立获取整理知识的能力。同时，学会处理好各种人际关系也是作为一名合格毕业生必不可少的能力，严以律己，宽以待人，树立正确的“三观”。加强表达和组织能力，使自己在择业的竞争中保持良好的优势，自如地应对所遇到的各种问题。

### （三）增强竞争意识，正确把握择业期望和机遇

人往高处走，这是人之常情，也是社会不断进步的动力，从这个意义上讲，竞争是生物进化法则注入人们血脉的一种本能。要对竞争有一定的认识，首先，培养竞争能力是自身发展和社会发展的需要；其次，竞争是自身实力的展示过程，因此每个毕业生都要培养竞争意识。

一些学生制定的高收入、工作稳定性高、工作环境优、高福利等预期目标与理性现实之间的落差是由于盲目“攀高”思想产生的，为此应树立起脚踏实地的就业态度。

不同层次、不同专业的毕业生在社会需求中有客观的定位。在找准定位的情况下，毕业生大都能顺利找到自己合适的岗位。同时，应该明白就业不是“一蹴而就”的，不要幻想和要求第一次选择的就业岗位或从事的工作，是完全符合自己理想的。应该主动适应社会，不断地进行自我调整。

因此，大学生应该正确认识自我，找准适当的定位，扬长避短，选择能使自己发挥才能和施展抱负的职业。做到“不以物喜”，不“画地为牢”，应根据自己的综合能力和社会需求，把握就业机会，力争在择业过程中占据主动。

## 五、树立正确的就业观的方法

### （一）降低就业期望值

这就要求大学生们及时调整自己的就业理想和价值取向，降低就业期望值，拓宽就业范围，树立大众化就业观。从薪酬待遇而言，也不一定非要高薪不可，从低薪就业开始，先赚取经验也是很有必要的。

### （二）提升自身素质

要提升自己就职的能力，要认清用人单位的需求，有针对性地做好适岗准备；要注意培养求职技巧。求职也是一门学问和艺术，涉及很多细节，如言谈举止、有效沟通等，应在平时养成一些良好的习惯，这就要求大学生们在学好专业知识的同时，时刻注意把知识转化为能力和水平。

### （三）适应严峻的就业形势

面对日益严峻的就业形势，大学生们必须明白，就业严峻是相对的，机会永远是为有准备的人而准备的。在校期间，就要积极参加各类社会实践活动，利用课余时间多接触社会，积累丰富的实践经验，加深对社会的认识。竞聘岗位时，要沉着冷静，从容面对；无论求职成败，都要自信乐观，要有越挫越勇的坚强意志。同时，还应随时调整自己的职业规划，分析自己的实力、价值和需求，为自己的发展设定长远的目标。

## 【知识加油站】

## 一、国家就业帮扶政策和措施

### （一）鼓励高校毕业生到中小微企业就业

发挥中小微企业吸纳高校毕业生就业主渠道作用，鼓励中小微企业在适应供给侧结构性改革、推进产业优化升级，以及发展新经济、培育新动能过程中，进一步开发有利于发挥高校毕业生专长的管理型、技术型就业岗位。引导新兴行业与传统行业融合发展，支持发展就业新模式、新形态。综合运用财政、金融等政策，加大对中小微企业支持力度。对小微企业新招用毕业年度高校毕业生，按规定给予社会保险补贴和职业培训补贴。

### （二）高校毕业生到基层公共管理和社会服务开发就业岗位

认真落实政府购买基层公共管理和社会服务岗位更多用于吸纳高校毕业生就业的要求，结合基层实际需求和转变政府职能、创新公共服务供给模式需要，加大在基层公共教育、医疗卫生、文化体育、农业技术、农村水利、社会救助、城乡社区建设、社会工作、法律援助、信息化建设与管理等领域购买服务的力度，创造更多适合高校毕业生的就业岗位。从基层实际需求出发，精准聚焦短缺人才，以县域为单位定期梳理本地区迫切急需的岗位信息，依托各级公共就业人才服务机构信息发布平台等渠道，加强信息发布和政策引导，鼓励用人单位优先吸纳高校毕业生就业。

### （三）引导高校毕业生投身农业现代化建设

到农业生产经营主体就业的高校毕业生，可按规定享受就业培训、继续教育、项目申报、成果审定等政策，符合条件的可优先评聘相应专业技术资格。围绕农业现代化部署，结合推进农业科技创新，积极引导和鼓励高校毕业生投身现代种业、农业技术、农产品加工、休闲农业、乡村旅游、农村电子商务、农村合作经济和基层水利等事业。

### （四）引导高校毕业生到中西部地区、东北地区和艰苦边远地区工作

在深入实施中部崛起、西部大开发和振兴东北地区等老工业基地战略中，积极拓展高校毕业生就业的新空间，引导和鼓励高校毕业生到中西部地区、东北地区就业。艰苦边远地区基层机关招录高校毕业生可适当放宽学历、专业等条件，降低开考比例，可设置一定数量的职位面向具有本市、县户籍或在本市、县长期生活的高校毕业生。抓好《关于进一步做好艰苦边远地区县乡事业单位公开招聘工作的通知》的贯彻执行，落实好艰苦边远地区事业单位公开招聘高校毕业生各项倾斜政策。

### （五）鼓励高校毕业生到基层机关事业单位工作

根据基层发展需要和财力状况，编制政策和编制标准适当向基层机关事业单位倾斜，为适度扩大招聘高校毕业生创造条件。基层单位出现岗位空缺，择优招录高校毕业生或拿出一定数量的岗位专门招录高校毕业生。研究制定符合县乡机关工作特点的公务员考录测评办法。市地级以上机关新录用高校毕业生没有基层工作经历的，可安排到县乡机关锻炼1年。加大招录国家重点高校优秀毕业生到乡镇一线和其他基层单位工作的力度，为基层干部队伍建设提供源头活水。

### （六）支持高校毕业生到基层创新创业

落实国家关于清障减负的各项政策，为高校毕业生创新创业营造良好环境。加快发展众创空间，依托大学生创业园、国家农业科技园区、创业孵化基地等，为高校毕业生搭建低成本、全方位、专业化的创新创业平台。发挥财政、信贷、创投，以及社会公益等各类资金的作用，为高校毕业生创业创新提供多渠道资金支持。充分挖掘社会组织，吸纳高校毕业生就业的潜力，积极发挥社会组织帮扶高校毕业生创新创业的作用。

鼓励高校毕业生根据自身专长和区域经济特色，在基层创办企业、从事个体经营或网络创业，并按规定给予就业创业政策支持。支持高校毕业生以资金入股、技术参股等方式，加入农民专业合作社等经济组织，鼓励其兴办家庭农场，对其中符合农业补贴政策条件的，按规定给予政策支持。鼓励高校毕业生充分利用闲暇时间，通过互联网远程技术为基层和艰苦边远地区提供公益性志愿服务或兼职工作，以多种形式为基层发展贡献才智。

## 二、浙江省就业帮扶政策和措施

### （一）高校毕业生创业补贴

在校大学生和毕业5年以内的高校毕业生初次创办企业，经国家人社部认定，可给予一次性创业补贴，补贴条件和标准由各地结合实际确定。

在校大学生和毕业5年以内的高校毕业生初次创办养老、家政服务和现代农业企业，并担任法定代表人或主要负责人的，给予企业连续3年的创业补贴，补贴标准为第一年5万元、第二年3万元、第三年2万元。

在校大学生和毕业 5 年以内的高校毕业生在各级创业大赛中获奖的，给予一定的奖励，并按规定享受优秀创业者能力提升培训扶持政策，其中在省级以上创业大赛中获奖的，可享受创业地相应的人才扶持等政策。

### （二）高校毕业生到中小微企业就业补贴

毕业 2 年以内的高校毕业生到中小微企业就业，签订 1 年及以上劳动合同、依法缴纳社会保险费且工资低于当地上年度全社会在岗职工平均工资的，在劳动合同期限内可给予就业补贴，具体标准由各地结合实际确定。补贴期限不超过 3 年。

### （三）高校毕业生到养老、家政服务和现代农业企业就业补贴

毕业 5 年以内的高校毕业生到养老、家政服务和现代农业企业就业，签订 1 年及以上劳动合同并依法缴纳社会保险费的，在劳动合同期限内给予每年 1 万元的就业补贴。补贴期限不超过 3 年。

### （四）高校毕业生灵活就业社保补贴

毕业 2 年以内的高校毕业生实现灵活就业，在公共就业人才服务机构办理实名登记并依法缴纳社会保险费的，给予不超过其实际缴纳社会保险费三分之二的社保补贴，核定补贴的缴费基数不超过全省上年度全社会在岗职工平均工资，补贴期限不超过 3 年。

### （五）高校毕业生基层就业补贴

毕业 5 年以内的高校毕业生到乡镇（街道）、村（社区）专职从事公共管理、社会服务以及从事公安机关警务辅助工作的，其收入不低于当地上年度全社会在岗职工平均工资，并为其按时足额缴纳社会保险费和住房公积金，具体办法由各地制定。

实施大学生到村任职、“三支一扶”计划、志愿服务西部计划、农村教师特岗计划和农技特岗计划等基层服务项目，每年选派一批高校毕业生到基层服务。

高校毕业生到农村基层急需紧缺专业（行业）就业的，可给予安家补贴，具体条件和补贴标准由各地结合实际确定。对到省内加快发展地区县及以下基层单位工作的高校毕业生，新录用为公务员的，试用期工资可直接按试用期满后工资确定，试用期满并考核合格后的级别工资高定一级；招聘为事业单位正式工作人员的，可提前转正定级，转正定级时

的薪级工资高定一级。研究制定高校毕业生到省内加快发展地区基层单位就业学费补偿和国家助学贷款代偿政策。将低保家庭、孤儿、残疾人和获得国家助学贷款的毕业年度高校毕业生求职创业补贴标准提高到每人 3 000 元。

（六）创业培训补贴

积极推广“互联网 +”“创业教育 + 模拟实训 + 跟踪扶持”等培训模式，建立培训、实训、孵化、服务相结合的一体化创业培训机制。开展优秀创业者能力提升培训，补贴标准最高为每年每人 1 万元。组织实施高技能人才振兴计划。

## 三、浙江各地级市政策

以当年为准，参见：

杭州市：

http：//hrss.hangzhou.gov.cn/

宁波市：

http：//rsj.ningbo.gov.cn/

温州市：

http：//hrss.wenzhou.gov.cn/

嘉兴市：

http：//rlsbj.jiaxing.gov.cn/

湖州市：

http：//hrss.huzhou.gov.cn/

绍兴市：

http：//rsj.sx.gov.cn/

金华市：

http：//rsj.jinhua.gov.cn/

衢州市：

http：//rsj.qz.gov.cn/

舟山市：

http：//zsrls.zhoushan.gov.cn/

台州市：

http：//rsj.zjtz.gov.cn/

丽水市：

http：//rsj.lishui.gov.cn/

## 【课后作业】

搜集家乡的就业帮扶政策一份。

# 第二章　社会职业与求职准备

## 【学习目标】

1. 认识职业、产业和行业
2. 了解职业信息的获取渠道和运用
3. 了解用人单位常见类型和招聘要求
4. 了解用人单位的素质与能力要求

## 【案例导入】

小李是一名大二的学生。在刚入大学时，小李内心充满激情，很想成为一名优秀的大学生，但回首已经过去的一年多大学生活，他感到非常“忙”和“茫”：小李参加了很多社团，每天忙于完成各项活动和任务；大学生充斥着各种人生观和价值观，自己常会感觉到认同上的冲突；另外，小李对自己的专业还很缺乏认识和喜欢，对未来产生茫然。

思考：你怎么看小李的“忙”和“茫”？你认为在大学里，应该如何过一种“建设性”和“创造性”的生活？

**分析：**

“迷茫”是大三即将升大四同学的常态。究其原因，主要可以归结为三个方面：求职目标未知、道路选择多元和缺乏求职指导。

我们的职业生涯不仅依赖于兴趣、性格、价值观等内部主观因素，还依赖于社会环境等外部客观因素。工作不是独立存在的，它存在于社会生产与生活中，并与社会的某些方面有着紧密联系，我们称之为工作世界。工作世界是一个人实现社会联系和生涯理想的外部平台。如何能够更好地利用这个外部平台，帮助个人找到最适合自己的职业，是求职中关键的一步。本章节从拓展大学生对工作世界的认识思路、职业信息的搜集和运用等方面，帮助大学生完成对职业世界的探索及求职准备，从而使大学生更为主动地把握个人职业生涯的发展。

## 第一节　职业世界探索

CIP 理论（认知信息加工理论）金字塔底部“职业知识”部分的探索，直接决定了上一层的职业决策部分。很多同学不能确定自己的求职目标，源于没有充分探索职业世界。伴随着经济的全球化、信息化和我国社会的急剧转型，职业世界正发生着巨大的变化，职业种类日趋复杂，职业流动性剧增。对职业世界的了解可以帮助大学毕业生在求职时从容地面对激烈的竞争，提前做好技能、心理等方面的准备，以积极的状态应对各种情况。职业世界的实效性很强，随着工作环境的变化而变化，如何在这个千变万化的工作世界里生存、发展和成功，找到适合自己并与自身价值理念契合的工作，是每一位大学生关注和思考的问题。

### 一、认识职业与行业

#### （一）什么是职业

职业就是参与社会分工，利用专门的知识和技能，创造物质财富、精神财富、获得报酬、满足物质生活和精神生活的需要。很多人会犯的认知错误是把专业、行业和职业混淆，主要原因是保持个人的固有认知，对职业世界一知半解，仅仅知道就业去向和岗位比较具体的专业。师范专业毕业后做教师，医学专业毕业后做医生，公安类专业毕业后做警察，设计专业做美工……往往产生“我学了某个专业，就只能做某项工作或某个行业”的误解。举个例子，计算机、互联网、程序员虽然有一定的联系，但并不是“学计算机 = 就职互联网 = 程序员”。计算机是专业，互联网是行业，程序员是职业。程序开发人员只是计算机专业毕业生能胜任、可以从事的职业之一，计算机专业的毕业生也可以考公务员、做教师、做产品经理等。即使进入互联网行业，也不一定做程序员，也可以去做运营、维护、测试、推广、企划……

我们在探索职业世界时，应了解和自己所学专业相关的职业有哪些，职业产生和消亡的客观规律要求人在选择职业时不仅要考虑职业发展意愿、个人的兴趣倾向和性格特点，以及职业价值观等多种主观因素，更要考虑时代前进的步伐所引起的社会需求变化。学习专业知识的目的是帮助自己更好地掌握技能、发展自己。

职业世界随着经济的发展和社会分工的细化而不断分化，根据最新《中华人民共和国职业分类大典》(2015 年版）将我国职业分为 8 个大类、75 个中类、434 个小类、1 481 个职业。8 个大类分别是：

第一大类：党的机关、国家机关、群众团体和社会组织、企事业单位负责人；

第二大类：专业技术人员；

第三大类：办事人员和有关人员；

第四大类：社会生产服务和生活服务人员；

第五大类：农、林、牧、渔业生产及辅助人员；

第六大类：生产制造及有关人员；

第七大类：军人；

第八大类：不便分类的其他从业人员。

**表2-1　企业常见部门与职位**

| 层级 | 销售 | 市场 | 研发 | 生产 | 客服 | 财务 | 人力 / 行政 |
|---|---|---|---|---|---|---|---|
| 总监 | 销售总监 | 市场总监 | 总监 | 生产总监 | 客服总监 | 财务总监 | 总监 |
| 经理 | 大区经理 / 地区经理 | 市场经理 | 经理 | 生产经理 | 客服经理 | 财务经理 | 经理 |
| 主管 | 销售经理 / 主管 | 市场主管 | 高级研究员 | 生产主管 | 客服主管 | 总账会计高级财务分析 | 主管 |
| 专员 / 助理 | 销售代表 / 销售助理 | 市场助理 | 研究员 | 领班 | 客服代表 | 成本会计 / 出纳 | 招聘专员 / 薪酬专家 |

目前，世界上有超过 20 000 种职业，对于大部分人来说，都有数种职业适合自己。调查表明，各个经济收入阶层和各种行业领域的人都热爱自己的工作。劳动力市场和经济形势时常发生变化，甚至是急剧的变化。有的行业虽然目前可能充满了机会，但会在数年内

饱和。为了在快速变化和不可预测的职业世界中生存，大学生必须具备更强的职业适应性。我们需要学会如何应对工作的变动，而不是如何去避免它。

### （二）什么是产业

产业是由社会劳动分工而独立出来的，专门从事某一类别生产经营活动的单位的总和。国民经济部门按照产业类别可以划分为三个产业，即第一产业、第二产业、第三产业。

第一产业包括农业、林业、牧业、畜业、渔业。

第二产业指广义的工业，包括采掘业、制造业、自来水业、电力、蒸汽、热水、煤气和建筑业等。

第三产业包括广义的服务业，包括四大部分：

（1）流通部门：商业、餐饮业、交通运输业、邮电通信业、物资供销、货物仓储业等；

（2）服务部门：金融、保险、房地产、公用事业、公民服务业、旅游业、咨询服务业等；

（3）科教文卫：教育、文化、广播电视事业、科学研究事业、卫生、体育、社会福利事业等；

（4）机关团体，如国家机关、党政机关、社会团体、公安机关。

### （三）什么是行业

行业是根据单位所加工的原料、所生产的物品和提供的服务不同来表示的社会分工类别。每一个国民部门或产业部都有不同的行业。

我国国民经济行业共分 20 个门类：

A. 农、林、牧、渔业

B. 采矿业

C. 制造业

D. 电力、热力、燃气及水生产和供应业

E. 建筑业

F. 批发和零售业

G. 交通运输、仓储和邮政业

H. 住宿和餐饮业

I. 信息传输、软件和信息技术服务业

J. 金融业

K. 房地产业

L. 租赁和商务服务业

M. 科学研究和技术服务业

N. 水利、环境和公共设施管理业

O. 居民服务、修理和其他服务业

P. 教育

Q. 卫生和社会工作

R. 文化、体育和娱乐业

S. 公共管理、社会保障和社会组织

T. 国际组织

## 二、大学生进行职业世界探索的重要性

### （一）有利于自身专业技能的充实与提高

立足于我国教育现状，我国大学生在经历高考后对学校与专业的选择大多是盲目的。学生首先应当做的就是进行职业世界的探索，了解自身所学专业未来面临的就业方向与状况，从而努力学习提升自身的专业技能，为未来就业做好铺垫。学生在对自己职业生涯有了明确规划后，才能清楚自身所需要学习的知识技能，从而提高自身专业知识的学习能力与技能。

### （二）有利于明确未来就业方向

在校大学生在进行职业生涯规划时，大部分仍旧处于探索初期，也是自身人生观、价值观形成的关键时期。在此时进行职业世界的探索，确立初步的职业目标，有利于对自身就业方向的了解。由于同学们尚未接触和了解社会，因此，确立职业目标后，这个目标大多是自我思想意识下的目标，与现实社会还未进行接轨与协调，所确立的目标是否符合实际现实，同学们通过职业世界探索，了解实际企业单位与用人状况后便可明确，根据变化及时调整自身就业方向。

### （三）提升未来就业能力

大学生经过对职业世界的探索，充分了解当前就业状况与局势后，能够更客观地确立自身职业目标，从而向着所确立的目标努力。同时，大学生在进行自身职业世界探索时，需要收集各类信息，在一定程度上也锻炼了自身的交际能力与沟通能力。通过多元化的职业探索，同学们能全面了解自己感兴趣的职业情况，及早确定职业目标，根据理想职业的要求提升自己的能力与素质。

# 第二节　职业信息的搜集和运用

有句话说得好："你的决定正确与否取决于你所获取的信息。"职业信息作为求职的重要依据，是求职者就业择业的基础和起点，关系到求职择业能否最终实现。在求职过程中，求职不仅取决于知识、能力、综合素质、社会需求等因素，也取决于个体所获得职业信息的量与质，以及个体收集、处理、应用就业信息的能力。职业信息是择业的基础，决策的前提，是调整生涯目标的重要参考。对大量纷繁复杂、瞬息多变的职业信息，毕业生常常显得无所适从。职业信息的搜集和运用是大学生获取有效就业信息的保障，如何把握有效的职业信息，是大学生求职过程中面临的一项重要任务。

## 一、职业信息概述

### （一）职业信息的概念

职业信息是指通过各种媒介、渠道所搜集的有关职业方面的信息和情况，如职业政策、供需双方的情况，以及目标企业的岗位设置、职责要求、用人标准等。大学生的职业活动不是一个孤立的事情，它与经济发展、岗位供求变化、行业动向等方面都有着千丝万缕的联系。一个求职者如果全面地把握就业的信息，就可能做出更科学、更合理的职业选择。对一个求职者来说，择业成败很大因素取决于他是否获取大量的、有效的就业信息。

## （二）职业信息分类

**1. 社会职业状况**

社会职业状况包括职业分类、行业分类、就业制度与政策等基本情况。比如你的专业是体育学，仅仅知道去学校当老师、考事业单位这两条路，就会大大限制你的就业范围。实际上还有以下领域可以考虑：培训机构、大型企业……

**2. 职业行业详情**

职业行业详情包括职业的工作内容、任职要求、职业行业现状及发展趋势等。比如作为一名财务人员，需了解哪些资格证书的含金量高。

**3. 目标公司情况**

你想加入、要应聘的公司的详细情况，包括企业性质、市场地位、企业文化、薪资待遇等。不同企业在这方面会存在巨大差异。

**4. 招聘岗位的要求**

求职时需要及时了解目标职位的要求，争取面试机会。总的来说，薪资福利往往是求职者最关注的内容之一，也是企业自身实力的直接表现。有些企业不具体说明薪酬待遇，而是根据工作经验及科研能力一人一议，在基本年薪的基础上加上购房补贴、餐补、差旅补贴、通讯补贴等。有一些人工智能研发企业和信息处理技术企业，对高精尖的人才需求更为强烈，在常规五险一金的基础上，会增加重大疾病险 / 意外伤害险、企业年金，更有甚者，提供的是“九险一金”，即“五险一金”、补充医疗险、意外险、重大疾病险和生育险。地区人才政策也是值得关注的，如杭州市 2021 届应届毕业生人才补贴政策，分别发放本科 1 万元、硕士 3 万元、博士 5 万元补贴。此后，杭州各区县也发布了相关人才补贴政策（具体细则参考当年政府公布的政策）。

## （三）职业信息是求职的基础

一条有用的求职信息，就是一个就业机遇，而一次好的就业机遇，就可能是一个好的职业。随着劳动力市场化程度的提高，就业信息就越来越显得重要。求职者获得的信息越广泛，信息质量越高，求职择业的把握性就越大，成功的概率也就越高。有利于求职者发挥就业信息“选人余地大，择业机会多”的优势，增加被挑选的机会；有利于毕业生获得择业的主动权，避免因就业信息的缺乏而行动迟缓，减少或避免在择业过程中的弯路；有利于毕业生根据自己所掌握的就业信息，针对社会用人单位对本专业人才的要求，及时补充知识，提高个人能力，增强个人的竞争优势。因此，职业信息的搜集是求职的基础。

## 二、职业信息的搜集

### （一）搜集的原则

**1. 准确原则**

一方面要求信息搜集真实可靠，另一方而在搜集过程中必须严格分析、筛选，去伪存真，否定错误的信息。如果我们搜集的信息是虚假信息，不但起不到好作用，有时还会起反作用，甚至造成无法挽回的后果。

**2. 目的原则**

要求信息收集人根据自身需要，通过剔除信息的虚浮部分，提高信息精确度，不能漫无边际、毫无针对性地进行，避免造成时间和人力上的浪费，影响求职择业的实际成效。

**3. 系统原则**

一方面要保证信息搜集全面完整，另一方面坚持重点信息的系统搜集，以便把握方向，达到预期目的。

**4. 时效原则**

要求以最少的时间、最快的速度对信息及时搜集、获取，以提高信息的利用率，避免降低或失去信息的使用价值。

**5. 开拓原则**

要求信息搜集必须具有开拓精神，善于捕捉信息，抢先得到有效的就业信息，开发信息的价值。

### （二）职业信息的获取途径

一般来说，职业信息的搜寻模式为：明确求职目标—建立职业信息搜寻目录—通过各种渠道获取职业信息—尝试直接联系用人单位—做好有效的追踪工作—更新职业信息搜寻目录。求职途径可以根据信息获取途径分为社交途径和随机途径。社交途径指的是一切由亲戚朋友、学校等社会关系带来的职业信息；随机途径则指的是在招聘网站、政府部门、培训机构、高校论坛、报纸广告等平台随机看到招聘信息的方式。

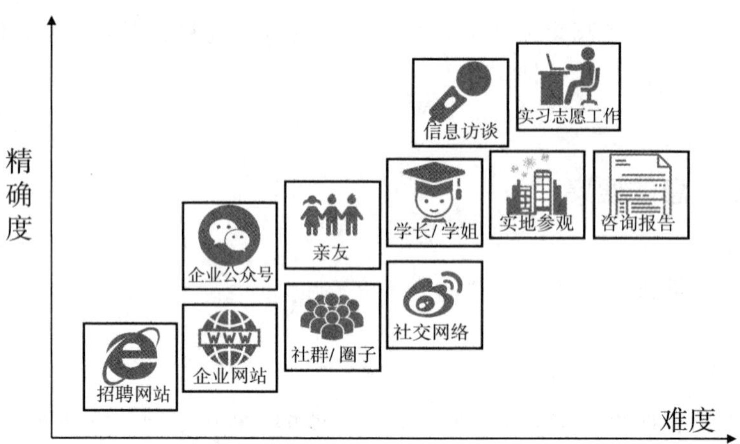


图2-2　不同职业信息渠道的对比

### 1. 社会关系网络

在寻找就业信息的时候，你千万不要忘记周围的亲朋好友、校友及其他社会关系，也许他们会给你提供一些机会。实际上，这可能是效率最快、质量最高的一种求职方式。大多数用人单位更愿意录用经人介绍和推荐进来的求职者，他们认为这样录用进来的人比较可靠。他们分布在社会的各个领域和行业，通过他们了解和收集招聘需求信息的针对性更强，信息的可信度也会比较高。据统计，大约 65% ～ 90% 的工作是通过人际关系网找到的。多和一些已工作的同学、朋友联系，一旦他们公司有空缺岗位，就可以及时通知到你。

提到我们的求职社会关系网，不得不提到“内推”这一形式。内推是一种非主流形式的企业招聘方式，通过企业内部员工推荐，绕过猎头公司、招聘网站等中间步骤，使应聘者的简历可以直接被投递到用人单位。应聘者可以直接参加面试或是入职，“内推”可以让人才更高效流动，让求职更有效率，逐渐成为企业一种重要的招聘手段。校友内推的职业信息或岗位，其最大特点是比较接近本校，尤其是本专业的毕业生目前的供求状况，以及在具体行业中的实际工作、发展状况，近几年毕业的校友对职业信息的获取、比较、选择、处理的经验和择业的亲身体会，比一般纯粹的职业信息更有参考、利用价值。

### 2. 学校就业指导服务中心

学校的毕业生就业办公室或毕业生就业指导服务中心，是高校学生毕业就业工作的行政管理部门，与各部委和省市的毕业生就业主管部门及用人单位有着密切联系，各地区就业创业政策、招聘信息往往汇集到这里。在毕业生就业过程中，他们会及时向毕业生发布招聘信息，面向在校生开展就业创业咨询、职业规划和指导，让毕业生大致了解当前社会对大学生需求的状况及有关就业的政策规定。学校就业指导服务中心是获取用人单位信息的主渠道，他们提供的信息无论是数量还是质量，都有明显的优势。该途径的准确性、权威性、可信度非一般就业渠道可比，通过学校就业指导服务中心获得的信息有以下几个特点。

（1）针对性强。一般用人单位是在掌握了该校的专业设置、生源情况、教学质量等信息后，才向学校发出需求信息的，这些信息大部分针对应届毕业生，紧贴学校学科特色，针对性强。而在人才市场和报纸杂志上获得的需求信息，是面向全社会人士的，针对性较弱。

（2）可靠性高。为了对广大毕业生负责，在把用人单位给学校的招聘需求信息公布给学生之前，学校就业主管部门首先会对就业信息进行审核，保证信息的可靠性。

（3）成功率大。一般毕业生只要符合条件，供需双方面谈合适，马上就能签下协议书，成功率较大。

很多用人单位会主动参加各高校组织开展的校园招聘会，这些招聘会大都是向所有在校生开放的。用人单位校园专场招聘会流程一般是：企业宣讲—现场收取简历—筛选简历—笔试—面试—签协议。建议同学们在大三，甚至大二时就去参加校园招聘会体验一下，看看用人单位对职位有什么要求，也可尝试现场面试，听听他们对应聘人员的具体要求和问题，收获会更大。这种方式的好处很明显，针对应届毕业生、工作需求大、专业匹配度高等。

**3. 各地区现场招聘会（双选会）**

双选会，顾名思义即双向选择的招聘会，每年集中几个时间段汇集当地知名企业放出招聘需求。一般是由政府所辖人才机构及高校就业中心举办，主要服务于待就业群体及用人单位。一般分行业专场招聘会和综合性招聘会两种。优点是多种行业、多种岗位集中招聘，求职者与企业招聘方可以面对面沟通交流，进一步了解企业和岗位的信息。不仅可以掌握准确的招聘信息，还可以当场面试、签订协议，相对简捷有效。当然，这样信息量庞大的招聘会，建议求职者提前了解招聘会的行业和性质，事先进行岗位需求筛选，以免因岗位不对口浪费时间。

**4. 互联网**

随着信息时代的到来，通过互联网获得求职信息成为当代大学毕业生就业的主要渠道。利用网络获取信息相对其他信息渠道来说，它信息量大、成本低、方便快速，突破了人才信息与招聘信息沟通的种种限制，实现跨越时空界限，打破单向选择的传统人才交流格局，使大学毕业生选择的范围更广。

网络招聘的含义非常广泛，包括各个用人单位的网站（如企业官网、官方微信公众号、政府信息网站等）、专业的招聘信息网站和软件（如智联招聘、前程无忧、BOSS 直聘等）、中介机构（猎头公司、公考培训机构等）。它们类别不同，包罗万象，求职者首先需要根据自己的需求自主定位求职目标，再去有针对性地不断更新招聘信息，并及时更新个人简历。

（1）社招和校招的网站：

①前程无忧（51job）：https：//xy.51job.com/default-xs.php，综合类招聘网站。

②智联招聘：https：//xiaoyuan.zhaopin.com/，综合类招聘网站。

③拉勾校招：https：//xiaoyuan.lagou.com/，专注于互联网行业人才，具有和 HR 沟通功能。

④ BOSS 直聘网：https：//www.zhipin.com/xiaoyuan/

⑤大街网：https：//campus.dajie.com/，综合类招聘网站。

⑥中华英才网：http：//www.chinahr.com/home/hz/

（2）专门针对校招的网站，应届毕业生可特别关注：

①实习僧：校招和实习的好网站，雇主信息质量比较高。

②牛客网：https：//www.nowcoder.com/，不仅可以看到各企业的招聘信息，而且还有强大的面试经验分享，往年笔试真题分享等。

③应届生求职网：http：//www.yingjiesheng.com/，校招信息全，可查询到各地各校的宣讲会、部分企业的详细信息介绍、笔试面试流程和经验等。

④海投网：https：//xjh.haitou.cc/，海投网宣讲会查询系统对应届生很实用，可以看到各城市各高校近期将举办的宣讲会，相当于资源整合，方便大家选择，也有笔面试经验和真题分享，还有简历在线制作，模板下载。

⑤刺猬实习：https：//www.ciwei.net/internship。

⑥梧桐果：https：//www.wutongguo.com/，实习、校招信息也都有。

**5. 校园招聘**

校园招聘是一种特殊的外部招聘途径，是指招聘单位（企业等）通过各种方式招聘各类各层次应届毕业生。校园招聘最大的特点就是：无工作经验、学历至上、专业至上、双向选择多；社会招聘最大的特点就是：有工作经验、能力至上、学历第二、选择性少。作为应届毕业生，没有工作经验，抓住校招机会实现就业是最佳选择。

校招分为秋招和春招，秋招一般为 8 月—11 月，春招时间一般为 3 月—5 月，其中秋招是重点。用人单位都想招到高素质的毕业生，知名企业校招常常开启得早，基本从暑假就开始了。大家一定要提前关注好目标公司的各个时间点。一般分为官网在线网申、完成在线测试、笔试、面试和发放录取通知五步。下面罗列一些可以获取校招信息的渠道：

（1）学校和企业官方信息。

①学校和学院的就业网站：关注宣讲会和招聘信息。

②企业方主要是指各大中型公司的招聘官网，同时建议关注企业招聘公众号、微博号等，还可以直接跟公众号互动、留言，一些疑问有的时候可能会被解答。这些地方的招聘信息通常最全，不仅包括招聘岗位、网申笔试面试的时间，还有招聘流程，校园宣讲会时间、地点等。

（2）搜索知名招聘网站的校招模块并下载手机 App，它们综合了大量企业的招聘信息。

网申（网络在线申请）特指通过公司官方网站的招聘页面，或者第三方的招聘网站开设的专门的页面投递简历的求职方式。招聘方通过该页面收集简历，并对应聘者进行初步筛选。网申通常需要申请者填写一系列信息，这些信息通常透过机器筛选。

### 6. 实习实践

大学生利用寒暑假进行社会实践或毕业实习一般会选择专业对口的单位。在社会实践的过程中，通过自己的努力赢得用人单位的好感、信任，获取职业信息甚至直接被录用的大学生不乏其人。从实习单位获取就业信息，相对来说命中率高，竞争对手较少，目标明确，针对性强。但是对个人要求比较高，短期内无法达成，需要长时间准备及规划。

**表2-1　不同职业信息渠道的优缺点对比**

| 信息渠道 | 优点 | 缺点 |
| --- | --- | --- |
| 社会关系网络 | 命中率高，相对简便、快捷，针对性强 | 需要长时间的准备、积累，人脉的积累，需要一定的家庭背景 |
| 学校就业指导服务中心 | 竞争对手相对少一些，针对性强，与专业相关的职位信息丰富 | 部分招聘信息局限于本校资源 |
| 各地区现场招聘会（双选会） | 可以和招聘人员面对面接触，信息准确 | 人多，拥挤，供需双方了解不够深入，无法知道职位的详情 |
| 互联网 | 信息量大，成本低，方便快捷 | 竞争对手多，信息反馈慢，成功率低，常有虚假或过时的垃圾信息 |
| 校园招聘 | 针对应届毕业生，专业匹配度高，双向选择多 | 应聘时间有局限，多在3—5月和8—11月 |
| 实习实践 | 命中率高，竞争对手相对少，目标明确，针对性强 | 短期内无法达成，对个人要求比较高，需要长时间准备 |

以上方式均可以获取各种类型的职业信息，选择的优先级可以根据求职者的倾向性自主选择，关键在于掌握主动权。在求职过程中，最好同时采用以上几种方式进行职业信息的获取。除了以上提到的几种信息获得的渠道外，还可以通过在有关专业报刊上查阅招聘信息，或者直接向心仪的公司投递求职信件和个人简历，或者查阅地址后联系用人单位、亲自拜访等方法来获取有用的求职信息。在此之前，我们还要了解一下企业招聘和求职者的思维差异。

公司在决定发布招聘广告之前通常会经历这样几个阶段：首先是从内部招聘，很多公司有空缺职位时会发布内部招聘信息，因为雇主更相信他亲眼所见的工作能力；其次是熟人介绍，或者能走进公司证明自己工作成绩和能力的人；然后是通过猎头或者职业介绍所。在这些办法都无效时，才会利用新媒体发布招聘广告。更有效的求职方法就是找到潜在的就业市场，在招聘广告发布之前（也许根本就不会发布）就去联系工作并实习。同样是应届生，有些同学在毕业后通过校园招聘初次踏入公司，而有些同学在毕业前早已进行 6 个月甚至 1 年的实习和试用，他们的留用不需要通过校园招聘的竞争。

## 三、职业信息的运用

由于职业信息时效快、数量多、范围广、种类多等特点，在对其进行处理时要及时、有效运用职业信息，为下一步的求职面试奠定基础。

### （一）信息筛选要以“个人需求”为中心，正确地认识自己

要清楚自己想干什么，要明白自己能够干什么，要清楚自己的兴趣爱好、气质特点、性格特征、基本素质、专业知识、技术能力等。

### （二）审时度势，选定自己的择业目标

根据职业信息的要求及时调节自己的知识、技能结构，提高自己的工作能力，弥补不足，及时运用有价值的信息去选择适合自己的工作。

### （三）信息资源共享

及时输出对他人有用的信息。

# 第三节　用人单位常见类型和招聘要求

了解用人单位的类型和对毕业生的要求，对大学生求职前的目标定位和求职准备具有很大的指导意义。大学生可根据用人单位的要求有针对性地完善和提高自己，做好求职准备。

## 一、用人单位的常见类型

用人单位是指具有用人权利能力和用人行为能力，运用劳动力组织生产劳动，且向劳动者支付工资等劳动报酬的单位。根据用人单位的性质和大学生的就业特点，大致可分为以下几类：党政机关、事业单位（科研设计单位、高等教育单位、中初教育单位、医疗卫生单位、其他事业单位）、企业（国有企业、三资企业、其他企业）、部队及国防单位、社会团体等。

## 二、不同单位对大学毕业生的招聘要求

不同类型的用人单位由于单位性质、组织形式、活动的方式和目标不同，对于工作人员的要求有一定区别。对于大学毕业生来说，主要体现在对他们的思想道德品质、知识结构、综合素质和能力等方面要求的侧重点不同。

**表2-2　不同单位对大学毕业生的招聘要求**

| 用人单位类型 | 招聘要求 | 招聘形式及特征 |
|---|---|---|
| 党政机关 | （1）较高的思想政治素质和道德修养<br>（2）扎实的基础知识、专业知识、管理知识和知识面<br>（3）较强的组织管理、协调和决策能力<br>（4）较好的处理问题能力<br>（5）较强的文字能力和应变能力<br>（6）良好的个人形象和一定的社会交往能力等 | （1）逢进必考<br>（2）有严格的职务晋升及奖惩制度<br>（3）有完善的培训机制<br>（4）有严格的考核办法，强调对德、能、勤、绩的考核 |

续表

| 用人单位类型 | 招聘要求 | 招聘形式及特征 |
|---|---|---|
| 事业单位 | （1）较高的思想政治素质和道德修养<br>（2）扎实的基础知识、专业知识、管理知识和知识面<br>（3）较强的创新能力和学习能力<br>（4）团结协作精神<br>（5）较强的组织管理、协调和决策能力 | （1）根据不同岗位特点，实行分类管理<br>（2）根据公开、平等、竞争、择优的原则，引入竞争机制<br>（3）推行聘用制度<br>（4）实行岗位管理<br>（5）建立形式多样、自主灵活的分配激励机制<br>（6）建立固定与流动相结合的用人制度 |
| 企业<br>（绝大多数企业对毕业生的共性要求） | （1）诚信品质<br>（2）团队精神<br>（3）对企业文化的认同<br>（4）创新能力<br>（5）学习能力<br>（6）发展潜能 | （1）富有创新意识的员工最受重用<br>（2）诚信和忠诚的人才更容易获得晋升和加薪<br>（3）具有团队精神和良好沟通能力的人才成功机遇最高<br>（4）善于学习和有潜能的人最受欢迎 |
| 部队及国防单位 | （1）保家卫国的精神<br>（2）不怕牺牲，艰苦奋斗、不屈不挠的品格<br>（3）较好的专业基础知识<br>（4）强健的体魄等 | （1）2010 年开始，部队每年从应届高校毕业生中征收义务兵<br>（2）2018 年起全军首次面向社会公开招考文职人员<br>（3）严把标准条件，精准按岗择人，选拔引进优质人才 |

## 三、用人单位的招聘流程——以企业为例

人员招聘和录用是公司为了自身发展及时获取所需各类人才的重要途径和手段，招聘录用要补充有较好素质和能给公司带来价值的新员工。

### （一）确定人员需求

当部门有员工离职、工作量增加等出现空缺岗位需补人员时，可向行政部门申请招聘人员。

书面申请必须认真填写，包括增补原因、增补岗位任职资格条件、增补人员工作内容等。书面申请必须经用人部门经理的签批后上报行政部。

行政部（人事部）接到部门书面申请后，核查各部门人员配置情况，检查公司现有人力储备情况，决定是否从内部调动解决人员需求。

若内部调动不能满足岗位空缺需求，行政部（人事部）将把公司总的人员补充计划上报分管总经理，总经理批准后行政部（人事部）进行外部招聘。

### （二）确定招聘计划

根据招聘人员的资格条件、工作需要和招聘数量，结合人才市场情况，确定选择什么样的招聘渠道。

（1）外部招聘。大规模招聘多岗位时可通过招聘广告、参加招聘会、网站发布、职业介绍所和同业推荐等形式从外部招聘。

（2）内部招聘。职位空缺时，应先考虑内部人员，在没有合适人选时，考虑外部招聘。内部优先聘用，一方面是公司解决内部富余人员的途径，另一方面使得员工获得与个人职业发展一致的工作岗位。

（3）招聘高级人才时，可通过猎头公司推荐。

根据招聘需求，准备以下材料：

（1）招聘广告。招聘广告包括本公司的基本情况、招聘岗位、应聘人员的基本条件、方式、时间、地点、应聘时需携带的证件、材料以及其他注意事项。

（2）公司宣传资料（如：公司简介）。

### （三）人员甄选

**1. 收集应聘资料，进行初试**

（1）进行初试时，公司招聘人员须严格按招聘标准和要求把好第一关，筛选应聘人员资料进行初试时一般从文化程度、性别、年龄、工作经验、容貌气质、户口等方面综合比较。

（2）符合基本条件者可参加面试，不符合者登记完基本资料后直接淘汰。

**2. 面试程序**

（1）一般工作人员（不包括销售人员）由行政部组织进行初步面试。面试人员接到面试通知，工作人员整理好面试人资料后，引领参加面试者到面试地点按顺序进行面试，初试合格者通知复试，复试由用人单位负责人进行。

（2）各部门主管级及以上级别人员的面试由行政部收集整理好应聘人员的资料后，交予用人部门负责人或总经理进行面试。财务人员、技术人员等各类专业技术人员的面试由综合管理部与相应部门负责人共同进行面试。

（3）应聘人员应向行政部门递交的个人资料：

居民身份证（原）复印件，学历证明（原）复印件。

递交个人简历及其他能证明能力的资料。

**3. 有下列情形之一者，不得录用为本公司员工**

（1）精神病史、传染病或其他重疾者

（2）有刑事（劳改、拘留、判刑等）记录者

（3）未成年者或有欺诈行为者

（4）曾在本公司被除名者

（5）和其他企业劳动合同未到期者

**4. 员工录用**

（1）面试结束后，由各部门负责人和行政部共同确定录取人员名单。

（2）工作人员对最后确定的录用人员名单统一通知录取：被录取者姓名、员工报到时间、办理录用手续需准备的资料等相关事宜。

（3）新员工须提供身份证复印件、毕业证书复印件等证明。

（4）行政部要为每一位新录用的员工建立员工档案，新录员工办理录用手续时需补交个人资料（身份证复印件、毕业证书复印件等相关资料）。

### （四）试用

试用的目的在于补救甄选中的偏差。

试用员工上岗前，须参加岗前培训，合格后才能上岗。

用人部门负责人有义务对新进入人员进行上岗引导，并确定一名直接负责人管理其行为，承担其行为责任。

公司新进员工根据职位不同试用期为3个月或3个月以上。

试用期间，新员工若有严重违规行为或能力明显不足者，试用部门应陈述事实与理由报行政部审核后上报总经理，总经理审核属实即辞退。

凡需延长试用期限，其直接主管与部门负责人应详述原因，经行政部审核后办理延期试用手续，因延长试用期，相应的劳动合同签署期限也需延长，所以涉及延长试用期的情况，需慎重考虑。

对于工作中表现突出者，可提前转正。提前转正需由本人提出书面申请并陈述有关工作实绩，试用部门直接主管与部级负责人考核通过书面形式详述考核意见并附上工作业绩

材料，经总经理审核后办理转正手续，提前转正必须具备如下条件：

①试用期一般满 1 个月以上。

②试用期间无迟到、早退、因私外出、事假一天以上（含一天）记录。

③工作积极主动、工作量饱满，工作实绩显著。

### （五）最终聘用

新进人员试用期满前 30 天由行政通知部门负责人，由部门负责人与本人进行双向性的深入沟通、了解，若其中一方无转正意向，且说明具体原因后由部门负责人将最终确认信息，及时反馈行政部并作为重新招聘的重要信息。

对试用合格者，从正式聘用之日起，享受公司同类人员待遇。

对于公司急需的特殊人才（如高级技术人才、高级管理人才和高级市场专家），可不经过行政部的初试和面试甄选小组的复试，由总经理及委任人员直接进行面试，综合评定。

对于特殊人才可采取特殊薪酬政策。薪酬水平参考薪酬制度，与应聘者商定具体数额，经总经理批准后执行。

特殊人才需经试用期考核，由总经理及委任人员对考核报告进行审议，通过后，正式聘用。

## 第四节　HR 视野中的求职准备

机遇总是垂青于有准备的人。“双向选择”“自主择业”为每一位求职者提供了相同的、更多的择业机会，面对工作机会时做出正确抉择，与充分的就业准备分不开。只有不断积累自己的求职资本，增强自身的竞争能力，才能在“双向选择”中把握主动权，为未来的事业打下良好的基础。

笔者近年来在与全国多个省（直辖市）的用人单位 HR 进行访谈后发现，面试时考察应聘者的主要素质依次是敬业精神、责任意识、团队合作精神、道德品质、踏实肯干及主动性；考察应聘者的主要能力依次是沟通能力、解决问题的能力、灵活应变能力、专业能力、组织能力和创新能力。用人单位普遍认为，毕业生就业难的原因主要有期望值过高、缺乏实际操作经验、眼高手低、求职目标不清及社会实践能力弱。用人单位对高校毕业生的专业水平、创新能力、思想道德和心理素质及抗压能力都提出了越来越高的要求。学生干部、学生党员，以及那些综合素质高、动手能力强、有敬业精神好、有各种特长的毕业生越来越受欢迎。

事实上，很多同学顺利获得大学毕业证书及学位证书后，求职时却处处碰壁。要想获得一份工作，同学们必须及早了解用人单位需要什么样的员工，并通过实习、实践等活动提升自己，在毕业时达到用人单位的要求。要做到这一点，就要事先了解用人单位需要什么样的人。

## 一、大学生就业应具备的能力

### （一）综合素质

求职者无论要选择何种职业，也不管要向哪个专业方向发展，都少不了扎实的基础知识。随着现代社会的高速发展，社会的产业、行业、职业结构调整的加快，求职者在择业、就业上已不再是“从一而终”，职业岗位随时变动的状况不可避免，要适应这种变化，必须靠扎实的基础知识。

### （二）实践动手能力

实践动手能力是考量应届毕业生能否尽快适应岗位要求、由校园人迅速转变为职场人的重要指标。从当前情况看，用人单位普遍认为，高校毕业生在这方面的能力比较差。的确，一些用人单位存有急功近利的思想，但更主要的原因是多方面的，比如传统教育方式的弊端，实验资金、设备不足，大学生自身或学校对实践能力培养重视不够等。大学生在校期间培养实践能力的机会还是很多的，像组织参加与专业相关的社团、参与教师的科研工作、积极参加暑期社会实践活动、担任班干部、寒暑假兼职（与专业相关）等，这些活动都有利于大学生实践能力的提高。

### （三）专业水平

专业是学科专业赖以生存和发展的基础，通常都是专业知识和基础知识的融合。专业知识是知识结构的核心部分，也是科技人才知识结构的特色所在。求职者对自己所要从事的专业知识和技术，具有一定的深度、范围，有质和量的要求，对概念体系、理论体系、研究方法、学科历史和现状、国内外最新信息等都要了解和把握。同时，对与其专业邻近领域的知识也要有所了解和熟悉，善于将其所学专业知识领域与其他相关知识领域紧密结合起来。“广博精深”已成为当前人才素质的重要要求。

### （四）创新能力

现代各类职业都要求从业者的知识“程度高、内容新、实用强”:“程度高”指知识量大、面宽;“内容新”指从业者的知识结构中应以反映当今科学技术发展状况的新知识、新信息为主;“实用强”指从业者的知识在生产、工作中有很强的实用价值。社会经济的发展进一步强化了企业及其员工的社会化功能，任何一个企业或其员工都不可能再像以前那样只单一地面对少数几个部门和经常打交道的几个人，他们必须面对整个社会，不断与市场打交道，并根据市场这个晴雨表来不断调整自己的行为。创新能力包含多方面的内容，如强烈的好奇心、细微的观察力、深刻的洞察力、大胆设想、勇于探索的精神，以及提出问题、研究问题、解决问题的能力，等等。大学生要自觉地培养这些能力，为走上工作岗位后创造性地工作打下扎实的基础。

### （五）管理能力

要适应社会主义市场经济发展的需要，求职者除具有广博的专业知识和较高的文化素质之外，还必须很好地掌握党的方针、政策，了解税务、工商、外贸等经济知识。管理能力不仅领导干部、管理人员要有，其他专业技术人员也应当具备。尽管每个求职者就业后不一定都从事管理工作，但是每个人在今后的工作中，都会不同程度地用到组织管理能力。

### （六）合作与协调能力

在工作中要认清自己的沟通对象和场合，重视主动沟通。合作与协调是相互关联的，协调能力是化解矛盾的能力，是聚分力为合力的能力，是变消极因素为积极因素的能力，是动员、组织、调动人的积极性的能力；而沟通能力则是人的智、能、品的综合表现。

### （七）人际沟通能力

社会上的人际关系远不如学校中的同学、师生关系那么简单。大学生步入社会后，能否正确、有效地处理协调好职业生活中人与人的各种关系，不仅影响一个人对环境的适应状况，而且也会影响工作的效能、心理的健康、生活的愉快和事业的成败。求职者在刚刚走上岗位时，由于初谙世事，阅历较浅，缺少经验，往往在各种错综复杂的关系面前茫然失措，苦于无法适应，常常感叹“工作好搞，关系难处”。因此，求职者自觉地培养良好的人际交往能力非常重要。

#### （八）心理素质及抗压能力

心理素质及抗压能力是指当面对困难、挫折、失败和意外事件时能够自我调适心理压力的能力。这种能力对于求职者的健康成长和成才是必不可少的。现实生活常常不尽如人意，大学生面对现实生活中的消极现象常常产生不安、不满的情绪。适应社会，正是为了担当社会赋予人们的职责与使命。适者生存，生存正是为了发展。求职者只有注意培养自己适应社会的能力，走向社会后才能尽可能地缩短适应期，充分地发挥自己的聪明才智。据调查，当今大学生的心理承受能力普遍是比较脆弱的。如在择业过程中，一些大学生稍有不顺心就灰心丧气；到工作岗位后稍遇挫折就心灰意冷；在前进道路上遇到某些困难或暂时的失败，就表现出意志消沉、怨天尤人，甚至轻生或采取缺乏理智的发泄方式等，这虽然并不代表大多数，但应该引起大学生的警觉。

### 二、获得能力的方法与途径

求职者具备与职位相符的技能要求，并不等于有了较强的实践能力。求职者的能力同知识的掌握一样，要靠平常的学习、生活中的自觉培养和实践锻炼。人的能力的水平是有差异的。这种差异并不是先天形成的，而是由所处的环境、受教育程度及自身实践状况等因素造成的。就共性而言，获取能力的方式与途径主要有以下几点。

#### （一）积累知识

一个人才能的大小，首先取决于掌握知识的多寡、深浅和完善程度。这是因为个别知识是构成才能的元素或细胞。需要说明的是，才能并不是知识的简单堆积，而是知识的结晶。这里的“结晶”，包含着对知识的提炼、改造和制作，包含着质的变化。怎样才能做到这一步呢？除了掌握知识之外，还需要有科学的思考方法和熟练的技能技巧。这里的思考方法和技能技巧也属知识范畴，即在某些方面有丰富的知识，并掌握科学的思考方法对这些知识进行科学加工，作创造性地运用。

### （二）勤于实践

能力是在实践过程中培养形成并在实践过程中表现出来的，因此，实践是培养能力的重要途径。如一个人要想完整地表达自己的观点、思想和情感，那就得善于在公众场合演讲或具有写作能力，否则只能变为空想，而演讲和写作就是一个实践的过程。一个人要想具有组织管理能力，那就得积极主动地、有意识地在法规和校纪约束的范围内去组织一些活动，参加一些社团活动，并在有条件的情况下参与一些社会工作，这些实践活动都会使其组织管理能力得到明显提高。只要你积极参与，就会有很多收获。

### （三）发展兴趣

兴趣对培养能力相当重要。古今中外许多著名的科学家、文学家、艺术家，都是在强烈的兴趣驱动下取得事业成功的。如达尔文，起初因无兴致于医学、数学，曾变为“慢班”的学生，但他对打猎、旅行、搜集标本兴趣盎然，以致后来成为著名的生物学家。所以杨振宁博士在总结科学家的成功之路时说：“成功的秘诀是兴趣。”因此，求职者要围绕所学专业发展自己的兴趣爱好，并以这些兴趣为契机，加强相关知识的学习和积累，注意发展自己的优势能力。

### （四）超越自我

作为一个求职者，你可以注意发展自己的优势能力，但仅有优势能力是不够的，还必须对前面列出的几个基本能力都有所拓展，这就要求你在注意发展兴趣能力的同时，也要超越自我，注意全面发展自己的各种实际能力。这是你今后生存的需要，也是发展的需要。因为现代社会的多维竞争，增加了单一能力持有者的生存难度，同时也增加了企业的生存危机感。因此，不管是否是你的兴趣之所在，你都必须注意锻炼自己的基本能力。

## 【知识加油站】

### 内　推

**1. 公司为什么会使用内推？**

这里有一个基础的理念，已经在职的公司员工是符合企业文化和价值观的，那他朋友圈里也是会有适合企业的人才。利用现有员工的关系资源去招聘，可以招到更多的符合公司企业文化的人员，对公司来说，相较于网站招聘，猎头招聘和校园招聘，内推省时省力省时，可以大大提高工作效率，节约工作成本。又例如：互联网行业人员流动性比较大，公司员工推荐熟人来公司工作可以增强员工的归属感、熟悉感，在跨部门沟通协作时也会更加便利。所以，企业希望员工介绍工作机会给自己身边的一些朋友，或者是朋友的朋友。因此，在互联网行业，内推相对盛行。

**2. 作为求职者为什么需要内推?**

内推可以保证简历被送到 HR 面前，增加被 HR 关注的机会。尤其是当下应届生的就业压力很大，竞争激烈，如果可以通过内推的方式把简历投递到企业，便可以大大提高求职的成功率。

**3. 为什么推荐人会愿意内推?**

通常来说，公司会制定内推奖励标准，只要被推荐的人员能够成功转正，推荐人都会获得公司颁发的相应奖励。比如，很多互联网公司都针对内推设置了“伯乐奖”，被推荐人成功转正之后，推荐人都可以拿到一定数额的奖金。总体来说，内推可以实现多赢的结果，对公司而言可以高效率地招聘到合适的人，对人才而言可以快速地获得就业机会，对推荐人而言可以拿到相应的福利。内推对大家都有好处，所以也就越发流行起来了。

如何搭建自己的人际关系网呢? 有些同学可能感觉无从着手，感觉自己可能需要认识很多人，不知如何是好。但是按照“六度空间原理”，一个人通过六个人就可以认识所有的人，可能你不认识那么多人，但是没关系，你身边总有其他的人可能会认识你所需要的人。如果应届生没有人脉资源的话，可以尝试以下几种方法来扩充自己的人脉。

第一，借助学校校友录、学长资源。校友录和学长资源很关键，尤其是已经工作的学长学姐，特别是具有一些成就的学长学姐，他们一般都比较热心，是很愿意帮助学弟学妹的。

第二，通过领英、脉脉、知乎、微博等可以帮助你找到你心仪公司的员工。你可以试着找他们聊天，如果对方愿意回复你，那你获得内推的可能性就增加了一步，距离求职成功也就更近了一步。

第三，搜索一些提供内推的网站、QQ 群、微信群等。努力与群主、管理员建立良好关系，让他们帮你内推，成功的概率会更大一些。当然，找到可以帮助你内推的人后，沟通是非常重要的。如果是陌生的内推人完全可以当作是一次初步审核。如果说这些过于直接、表达欠佳、缺乏礼貌的话，如“请问你们公司还招人吗？请问你能帮我内推吗”，那获得内推的可能性基本为零。

初次和推荐人进行沟通时，有几点内容必须表述得非常清楚，避免浪费双方时间：首先，简短礼貌地做一下个人介绍，包含名字、目前的职业状态；其次，确认一下对方是否为对应公司的职员；再次，说一下自己期望的目标岗位（也可以请教一下推荐人有没有更适合的职位），并请求提供招聘信息；最后，一定要非常有礼貌，假如是通过知乎、微博等私信联系的，那关注下对方、给对方点个赞等，这样可以沟通感情的行为一定不要忘记做。

具体的表述可以参考如下：

你好。打扰了，我是 ×××，是 ×× 大学 ×× 专业 2021 年的应届毕业生，我希望从事 ×× 工作。我在 ×× 平台上看到您是 ××× 公司的员工，对吗？我在 ×× 招聘 A 网站上看到贵公司在招聘 ×× 岗位，特别感兴趣，对于本岗位我的优势是 ××，和岗位需求是相匹配的。请问可以找您沟通一下这个岗位吗？能否请您帮我内推一下呢？我可以单独把简历发给您。打扰您了，谢谢。

如果求职者这样礼貌又得体地和推荐人进行沟通，没有浪费对方的时间，基本是可以得到回复的。最后，找人内推还需要注意以下几点。

第一，打铁还需自身硬，内推的前提是求职者能够胜任招聘岗位。所以，作为求职者需要准备正式且具有针对性的简历。推荐人是在用自己的信誉做担保，所以，作为求职者一定要靠谱，不然就是浪费彼此的时间。我们经常看到很多求职者在找人内推上花精力、花时间，却不愿意在自己的简历上好好下功夫，这就有点本末倒置了。

第二，既然请人内推是求人办事，所以尽量不给对方添麻烦。

第三，求职永远都是看求职者的实力、缘分、运气。内推只能提高求职者面试的成功率，内推也不意味着一定能够被录取。

第四，被推荐人内推之后，如果求职者不能及时参加面试，或者不能接受这个 Offer，一定要遵循“对朋友靠谱”的原则，千万不能无故爽约。一定要提前和推荐人沟通好，不要造成不必要的麻烦。

简而言之完成内推就是要：

（1）确定目标公司的目标岗位。

（2）按照目标岗位准备高质量的简历。

（3）找到可以帮你内推的人，得体地沟通，诚恳地请他帮忙。

（4）等待结果反馈，提前为面试做好准备。

## 新业态催生出新职业

近年来，我国人力资源和社会保障部等部门陆续发布了很多新职业。2020 年，直播带货火爆异常，我国人力资源和社会保障部等部门发布了互联网营销师等新的职业信息，其中，在“互联网营销师”职业下增设“直播销售员”工种。这意味着带货主播成为正式工种。随着游戏市场的不断扩大，电子竞技员也正式成为新职业。根据官方的定义，电子竞技员是从事不同类型电子竞技项目比赛、陪练、体验及活动表演的人员。电子竞技员国家职业技能标准正式公布。

2021 年 3 月 18 日，人力资源和社会保障部会同国家市场监督管理总局、国家统计局向社会正式发布了集成电路工程技术人员、企业合规师、公司金融顾问、易货师、二手车经纪人、汽车救援员、调饮师、食品安全管理师、服务机器人应用技术员、电子数据取证分析师、职业培训师、密码技术应用员、建筑幕墙设计师、碳排放管理员、管廊运维员、酒体设计师、智能硬件装调员、工业视觉系统运维员等 18 个新职业信息。

这是《中华人民共和国职业分类大典（2015 年版）》颁布以来发布的第四批新职业。此次在发布新职业信息的同时，还调整变更了“社区事务员”等有关职业工种信息。

此次发布的新职业信息主要有数字化技术发展催生出新职业、企业高质量发展孕育出新职业、绿色发展理念和食品安全要求涌现出新职业、人民日益增长的美好生活需要派生出新职业等特点。

易货师、食品安全管理师、碳排放管理员这些新职业是做什么的？专业“易货师”能系统运用资源整合理论，促进产、供、销和谐分配和优化资源，有效解决产品迟销、滞销、停销问题，是易货企业所急需的新型复合型人才。

新职业的发布，对于增强从业人员的社会认同度、促进就业创业、引领职业教育培训改革、推动产业发展都具有重要意义。人力资源社会保障部称，“调饮师”作为新兴职业，不仅有利于促进灵活就业，还可带动茶叶、奶类及果蔬等产业的发展。“食品安全管理师”作为食品生产、餐饮服务和食品流通等活动中从事食品安全风险控制和管理的人员，未来会有巨大的市场需求。因为，随着生活水平的不断提高，食以安为先的要求更为迫切。国家在加强食品安全监管的同时，也需要引导食品生产经营单位自主开展食品生产、流通、销售、服务等全流程的安全控制，全面提高食品安全质量。

## 【课后作业】

### 一、工作世界调查表

你的理想职业是：A. ____________ B.____________ C. ____________

请从中挑选一个你最希望了解的职业，试着回答以下所有问题：

1. 职业名称：________________

2. 该职业属于哪个行业？它与下列哪项内容关系较密切？（可多选）

A. 文字　　B. 数字　　C. 人际　　D. 事物

3. 主要的工作内容是什么？

4. 主要工作场所及环境怎样？

5. 工作时间是如何安排的？

A. 固定　　B. 可自行调配

6. 从业者所需要的教育背景（专业及学历）是什么？

7. 从业者所需具备的技能有哪些？

8. 从业者典型的人格特点有哪些？

9. 从业者需要哪些资格认证？

10. 从业者的升迁和发展机会怎样？

11. 未来的就业市场如何？

12. 起薪标准和计薪方式是什么样的？

13. 从业者可能的压力来源有哪些？

14. 对于职场新人有哪些忠告和建议？

### 二、针对你感兴趣的一个企业（单位）

尽可能地收集企业的企业概况、企业文化、用人标准等方面的信息内容，并收集与自己专业相关的职业信息 10 条。

## 三、通过与 2 ～ 3 位职场人士（自己感兴趣的领域）访谈

从而获得关于行业、职业和公司“内部”信息的职业探索活动。（要求：在本领域工作 3 年以上，访谈 2 ～ 3 位）

表2-3　职业资讯和生涯经验方面

| 职业资讯方面 | 生涯经验方面 |
| --- | --- |
| 1. 工作性质、任务或内容 | 1. 个人教育或训练背景 |
| 2. 工作环境、工作地点、工作时间 | 2. 投入该职业的决策过程 |
| 3. 所需教育、个人资格或经验 | 3. 生涯发展过程 |
| 4. 所需训练、技能 | 4. 工作心得体会（酸甜苦辣） |
| 5. 收入或薪酬范围、福利 | 5. 对工作的整体看法 |
| 6. 就业机会 | 6. 获得成功的必备条件 |
| 7. 组织文化和规范 | 7. 未来职业规划 |
| 8. 相关进修和升迁机会 | 8. 对后辈的建议 |
| 9. 未来发展前景 | — |

# | 中篇 |

# 职业素养提升

# 第三章　职业目标确立与实施

## 【学习目标】

1. 了解职业选择的原则，确定职业目标
2. 了解求职择业应具备的综合素质
3. 制定求职行动计划并实施

## 【案例导入】

小芳是某高校机械设计制造及自动化专业的应届毕业生，听别人说现在互联网行业收入高，加上父母对其求职的影响，小芳决定将求职方向定位在大城市的互联网企业。但她在人才市场上投了很多份简历，一直未得到互联网企业的面试通知，家人也托人找关系帮她打探岗位。由于小芳执意要进入互联网企业，错失了很多与机械专业相符的岗位机会，毕业半年后还在家中待业。

每年高校毕业生的就业问题都会受到社会的广泛关注，2021 年的毕业生规模已达到 909 万人，首次突破了 900 万，同比增加 35 万人，再创历史新高。哪个专业有前途？世界 500 强企业、国企怎么进？管理岗位和技术研发岗，我该做哪个？我学的专业不好找工作，怎么办？大公司好还是小微企业好？著名的民企 L 公司和大国企 M 公司都给了我录取通知，我该去哪家？如何选择一个自己满意的职业？这些都是困扰毕业生的难题。

**分析：**

在职业生涯目标中，职业目标处于核心地位，贯穿人生的整个历程。孩提时代，我们就开始憧憬自己的职业理想，成长过程中因学习经历、性格等因素不断地调整、改变自己原先的目标，这些目标可能不切实际或者不符合自己的需求。结束大学生活走向社会，找到一份适合自己的职业是实现人生目标的载体和基础。需要注意的是，我们不能把职业目标狭隘地理解为一份工作。

职业目标是在人生目标的基础上确立的，需要考虑个人的内因与外因，包括价值观、技能、性格、兴趣等，外因主要包括人脉关系、经济状况、父母期望、企业文化、劳动力供求关系等。

## 第一节　职业选择的原则和定位

一提到职业选择，人们最开始想到的都是匹配论。不论是从荣格人格分类中发展出的MBTI，还是霍兰德的SDS六角形模型，它所讲的都是——匹配。1909年美国波士顿大学教授弗兰克·帕森斯（Frank Parsons）在其《选择一个职业》的著作中提出了人与职业相匹配是职业选择的焦点的观点。他认为，个人都有自己独特的人格模式，每种人格模式的个人都有其相适应的职业类型。他明确阐明职业选择的三大要素和条件：①应该清楚地了解自己的态度、能力、兴趣和其他特征的优势和局限；②应该清楚地了解职业成功所需要的能力、素质、性格和机会；③上述两个条件的平衡。在职业的选择上，什么样的工作才是与自己“匹配”的？看看我们身边的人，多少人当初并没有选择到合适的职业，但若干年后，他似乎变得越来越适合那份职业了。同样地，有些人的兴趣性格都适合某一职业，但若干年后，他依旧没什么成绩。

生涯适应力的概念，是美国资深学者马可·L·萨维科斯（Savickas）教授在其生涯建构理论中所提出的。它是指个体在应对各种工作任务及角色转变过程中自我调节的准备状态及社会资源。体现了个体在生涯发展过程中在应对社会和职业挑战时的核心能力。

当下的职业生活中，企业不再像原来那样固定每个人的工作职责，而是要求每个人能够发挥活力（把每个人的主观能动力发挥出来）。我们在职业发展中，个人求职目标定位和策略对于求职成功与否至关重要，对日后个人职业生涯顺利发展也具有重要影响，许多人投出简历后连连碰壁，导致一错再错，都是在这个最根本的问题上出了偏差。

## 一、职业选择的原则

关于职业和人生方向的选择，它的意义对于个体来说不仅仅是经济和社会地位的含义，而是展现自身价值、实现人生理想的舞台。人在职业上真正确定所要努力的方向后，内心才会逐渐产生满足感和幸福感。这种安全感体现在职业选择上，就是一种安心的内在心理感受，可以说是每个人对于自己所从事职业的一种心理归属感和安身立命的自我存在感。

### （一）知识与工作的持续性

“学以致用”是大学生就业的一个重要原则，但在就业过程中往往会遇到“专业不对口”的情况。第一，有些专业设置的分类过细，社会对这种细化专业的需求量是有限的，想要实现真正的专业对口有一定难度。第二，在校期间所学的主要是基础知识和初步的专业知识，与实际应用还有一定距离。同时，任何知识都是要逐步更新、发展的，今天学到的新知识，明天随着科技的进步、社会的发展就有可能要“过时”。第三，由于边缘科学、交叉学科的广泛兴起，需要有更广博的知识面，仅凭所学的专业知识是不够的。所以，大学毕业生在学好专业知识的同时，努力拓宽自己的知识面，以适应社会对复合型人才的需求。

一个好工作一定会充分利用自己的“所学”。我们大学的教育投资很大程度上压在了专业的学习上，无论你填报志愿时是如何选择所学的专业，也花费了四年的学习时光，但这种专业的不恰当抉择性注定了会造成诸多的不喜欢、不适合、不匹配。所以，我们这里的所学指的是你喜欢的想要在此长远发展的专业知识，可以是你所学的专业，也可以是你自己私下所学的。

### （二）工作与兴趣的趋同性

如果一个人在他喜欢的职位上工作，能力、潜力就可以得到最大限度地发挥，成功、成才的可能性也就最大。兴趣是最好的老师，兴趣可以产生不竭的动力和激情。所以，找到一个和自己兴趣趋同的工作才是好工作。

目前，很多大学生的悲哀在于没有从事自己喜欢的工作，而是长久地做着自己不喜欢的工作且还没有马上转换的意向。造成这种现象的原因是，很多大学生在抉择工作时是因为迫于生存的压力，准备得匆忙和忽略内心感受所导致的。

### （三）能力对工作的胜任性

一个好工作一定是在你能力和潜力范围内可以胜任的。大学毕业生目前存在的一个现象是能做的工作不想做，想做的工作不能做。这实际上反映了对自身的不了解，不知道自己的优势专长在哪里，不知道自己的能力潜力在哪里。

为什么很多企业在招聘人才的时候，明确规定要 5 年经验、10 年经验等类似的工作经验要求呢？因为工作时间意味着与之匹配的能力等级。你的工作年限越长，往往也意味着你的能力越强，这二者之间是一种正向倍增的关系。但如果你违背了这种关系，那就无法获得用人单位的认可，进而丧失更好的职业发展机会。在分析自我得当的情况下，如果所做的工作你不能胜任，原因可能是你还不够勤奋，或是你的抉择失误。但多数情况下都是因为不了解自己而导致选择了不恰当的工作。了解自己一方面是通过职业测评、别人评价、突出业绩等外在手段来诊断自己，另一个就是深刻的自我反省和分析，两者相结合是可以判断出自己的优势能力范围的。还要强调的是，在正确抉择的基础上是可以通过理想或压力来针对性挖掘出适合目标工作的潜力的。

### （四）知识结构的提升性

某同学在面试的过程中，所有关于具体操作层面的问题，他都能够对答如流，但上升到系统层面及顶层设计的问题时，他的脑子就一片空白。高校毕业生往往遇到同一个问题"在操作层面，流程和方法基本能够完全掌握，从更高一层的角度去看待问题，往往不知道如何下手。"身在职场，不同职位等级的人，所做的事情是不一样的，他们所具备的眼光与思维模式同样也有差别。不同层级的人，分别负责不同高度的工作，各司其职，这也是团队协作的意义所在。同样，每一个不同层级的人，也存在不同的知识结构。层级越高，你看问题的眼光和思路就要越高，你的整体知识结构层次也要向上发展和突破。你积累的厚度，将最终决定你未来的发展高度。

"钱多事少离家近，位高权重责任轻，每日睡到自然醒，薪水领到手抽筋"，这是许多大学毕业生梦寐以求的"理想"工作。一个好工作一定是和职业理想一致的，是有直接关系的。好工作是可以成为实现职业理想的基础，是职业理想要求下的一个进阶手段。我们所做工作的最终目的是为了实现内心的价值追求——理想的达成。所以，不要为了做工作而做工作，而要为了实现理想去抉择工作。

## 二、职业定位

我们每个人都只是新时代的建设者，同时又被整个时代的洪流裹挟着前进，所以想要获得好的职业发展，就必须把握好时代机遇。一是找到自己的优劣势，寻找适合自己的职业类型。每个人都有不同的特征，而这些特征代表了不同的优劣势，不同的优劣势也代表着我们在职场中适合什么工作。比如，做技术类岗位的人，一般需要较强的逻辑思考能力、需要能够沉得下心来。二是选择行业时，要结合当下的外部宏观环境。随着经济的发展，国内的产业结构也已经发生了翻天覆地的变化。如农业和工业逐渐实现自动化，越来越多的岗位被机器替代，未来对于劳动力、人才的需求可能会进一步缩减。时代有更迭，行业也有周期，我们想要抓住职业发展的机会，必须要选对行业。一个行业从开始出现，到逐渐兴盛，再到稳定成熟，进而衰退，是自然必定的规律。处于上升期的行业，一般是行业中早期阶段，人才相对需求比较大，但供给不足，这时候入行门槛较低，而且为了吸引人才，企业提供的薪水也会比较可观。我们想要了解某个具体行业未来的发展趋势，首先，罗列出通过资料搜集到的，未来十年有不错前景的行业；其次，通过招聘网站的报告，或者搜索相关岗位，了解这个行业的公司、薪酬、人才要求等；最后，研究行业报告，了解其未来的市场空间、目前主流公司及分布、人才缺口等，找到适合的切入点。

新时代大学生的就业观念正在悄然发生变化。在就业选择问题上相对独立、更加自我，尤其看重是否有符合自己兴趣的成长空间和发展前景。在职业的选择上，不仅重视“硬福利”，还特别重视弹性工作时间、学习培训机会、带薪休假等“软福利”。一、二、三线城市，新一线城市，四、五、六线城市，还是基层乡村，大学毕业之后究竟去哪儿？如今的大学生在就业地域的选择上，不再一味局限于一线城市，更加看重自我的初心和定位，要工作更要生活。生活成本相对较低、就业机会不断释放的新一线城市最受毕业生的青睐。虽然现在提倡大众创业，万众创新，但是事业单位 / 行政机关岗位竞争指数依旧力压其他性质企业，事业单位 / 行政机关岗位竞争指数最高。从近 12 年的报考数据来看，国家公务员考试报名总人数呈现出一定稳定性，基本上保持在 130 万～ 152 万之间，招录人数与报名人数成正相关关系，招录人数越多，报名人数亦会跟着“水涨船高”。从整体而言，国家公务员考试招录规模自 2019 国考机构改革后呈现出稳步上升的趋势。

表3–1 2010—2020年公务员报考情况汇总

| 年度 | 全国 | | | 浙江省 | | |
|---|---|---|---|---|---|---|
| | 报名 | 录取 | 报录比 | 报名 | 录取 | 报录比 |
| 2021 | 151.19 万 | 2.57 万 | 59 : 1 | 43.74 万 | 0.60 万 | 73：1 |
| 2020 | 139.58 万 | 2.41 万 | 58 : 1 | 36.02 万 | 0.48 万 | 75：1 |
| 2019 | 92 万 | 1.45 万 | 63 : 1 | 33.18 万 | 0.48 万 | 69：1 |
| 2018 | 165.97 万 | 2.85 万 | 58 : 1 | 31.75 万 | 0.73 万 | 43：1 |
| 2017 | 148.6 万 | 2.7 万 | 55 : 1 | 27.49 万 | 0.65 万 | 42：1 |
| 2016 | 128 万 | 2.7 万 | 47 : 1 | 26.5 万 | 0.80 万 | 33：1 |
| 2015 | 140 万 | 2.2 万 | 64 : 1 | 24.5 万 | 0.94 万 | 26：1 |
| 2014 | 152 万 | 2.1 万 | 72 : 1 | 30.1 万 | 0.89 万 | 26：1 |
| 2013 | 200 万 | 2.0 万 | 100 : 1 | 36.3 万 | 1.02 万 | 30：1 |
| 2012 | 133 万 | 1.8 万 | 74 : 1 | 28.5 万 | 0.95 万 | 30：1 |
| 2011 | 103 万 | 1.6 万 | 64 : 1 | 35.3 万 | 1.06 万 | 38：1 |
| 2010 | 92.7 万 | 1.55 万 | 60 : 1 | 21 万 | 0.86 万 | 26：1 |

大学生选择今后从事职业，打算在某一行业发展，必须在“知己”的前提下，充分“知彼”，也就是了解职业对人的综合素质要求，了解职业的相关信息，包括职业的内容、职业的环境、职业的前途、所需要的职能训练等。美国麻省理工学院的教授阿姆斯特朗将职业定位计划以下五类，看看你属于哪种类型：

**1. 技术型**

持有这类职业定位的人出于自身个性与爱好考虑，往往并不愿意从事管理工作，而是愿意在自己所处的专业技术领域发展。

**2. 管理型**

这类人有强烈的愿望去做管理人员，同时经验也告诉他们自己有能力达到高层领导职位，因此他们将职业目标定为管理岗位。

**3. 创造型**

创造型工作，并不是指需要很强的创造力，而是指工作中有很多事情，并不能按部就班地解决，必须有针对性。这类人需要建立完全属于自己的事业或是研发的产品或工艺，或是自己的公司。

**4. 自由独立型**

有些人更喜欢独来独往，他们并不愿意在组织中发展，宁愿做一名自由工作者，独立从事某行业或是与他人合伙创业。

**5. 安全型**

有些人最关心的是职业的长期稳定性与安全性，他们为了安定的工作、可观的收入、优越的福利与养老制度等付出努力。

在找准你的职业定位后，你必须弄清楚自己的知识水平、专业特长、兴趣爱好所在、身体素质条件和心理承受能力等，并进行全面的分析，作出全面的定位，看看你适合哪一种类型。

## 第二节　确定职业目标

当人们的行动有明确的目标，并且把自己的行动与目标不断加以对照，清楚地知道自己的行进速度与目标的距离时，行动的动机就会得到维持和加强，人就会自觉地克服一切困难，努力达到目标。如果同学们能够提前设定目标，并按照目标的具体要求采取适当的方法去培养、提升自我能力，在毕业时能更加顺利地找到满意的工作。

目标管理是著名的管理大师彼得·德鲁克（Peter F. Drucker）1954 年在其名著《管理实践》中最先提出的。德鲁克认为，并不是有了工作才有目标，相反，是有了目标才能确定每个人的工作。职业目标在人们的职业生涯上起着调节和指南作用。集中精力的发展，而不是“多元化发展”，有些同学在校时实习经历涉足很多领域，学习很多知识，博而不专，虽然表面看起来什么都懂，无其不知无其不晓，但在最终求职时，每一项能力上都没有很强的竞争力。若在职业目标上摇摆不定，用人单位不敢委以重任；若经常换工作，求职时朋友们也不敢积极相助。要想在未来的职业生涯中获得成功，必须先要确定自己的生涯目标和契合实际的职业定位，再把目标分解，制定合理的职业生涯规划，并付诸行动。

职业目标的确立并不是一蹴而就的，而是每个人对自我和社会进行认知并实践的过程。只有对自我和社会、工作世界有较充分的了解，才能找到适合自己的职业目标。

## 一、设立目标的 SMART 原则

我们的职业目标应该围绕这个问题展开："从长期来看，我到底想过一个什么样的生活？"也就是我们通常所说的"人生目标"是什么。职业目标的本质是对未来的预判。首先，我们可以思考一下自己 30 岁、40 岁、50 岁时的生活状态和达到什么地步，把个人的人生目标和职业目标匹配起来。对自己的职业兴趣、性格、能力等进行全面认识，清楚自己的优势与特长、劣势与不足。其次，职业具有自身的区域性、行业性、岗位性等特点。要对该职业所在的行业现状和发展前景有比较深入的了解，比如人才供给情况、平均工资状况等。最后，要了解自己和职业要求的差距，需要认真比较各个方面要求的差距。你可能会有多种职业目标，但是每个目标带给你的好处和弊端不同，需要根据自己的特点仔细地权衡选择不同目标的利弊得失，还要根据自己的现实条件确定达到目标的方案。

在制定目标时被普遍应用的是 SMART 原则，SMART 由该原则的五个具体要求的首字母组成，这五个具体要求分别是：具体的（Specific）、可衡量（Measurable）、可达到（Attainable）、相关性（Relevant）、时效性（Time-based）。

### （一）S（Specific）：具体的，明确的，不能含糊不清

用具体的语言清楚地说明要达成的行为标准。明确的目标几乎是所有成功人士和成功团队的一致特点。很多团队（人）不成功的重要原因之一就是因为目标定的模棱两可，或没有将目标有效地传达给相关人员。

### （二）M（Measurable）：可以量化的，能够明确评估

衡量性就是指目标应该是明确的，而不是模糊的。应该有一组明确的数据，作为衡量是否达成目标的依据。如果制定的目标没有办法衡量，就无法判断这个目标是否实现。

### （三）A（Attainable）：可实现性，同时具有一定挑战

目标是可以通过努力实现、达到的。应该高于现状，但又是跳一下就能够得着的。假如一个还没有做过软件开发的应届毕业生，定下了"我要在一个月内成为 C++ 语言的专

家”这个目标，那这可能就是一种不切实际的表达。更接地气的目标是：“我要在 3 个月内掌握 C++ 基本语法、继承、多态、虚函数、STL 常见容器类”。

（四）R（Relevant）：目标之间有关联性。

只有当一个目标和人生愿景相关联时，才有实际的意义。这种关联性，可以通过短期目标与中期目标关联、中期目标与长期目标关联、长期目标与人生愿景关联这种递进的模式来保障。而实际上还有一种自顶向下设计的方法（从愿景分解出长期目标、从长期目标分解出中期目标、从中期目标分解出短期目标）来从方法上保障关联性。

（五）T（Time-based）：有明确时间限制的。

目标的时限性就是指目标是有时间限制的。例如，2018 级某同学计划在 2021 年 12 月 31 日之前参加 5 场校园招聘会，当面递交 30 份简历。那么，2021 年 12 月 31 日就是一个确定的时间限制。没有时间限制，很可能让目标无法实现。

## 二、职业目标的分解及组合

一个具体的目标如果能够让大脑产生清晰的图像感时，现实与目标之间的差异会让大脑的不平衡感觉更强烈，会调动更充足的资源，想更多的办法，有更足的动力去实现目标。有明确的目标只是第一步，如何分解你的目标形成计划并执行下去更为艰巨。在现实中，我们做事之所以会半途而废，这其中的原因，往往不是因为目标难度较大，而是觉得成功离我们较远。假如你的目标是沿着中轴线参观中山陵，那每一个台阶都可以看作一个小目标，爬完 392 级台阶，就可以到达中山陵，开始参观。所以说，仅仅有目标是不够的，还需要对目标进行详细地分类和分析。

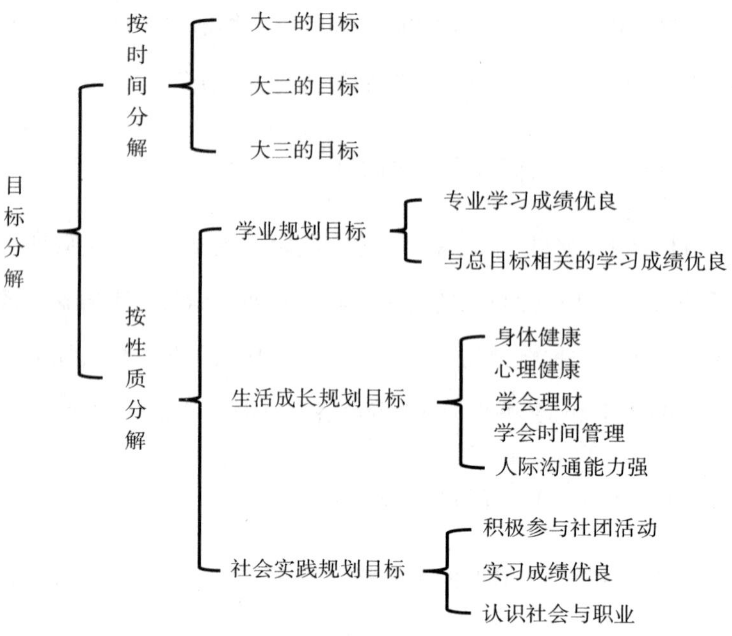


图3-1 某同学大学期间的目标分解

职业生涯目标包括人生目标、长期目标、中期目标和短期目标，它们分别与人生规划、长期规划、中期规划和短期规划相对应。一般说来，短期目标服从于中期目标，中期目标服从于长期目标，长期目标又服从于人生目标。在这过程中，短期目标十分重要，短期目标的设定是否合理，决定着中期目标和长期目标是否可以实现。

如何为自己设定一个合理的职业目标呢？你可以思考这样一个问题：十年后，你希望自己是什么状态？然后按照这个表格去填写自己的目标：

**表3-2 职业目标规划表（样表）**

| 职业目标规划表（10年后） | | | |
|---|---|---|---|
| | What（是什么） | Why（为什么） | How（怎么做） |
| 你的收入 | | | |
| 你的职位级别 | | | |
| 你所在的公司规模 | | | |
| 你所带团队规模 | | | |
| 你的工作性质 | | | |
| 你每年的假期 | | | |
| 工作压力 | | | |
| 家庭状态 | | | |
| 资产状态 | | | |

毕业生小芳为自己规划：10 年后，年收入税后 100 万，世界 500 强企业总监岗位，带领 50 人左右的团队，薪资收入每年 80 万，投资收入每年 20 万，在一线城市有一套价值 800 万的房产，有一辆 30 万左右的车，结婚并带有一个孩子。除法定节假日之外，每年有 15 天的休息时间，可以旅游两次。根据这样的人生规划，我们就可以清楚：小芳想要实现这些目标，就需要在毕业 8 年的样子实现年薪 100 万。那就意味着，必须在 5 年左右的时候，达到年薪 50 万左右；而在毕业 3 年左右的时间，需要达到年薪 30 万的水准。于是，我们就能够把目标进一步缩短到 3 年，去进行 3 年的目标规划和分解。

当我们确定职业目标后，把大目标分解成小目标，具体到每年、每个月、每周、每天去做些什么，前进的方向会更加明确，执行力也跟着变强。所以，我们制定目标的时候，应该把我们的职业生涯的最终目标，分解成一连串的短期目标指向中期目标，若干个中期目标又指向远期目标，指向你工作或生活的愿景。这样的话，只要我们坚持下去，我们的职业生涯的总目标也一定能够最终"梦想着地"。但需要注意的是，随着你个人的进步和发展，你的眼界和目标也在变化，要多综合考虑社会因素和自身特点，适时调整、修正步骤，这是个持续优化目标的过程。

在校大学生因知识结构在不断完善中，就业观念变动较大，因此，需要灵活地确定职业生涯目标，制定可实施的未来发展目标、学习目标、学年目标、学期目标等。在制定学年目标的同时，同学们还可以细化自己的短期目标，比如制定上学期目标和下学期目标；按假期来制定暑假目标、寒假目标等。此外，我们还可以按内容来制定社团实践目标、兼职目标、实习目标等。最好能够根据所学专业特点与自身性格、兴趣、能力等因素的匹配程度，按照所处学习阶段来进行。总之，目标的制定一定要考虑可行性。如果目标过于宏大，难以实现，就可能成为一纸空文。

## 第三节 求职择业应具备的综合素质

现代社会对人的素质的要求越来越高，尤其是对大学生的专业能力和素质要求提出了许多新的、更高的要求。求职者能够根据职业和社会不断发展的具体要求，将已有的知识科学地重组，形成合理的结构满足实际需要。

职业素质指专业知识、专业技能和专业能力等与职业直接相关的基础能力和综合素质，是满足职业生涯需要的一种特定素质，也是劳动者在一定的生理和心理条件的基础上，通过教育、劳动实践和自我修养等途径而形成和发展起来的，在职业活动中发挥重要作用的内在基本品质。无论从事何种职业，都必须具备一定的思想道德素质、科学文化素质、生理素质和心理素质等，才能顺应知识经济时代社会竞争激烈、人际交往频繁、工作压力大等特点的要求。

## 一、专业能力和基础知识

### （一）专业知识

专业知识的学习在专业能力中占有重要的地位，是专业能力的基础和依托。

1. 知识体系建构

区分出什么知识是工作所必需的，什么知识是进一步提高工作能力所需要的，从而有目标、分批次地对知识进行储备。

2. 知识分类管理

使专业知识凸显重要价值，使相关知识充分发挥积极辅助作用。

### （二）专业技能

专业技能是指依据专业培养目标，通过一定的实践训练，使学习者熟练掌握的专门技术及运用能力，可以分为基础技能和专项技能。

毕业生所学专业知识、解决专业问题能力及相关专业证书均侧重专业与行业、岗位的匹配，不同行业、岗位对从业者的技能掌握有着不同的要求。比如工程技术岗位对专业与岗位的匹配要求很高，几乎是非本专业毕业生不招；教师要有表述技能、书写技能、信息处理技能、标准的普通话和良好的语言表达能力、扎实的“三笔（钢笔、粉笔、毛笔）一画”基本功，以及应用现代教学媒体的能力等，教师证是从业人员的必备专业证书；公务人员需要有沟通、组织管理、文字书写、计算机管理等能力。

## （三）通用能力

通用能力即可迁移能力，是人们在参与社会活动的过程中，自我形象的设计和自我角色的认定能力。是大学生应有的基本能力，是能应用在各种情境下的能力。良好的通用能力是个人事业成功的基础，是大学生进入企业的“金钥匙”。从某种意义上说，通用能力有时比专业能力更为重要。

一个人在职场中要获得成功，关键不仅在于他的专业能力，还在于他所具有的通用能力。主要包括表达沟通能力、人际交往能力、创新能力、团队合作能力、组织管理能力、时间管理能力、情绪管理能力等。

**1. 自觉培养兴趣——优化知识结构的开端**

在学习上，兴趣表现为求知欲，它是学习的重要心理特征之一。求职者在建立自觉的最佳知识结构时，不仅要权衡自己的所长和所短，而且要逐渐培养对所学专业的兴趣和爱好。同时，要把个人的兴趣、爱好与国家的需要和客观条件尽可能地统一起来。这样，才能积极主动而且心情愉快地学习，去构建自己的知识结构。对于这一点，郭沫若有一段很精彩的论述，他说：“兴趣爱好也有助于天才的形成，爱好出勤奋，勤奋出天才。”兴趣是可以培养出来的，有时候放弃自己原来的兴趣，也可以培养出新的兴趣。郭沫若同志就是这样做的。为了革命事业，他放弃自己原来的爱好和兴趣，毅然从医学转向文学。后来，他不仅为中国革命事业作出了卓越的贡献，而且在文学方面也取得了非凡的成就，在我国现代文学史上建造了一座丰碑。求职者应该以老一辈为榜样，把社会需要与个人成才统一起来，树立为现代化事业献身的思想，积极培养对所学专业的学习兴趣，在满怀兴趣地状态下去开垦新的园地，建立合理的知识结构。

**2. 充实基础知识——优化知识结构的基石**

求职者应该主动掌握高新科技，提高创造能力，进入所学领域的前沿，以顺应当代科技的迅猛发展。但是，万丈高楼起于基石，树木根深方能叶茂。掌握高新技术首先要打好基础。基础科学在全部科学知识中最稳定、持久、不易老化、使用领域广、频率高、覆盖面大，是根底之学。没有深厚牢固的基础，难以建筑起宏伟的高楼大厦。科技越发达，行业岗位越多，越向尖端高级发展，越需要厚实的基础。创新的基础是继承，只有站在巨人的肩上，才能攀登科技高峰。打好底子、练好基本功是求职者优化知识结构的关键。许多学识渊博、基础雄厚的大科学家，在钻研高深学科的过程中，往往发现基础知识仍然不足，不得不返回头来补底子。可见，坚实基础在成才过程中具有重要意义。

俗话说：“为学应如金字塔，要能博大要能高。”要做到博大，就应充实基础知识。因此，求职者要善于从自己的实际出发，有目的、有计划地掌握新型人才必备的基础知识，为日后创造佳绩打好深厚扎实的基础。

**3. 专通结合，通中求专——优化知识结构的目标**

对于求职者建立合理完善的知识结构而言，通是专的基础，专又能推动通的延伸。专而不广、“单打一”，把自己的思维和学识禁锢在狭小的天地里，在我们现实生活中并不少见。正如物理学家杨振宁、李政道多次指出的，知识面狭窄是我国青年的一大缺陷。因此，求职者在建立合理的知识结构时，要做到：广博不能失去方向，要以知识的广度达到知识的深度，要通中求专，无专之通无益而有害；而专深又不能“单打一”，钻牛角尖，窄化领域不等于窄化视野，不通未必能专。专和通互相依存、促进，互相制约、转化。研究领域要专，了解领域要通。既是自己领域的专家，又对邻近领域有十分正确的、熟练的知识。要既适应科学的高度分化，是个专才；又适应科学的高度综合，是个通才，纵向成才和横向成才相结合，求得最佳专通比的知识结构。

**4. 磨炼坚韧意志——优化知识结构的必备素质**

所谓意志，就是为实现一定的目的并根据这个目的调节、支配自己活动的心理状态或心理过程。任何一项工作必须有意志的支持，才能获得成功。求职者汲取人类知识宝库的营养，构建合理知识结构的活动是一个艰苦的脑力劳动过程，也必须要有坚韧不拔的意志，才能持之以恒、长年累月地坚持下去。学习的坚韧意志不是每个学生都有的，关键在于其是否有意识、有目的地进行培养和锻炼。

培养坚韧的意志品质，自觉地控制和约束自己的行动，抑制不需要的情绪和想法，首先要培养抗干扰的自制力，使思想的光束集中到知识的建筑上。高尔基说得好：“哪怕是对自己一点小的克制，也会使人变得强而有力。”其次要培养不怕困难的毅力。求知的困难来自书中，知识王国是险阻丛生的；也来源于生活，人生道路是坎坷不平的。北宋著名的政治家、文学家王安石曾以进山洞游览为喻：“世之奇伟、瑰怪，非常之观，常在于险远”，“入之愈深，其进愈难，而其见愈奇”。同样的道理，求职者在建立合理知识结构的征途中，不可避免地会遇到主客观上各种难以想象的困难，只有用毅力支持着尝遍苦滋味，才能领略到知识的甘甜。再次要培养坚持不懈的恒心。学习的意志还表现为求知的恒心。法国昆虫学家法布尔说过：“学习这件事不在乎有没有人教你，最重要的在于你自己有没有觉悟和恒心。”恒心即坚持性，是指在执行决定时坚持到底。为了顺利地学习，构筑知识结构，以便成才，成就事业，求职者在学习中必须持之以恒、坚韧不拔。

**5. 按需定向调整——保持优化的知识结构**

知识结构如同宇宙万事万物一样，都具有运动性。求职者要保持知识结构的最佳状态，就要根据形势发展的需要经常进行“定向调整”。所谓定向调整，就是紧紧围绕选定的目标充实和积累知识，调整知识结构。书到用时方恨少，用时才会发现自己知识的不足。无数科技人才的实践都证明：围绕目标积累知识，是更有效的积累；围绕目标调整知识结构，是最有效的调整。最佳的知识结构，本身具有一种内在的转换能力。因此，求职者在学习过程中，要及时掌握信息，寻找新知识、新方法。及时调整自己的知识结构，从有关报刊中去掌握本学科在国内外的新动向、新思想、新成就，并根据自己的具体情况，建立有某种独具特色的知识结构，扬长避短，使所学知识具有新颖性、时代性，站在知识的最前沿。

## 二、个人素质和意志品质

个人素质，是人的活动的主观条件和内在根据，是人才质量或品质的代名词。对于大学生而言，虽具有了一定的知识积累，但还是缺乏各类岗位上所需要的适用能力。为弥补适用能力欠缺，要多争取参加各种社会实践、实习活动，才能更好地培养社会需要的实际应用能力。

### （一）思想素质

大学生应具备的基本思想素质，包括政治思想素质和道德品质素质。

**1. 政治思想素质**

政治思想素质是一个人的世界观、人生观在阶级问题上的体现。在现阶段，就是人们对社会主义国家、民族、人民的利益，以及对自己所从事的工作、事业所持的基本态度。

**2. 道德品质素质**

从当前社会的要求和求职者自身的素质来看，大学生应从以下两个方面加强道德品质的修养。

第一，社会公德：人类作为一个社会群体而存在，人与人之间存在着普遍的联系。这种联系要求群体中的每一位成员都为维护社会正常生活而共同遵守一些最起码的、最简单的公共生活准则，这就是社会公德。社会公德的内容随着社会的进步而不断得以完善。

第二，职业道德：职业道德就是从事一定职业的人们在其特定的工作或劳动中所应当遵循的行为规范的总和。各行各业根据自己的特点，在社会实践中逐渐形成一些公认的衡量职业活动好坏的标准，如教师的职业道德规范是热爱教育，甘为人梯；医务工作者的职业道德规范是救死扶伤，实行革命的人道主义，等等。

社会对求职者的思想素质的要求是：首先，欢迎思想素质较高的求职者。正如某用人单位所说："求职者必须德智体全面发展，其中德是第一位的"。其次，欢迎有事业心和责任感的求职者。有些用人单位认为，对求职者最起码的要求是事业心和责任感，就是要把心放在事业上，要有与单位同甘苦、共患难、荣辱与共的思想。实际上，一些求职者身上有两大致命弱点：一是怕吃苦，二是缺乏实践。

### （二）身体素质

身体素质是人的素质结构中最基本的素质，是人的其他素质得以建立的基础。大学生的身体状况对其健康成长、就业和日后的职业发展至关重要。如果没有良好的身体素质，就很难适应激烈的竞争和繁重的工作任务。古往今来，有许多英年早逝的例子令人痛惜：唐代诗人李贺只活了 27 岁，俄罗斯作家契诃夫只活了 44 岁。与此相对比的是：才思敏捷的萧伯纳活了 94 岁；爱迪生活了 84 岁，创造成果 1100 多项。

良好的身体素质的要求：必须具备健康的身体和健康的生理机能；具备良好的生活习惯、体育锻炼习惯，有一定的保健知识，有良好的卫生常识和习惯，保持旺盛的精力；有较强的毅力、耐力和适应艰苦环境、恶劣气候的能力；有个人的体育爱好和特长。

### （三）心理素质

一位青年应聘一家很有名气的大公司，他信心满满，结果却落选了。收到通知后他难受得连续几天不吃不喝，最终选择了自杀，幸好被家人发现及时救了一命。恰在这时，又传来了好消息，原来他并没有落选，而是工作人员的失误，登记录取名单时遗漏了他。当这家公司得知他自杀的消息时，又将他从录取名单中删除了，负责人说："这位申请者一点小小的打击都不能承受，我们怎么能期望他能在岗位上做出卓越成绩呢？" 通过这个事例不难看出，要想获得一个理想的职业，除了必须要有较高的职业能力以外，还必须具备良好的心理素质，特别是对挫折的耐受力。

良好的心理素质的表现是：具有顽强的意志力，经得起成功和失败的考验，有高度的自尊心和自信心，自立自强；有高度的自制力，情绪稳定，情感专一；对自我及周围的世界能做出理性的认知，并能与所处的环境有机地融合；有健全的人格，能以自己高尚的人格力量感召环境；对生活充满激情，善于交往；能较好地做到心理调适，并保持心理平衡。

#### （四）文化素质

它的内涵是指人们对自然科学、人文社会科学、文学、美学、艺术等人类文化各种基本知识和常识的认识程度和掌握情况。求职者需要博学多才，拥有广博的知识和较高的文化素养。总之，文化素养是各种文化基本知识的综合反映，是各种文化基本知识在一个人身上的外化，它对人的社会态度、举止言谈、气质风度、情感立志、思维方法、价值尺度都有重要的影响。

## 第四节　求职行动计划的制订和实施

在明确自己的职业生涯目标，初步制定自己的短期及中长期目标后，落实目标的具体措施便成了关键。没有行动，目标就难以实现。求职准备越早开始，对素质能力的培养、积累期就越长，最后求职阶段的选择余地就会越大。随着对目标了解的深入，会不断产生新的想法，随着眼界的增加也会发现新的机遇。此时，就需要我们及时对某个阶段性目标的实施路径进行修正，根据客观现实的需要，对理想的发展目标进行更改，不断地对职业生涯的目标进行评估和修正。

同学们在校期间若能够提前锁定目标，根据自己的职业目标及用人单位选拔新员工的标准，及早进行相应素质与能力的培养和提升，在求职时能够更顺利地找到满意的工作。

### 一、制订求职计划的原则

#### （一）实事求是，设定目标

准确的自我认识和自我评价是制定个人职业计划的前提。意识到自己对职业前景的困惑，并决定采取行动来努力解决这一问题，首要步骤就是设定目标，找准一个可以为之奋斗 5 年、10 年甚至更久的目标。因为一个清晰的目标，可以让你的职业成长围绕着一个点去积累经验，而这种日积月累的经验积累，也是你日后升职加薪的筹码。虽然经验并不一定与能力相关，但如果没有经验的积累，你的能力也基本没有提升的可能。

#### （二）了解自己，切实可行

一方面，个人的职业目标或职业需求一定要同自己的能力、个人特质及工作适应性相符合，做一个非常全面的自我分析，这样的职业计划实现方有可能；另一方面，个人职业目标和获取职业成功之路，要考虑到周围客观环境和条件。

#### （三）个人目标与核心竞争力一致

构建你的竞争力，就是你的职业目标方向：我到底想成为什么样的人？这个问题解决了，方向明确了，哪怕你走得再慢，也会成功，因为你有明确的目标并一直朝着目标前进。捷径是什么？捷径就是不走弯路，永远走直线。我们是要借助于在企业中工作而实现自身职业需求的，衡量可能影响我们职业选择的环境因素，其职业计划在为组织目标而奋斗过程中得以实现。

#### （四）修正个人职业规划

运用人职匹配、SWOT 分析等方法进行个人与职业的对比分析。我们的职业生涯经历进入职业早期、职业中期和职业后期等不同阶段。应当根据不同阶段的职业任务和个人职业特征，制定不同时期或阶段的个人职业目标、需求及其实现途径。计划一经制订，并非一劳永逸，还需依据客观实际情况及其变化，不断予以调整、修改和完善，使之可行且行之有效。

### 二、求职行动过程中的四个发展阶段

#### （一）兴奋期

工作热情高，盲目性大，目标设定任意性较大，态度积极，方法随意。

### （二）疲劳期

工作激情降低，遇到困难容易产生惰性，易转换目标或降低目标标准，急需时间管理与能量管理。

### （三）寂寞期

大多数人已思想动摇，开始怀疑自己的能力，或是怀疑自己目标的可行性。很多人会在这期间放弃原来的行动。

### （四）收获期

只有少数持之以恒的人可以达到这个境界，获得阶段性成功。

**表3-3　行动计划的制定**

| | 行动内容 | 完成日期 | 备注 |
|---|---|---|---|
| 1 | | | |
| 2 | | | |
| 3 | | | |
| 4 | | | |

## 【知识加油站】

### 大学生确定职业目标的四个步骤

明确职业目标整个过程分成四步。

第一步，知道自己适合做什么。

先利用排除法，找到适合自己的行业和岗位，再进行测试，测试的目的是让我们实际去接触下排除剩下的行业岗位组合，甚至需要去相关公司进行相关的实习。这样才会对这些行业岗位有研究，才可能真正知道自己是否擅长和喜欢做这个事情。最后要进行选择，当我们测试摸索后，我们已经清晰地知道自己适合什么岗位（可能有很多个），这个时候就是去做一个行业和岗位的选择。

第二步，明白职业发展的算账方式和关键因素。

第一，有哪些因素是算账需要考虑进去的因素：现在能挣多少钱；5 年后挣更多钱的机会；工作强度；晋升机制是市场机制；未来跳槽是否顺畅；工作地点离家近；工作福利和假期。第二，让每一个要素统一度量衡（货币），进行比较。每一个工作要素并没有一个绝对的标准价值，主要还是自己心中对工作要素价值的衡量。这个方法不仅适用于准备选择职业的人，也可以用来评估现在的职业发展。

第三步，确定个人职业目标。

所有的职业目标应该围绕着这个问题展开：从长期来看，我到底想过一个什么样的生活，也就是通常所说的人生目标是什么。所在个人职业规划之前，我们首先要想清楚自己想要过什么样的生活，才能以终为始，知道自己应当做怎样的学习和努力。人生目标不同，会导致职业路径截然，职业目标的本质是对未来的预判。我们真的有必要想清楚以后的生活要的是什么。我们可以这样去思考，想想自己 30 岁、35 岁、40 岁的时候要什么的生活状态和达到什么的地步。

确定职位目标有三个因素，也就是时间、职位角色、薪资。

具体操作如下。

比如你现在 20 岁，你可以想你 30 岁的时候想要过一个什么样的生活；你 30 岁时，就去想你 40 岁想要过什么样的生活，以此类推。

把人生目标和职业目标匹配起来。

当我们确定职业目标后，后面的路就清晰了，也知道方向在哪里，就可以开始有目的地做事情了。大体上来说，相同的职称在不同的公司之间，收入水平也是不一样的。所以我们需要先大体框定一个岗位目标的范围。

那么就有可能有以下三种情况：

情况一：优秀的员工、小组长、经理

情况二：公司管理者

情况三：个人创业

什么规模的公司？拥有什么技能？才可以赚到这个钱？

根据所需要的技能，再去对比自己现有的技能，看缺少什么，再去补什么。制定目标—拆分目标—反馈—优化—达成目标，适用于大部分的问题解决思路。

最后我们来总结一下，我们需要如何将人生的阶段目标和职业目标匹配起来：

首先，制定人生的阶段目标；其次，根据人生阶段目标制定职业目标；最后，去寻找对标的公司，去学习、精进自己的技能。通过这种方式制定出的职业目标，会让我们在工作的过程中克服很多以前不能克服的问题，因为我们知道，这只是帮助自己实现自己人生目标的一个帮手，会提高对于很多事情的忍耐度，也更好地的为我们接下来的行动，提供指导。

第四步，分解目标以及行动。

当我们确定职业目标后，就动手来分解目标，给自己清晰的行动指引。当大目标分解成小目标，我们的方向会更加明确，执行力也跟着变高。将目标一步步分解后，可以具体到每年，每个月，每周，每天应去做些什么。当目标明确后，执行力会更强。我们可以把目标分解成明天可以做的具体工作。

注意，随着个人的进步和发展，你的眼界和目标也在迭代更新，所以对于分解目标，还需要时时调整、修正步骤，在保证航向不错的前提下持续地优化达标的过程。

因此，我们不要希望可以把目标一次性分解到底，需要动态的去调整小目标。

## 【课后作业】

1. 结合所学专业或自身兴趣，查找并罗列今后就业的行业、企业、职位等信息。

2. 再找一找你罗列的这些行业、企业、职位所需要的素质要求。

3. 根据“生涯幻游”中你所想象的情景，制定你在职业生涯发展上的五年目标。在构思你的目标时，运用目标设立的指导原则。你的五年目标是什么？要达到这一目标，你需要经过哪几个步骤？据此设立你在一个月内的短期目标和行动计划。

# 第四章　就业实务与职场礼仪

## 【学习目标】

1. 掌握简历及介绍信的相关知识
2. 掌握大学生笔试的相关知识
3. 掌握大学生面试的相关知识
4. 熟悉大学生求职的相关礼仪

## 【案例导入】

小王去一家互联网公司面试产品运营岗位的实习生，最终未被录取。复盘一下他的面试过程：他准备了很久的自我介绍，在说的时候却仍是磕磕绊绊的，部门负责人很有亲和力，主动找到了他们之间是校友的话题，聊了一些学校的趣事让他卸下了心里的重担。他非常开心地对负责人说："老师，你人真好，这是我第一次在面试过程中没那么紧张和有压力。"面试官问："这是你第一次参加面试吗？"他回答："当然不是第一次，在这之前我投了很多销售的简历，有很多房地产公司邀请我去面试，但我都没有去。因为我还是想做产品运营相关的工作，投了上百份简历都没有一家公司给我发面试邀请。虽然我没有运营经历，但是我想我一定能学好……"

**分析：**

在这场面试中，小王犯了两个错误：第一个错误是非常明显的，他强调了自己没有任何产品运营相关的经历。他说这一句话的意思是想强调后半部分，证明自己有非常强的学习能力。但是面试官只能听到前半部分内容，即你是一个没有任何经验的求职者。第二个错误：小王说自己投递了上百份简历，却只收到了这一个面试机会。这从侧面反映出他没有很强的复盘意识，只懂得海投简历，没有针对岗位要求去定制化投递的想法，也没有认真地去考虑公司的招聘需求。无论面试官看起来多么善解人意、和蔼可亲，对于求职者而言，坐在你对面的面试官，他作为公司利益代表人的身份永远都不会改变。即使你们是校友，即使你看起来和他很投缘，即使他看起来对你敞开心扉，但是他在面试你之前就知道自己的任务——为公司淘汰掉那些不合适的候选人。

大学生在明确求职目标后，针对自己希望获得的职位，首先完成一份有针对性的简历及求职信，同时了解面试的基本流程及面试中可能面临的主要问题，还要掌握顺利通过面试的基本方法。此外，同学们在大学期间就应该注意塑造良好的职业形象，熟悉求职的相关礼仪。

## 第一节　求职信和简历的编写制作

“工欲善其事，必先利其器”。简历是求职者的“武器”，简历制作便是“打造兵器”的过程，也是求职的第一步。简历制作能力的高低与个人简历的质量息息相关，成功的简历就是一个营销武器，提供给 HR 足够的、有用的、关键的信息，向未来的雇主表明你拥有满足特定工作要求的技能。个人简历是自己学习生活的简短集锦，也是求职者自我评价和认定的主要材料。它是一扇窗户，能使雇主透过它了解到求职者的部分情况，也能激起雇主与求职者进一步接触的浓厚兴趣。求职者若是随便在网上下载一个简历模板敷衍了事，或是一味地追求视觉效果，导致主次信息量不分，无法说明自己是否适合这份工作，不能传达正确的信息。

### 一、明确求职目标

明确求职目标是求职的第一步。何为“求职目标”，简而言之，就是在找工作之前首先要明白自己要找一份什么样的工作。细心观察一下不难发现，我们身边的一些同学朋友在找工作时，常常盲目投简历，不放过每一个招聘信息。结果往往石沉大海或杳无音信。即使有幸找到了一份工作，也不一定是自己想要的。所以当大家找到“一份”工作，而不是“自己”的工作时，此时就是没能明确自己的求职目标。“做到了广撒网，却没懂得着重捕鱼的道理。”求职准备是必要的一步，准备得越充分，自己掌握的信息越全面，也就越自信。

目标职位太多并不一定是好事，反而会因为涉猎过于广泛，而被HR们打上“不精”的标签，从而被排斥在面试的门外。解决“最想要做什么”“做什么好”的问题，能帮助我们对自己内心的潜在需求进行分析，并找到自己最具使命感的职业目标。一旦明确了求职目标，就会发现自己对事业拥有无穷的动力。一个理想的职业，应该包括三方面的特点：一是与自己的人生终极目标相一致，这样才会全力以赴、不遗余力。二是与自己的性格、技能特征相一致，这样才能比较轻松自如地做好工作。三是该职业必须能够给自己带来丰厚的回报，没有相应的经济条件，再高尚的目标都难以坚持和实现。

## 二、准备求职材料

准备求职材料是为了吸引用人单位对自己的注意，求职材料在很大程度上决定了自己是否能够获得进一步面试的机会。这就要求我们在决定应聘之前，一定要准备好必要的求职材料，一般包括求职信、导师推荐信、个人简历、学历证书、毕业生推荐表及一些辅助材料。

学历证明：毕业证书、学位证书等；

相关证明：职业资格证书、英语等级证书、计算机等级证书、其他培训证书等；

必要证件：身份证、学生证、驾驶证等；

个人简历：针对所聘岗位自行设计的，或是按照用人单位要求在线填写的（网申）；

辅助材料：求职信、导师推荐信、个人作品集、毕业生推荐表等。

## 三、编写和制作简历

### （一）认识简历

简历（resume），是大学生学习生活、工作经历的一个缩影，是有针对性自我介绍的一种规范化、逻辑化的书面表达。求职简历又称求职资历、个人履历等，是自我推销的工具，是展示求职者的广告，用来展示工作技能以及它们对于未来雇主的价值。对求职者而言，简历可谓是找工作过程中的“敲门砖”。

每逢招聘季，公司都会收到大量简历，平均下来，HR 在每份简历上的停留时间约 15 秒。这种情况下，一份措辞得体、排版整洁的简历就显得非常重要。

## （二）简历写作格式

### 1. 制作简历前的自我评估

回顾个人情况并汇总评估，确保个人简历内容准确并有针对性。个人简历分为以下几类。

（1）功能型：它强调个人的技能、能力、成绩以及成就，工作经历、实习经验作为重点，突出自己能胜任该岗位。对应届毕业生来说是比较理想的简历类型。

（2）时序型：适合于工作经历丰富的人，通过强调工作经历表现出职业成长的过程和技能，在以前的工作经历中取得过什么成就、业绩。对于没有工作经历的应届毕业生来说，这种类型不适合。

（3）专业型：它强调的是求职者的专业、技术技能，也适用于应届毕业生，尤其是申请那些对技术水平和专业能力要求比较高的职位（如研发岗），这种简历最为合适。

（4）创意型：这种类型的简历强调的是与众不同的个性和标新立异，目的是表现求职者的创造力和想象力。这种类型的简历不是每个人都适用，它适合于广告策划、产品经理、艺术设计、从事方向性研究的设计人员等职位。

### 2. 简历的基本框架

简历对于求职者获取初步面试极其重要。一般包含自己的基本信息：姓名、性别、民族、籍贯、政治面貌、学历、联系方式，以及自我评价、工作经历、学习经历、荣誉与成绩、求职目标等等。很多同学写了一份简历然后海投，没有标明应聘职位。对方拿到简历根本不知道你应聘的是什么职位。首先，简历的外观与风格相对于你的目标职位要具有针对性，这样你的简历无论是电子版还是纸质版，都会给人留下良好的第一印象。除此之外，最重要的是你的工作经历和技能，是否能胜任这个岗位，体现了你的能力和专业性，在这一块内容 HR 会着重看相关经历的具体解决措施、成果的量化。

（1）个人基本信息

个人信息是给面试官的第一印象，目的是在面试前对你个人有最直观的认识。简历中加入真实合适的照片，有助于给招聘者留下更深入的直观印象。除此之外，必须有姓名、性别、联系方式（固定电话、手机、电子邮箱），这些信息应放在最显眼的地方，能够让招聘者一目了然地看到你的各方面信息。而籍贯、政治面貌、婚姻状况、兴趣爱好等则视个人以及应聘的岗位情况，可有可无。

（2）教育背景

按时间顺序列出初中至最高学历的学校、专业和主要课程。所参加的各种专业知识和技能培训。

（3）工作经历

按时间顺序列出参加工作的所有实习实践记录，包括公司 / 单位名称、职务、就任及离任时间，应该突出所任每个职位的职责、工作性质等，此为求职简历的重点部分。

（4）其他

详细的学习成绩、外语水平、奖惩情况、其他技能、科研成果等，也可附上有关证书的复印件。

从内容上来说，撰写简历的第一步就是从外观开始符合你的目标职位风格。明确求职目标，用简明扼要的语言展示具体的技能、相关经历经验。简历的格式应便于阅读，有吸引力，并产生良好的印象。在简历中要充分展示你的专业技能和特长，强调过去所取得的成绩，最好能写出三种以上的成绩并要考虑成就的排列顺序。

①求职意向

这是整个简历里最重要的一项，应放在简历醒目的位置。简历里的内容都围绕求职意向展开，也可以用“职业目标”（跨度不大、同一方向的 1 ～ 3 个职位）替代。根据你能为雇主做什么来陈述你的求职目标，而不是雇主需要你做什么。明确表达你想从事的工作职位名称（例如视觉设计师）。有明确的求职意向，让 HR 更清楚地了解你的需求，在同等条件下，更能增加求职成功的概率。若有多个求职意向，应根据不同的求职意向制作简历。

②教育背景 / 培训经历

用相反的顺序列出毕业院校、获得的学历学位、就读时间和专业。若你的综合测评成绩（GPA）优异或名列前茅，可以特别注明（详细成绩单附后），以及一些对工作有利的辅修课程。

③工作实践经历

工作经历是简历中的重头戏，无论是全职还是兼职，是校园实习还是社会实践，都可以算是工作经历。大学以来的实习工作经历，主要是学习和担任社会工作的经历，有些用人单位比较看重你在课余参加过哪些活动，如实习、社会实践、志愿服务、学生会团委工作、社团等其他经历。描述你的工作经历时，要着重描述你在工作中所取得的成绩和具体任务，而不是仅仅描述你的工作职责。当然也要真实，不要撒谎或是夸大其词。切记不要列入与自己所聘职位毫不相干的经历。有些同学应聘的是研发类的岗位，却把超市卖酸奶的兼职、发传单、肯德基兼职等放到简历上，这类无法展示技术性的兼职，跟所聘岗位无关，只会占用简历的篇幅，不建议放入个人简历。

④项目经验

许多求职者不知道如何填写“项目经验”，往往只是寥寥几笔，这样的简历肯定不会引起阅读者的兴趣。你要知道用人单位想从你的项目描述中获得什么信息，为这个行业提高了多少效益。实际上对方需要知道的无外乎以下几点：你在实际开发中用过什么技术、用了多久，你在项目组中的位置、是否能独立解决问题，你的业务知识、团队合作能力等。显然是最重要的，你需要非常用心地描述这个项目的技术框架，让对方知道你对宏观架构很熟悉，然后突出你解决的技术问题。

⑤荣誉和成就

包括“优秀学生”“优秀学生干部”“优秀团员”及奖学金等方面所获得的荣誉，还可以把你认为较有成就的学科竞赛、科研项目等写上去。

⑥自我鉴定

一般是概括自己的突出优势、工作态度或座右铭等。表达不能太啰唆，应言简意赅，力求有总结升华的效果。

⑦附件

个人获奖证明，如优秀党员、优秀学生干部证书的复印件，外语四、六级证书的复印件，计算机等级证书的复印件，发表论文或其他作品的复印件等。若有推荐人，具有特别的经历等，也可以列出来。

## 四、简历制作注意事项

### （一）扬长避短，强调优势

作为 HR，因时间关系不会从头到尾地阅读每个要点，只是快速扫一遍简历的话，单列出来的技能部分很难与经验产生联动。确保将你的技术技能放在工作经历板块，而不是单列出来。雇主喜欢看你在什么场景使用了什么技能。在每段职业经历结束的地方，建议大家加入技能要点，强调你使用的工具。例如 Python，C 语言，JavaScript，PS，Microsoft Office 等。不要写那些对你择业不利的情况，如对薪水的要求和工作地点的要求，就是成绩也不必全部写上，主要写专业课的成绩就可以了，尤其要注意避免补考的科目。

大公司的应聘者绝对是数不胜数的，公司 HR 在搜索某一关键词时，系统会自动匹配所有与关键词相关的简历，可能是几千封，也可能是几万封。也许 HR 只会关注首页的前几条信息，或者是前几页的信息。至于第 10 页、第 20 页及以后的简历，他没精力看，也看不过来。你的简历在 HR 搜索时是展现在第 2 页还是第 20 页？同样在招聘网站上挂了简历，为什么别人经常接到 HR 邀约面试的电话，而你却全无音讯？为什么别人可以借助 HR 主动搜索来给自己增加机会，而你却不行？在这儿要提到 SEO 的概念，它是指通过对互联网信息进行持续优化，来提高某个内容在百度、淘宝等搜索平台的排名。只要 SEO 做得好，当用户搜索某一关键词时，优化后的内容就可以优先展示在结果中的前几页，甚至是展现在首页顶部。同样，大家想提高自己简历在招聘网站中的搜索排名，也要像做 SEO 那样去优化简历。通过优化简历内容，使自己的简历更适合招聘网站的搜索抓取，保证在 HR 搜索相关关键词时，你的简历可以迅速地被抓取出来，优先展示在页面中比较好、比较靠前的位置。这样你就多了一些被 HR 关注的机会，也就多了一些被 HR 选中的概率。

### （二）简历一定要“量身定做”

有针对性地投递简历，并在制作简历时，结合应聘岗位，将自己最闪光的地方秀出来，比如应聘对文字功底要求较高的职位时，可在简历上体现出语言能力；应聘广告设计等职位，可将简历制作得更有新意；应聘外企，则需准备外语简历。简历的编写一定要具有针对性，可以根据自身优势，结合了解的招聘职位信息制作简历，也可以反其道行之，根据掌握的招聘信息，去匹配自己的能力。这方面的描述一定要下功夫，面试官可以透过简历侧面反映出求职者是否适合具体岗位需求的素质与能力。雇主寻找的是适合某一特定职位的人，简历上要展示的是对自己有利的信息。争取成功的机会，避免在简历初筛阶段就遭到拒绝。每个人的特点及经历都是不一样的，这就决定了简历不能千篇一律，在简历中要反映出个性和创意。如果简历没有新意，无法做到“与众不同”，就无法引起雇主的注意。要注意个人简历必须突出重点，它不是你的个人自传，与申请的工作无关的事情尽量不写，而对你申请的工作岗位有意义的经历和经验绝不能漏掉。

1. 如果打算去“三资”企业，最好准备中英文对照的简历。

2. 如果想去少数民族地区择业，使用民族文字撰写简历效果会更佳。

3. 如果想去广告设计类企业，最好能体现出求职者的创意和个性。

## （三）内容简洁精练，一页纸足矣

最成功的广告不仅简短还富有感召力，并且能够多次重复重要的信息。个人简历应该限制在一页纸以内，遣词造句要精雕细磨，惜墨如金。个人情况介绍不要以段落的形式出现，尽量运用短语，使语言更加鲜活有力。在简历页面上端写一段总结性的语言，陈述你在求职上最大的优势，然后再在个人介绍中将这些优势以经历和成绩的形式加以叙述。通过 STAR 法则、数据化呈现，用数字和百分比来呈现经历或经验。在撰写简历时，要强调工作目标和重点，多用动词，并且要避免可能会被淘汰的不相关信息。

（1）巧妙使用数字和比例，营造比较优势。

（2）巧妙描述绩效和成果，突出个人能力。

（3）巧妙应用黑体和下划线，定位面试官注意范围。

## （四）确保真实性、条理清晰

简历是交给企业的第一张“名片”，不可以造假，更不可以夸夸其谈。注意组织好个人简历的结构，语言要通俗晓畅，没有生僻的字词。在结构严谨的前提下，把自己的强项突出显示，对弱势进行忽略。简历撰写完成后，要仔细检查文字内容和格式，注意排版及字体的规范性，同时注意语法、标点与措辞。最好让朋友帮忙审查一遍，因为其他人比自己更容易检查出错误。不能凭空编造个人经历，尽量提供简历中提到的业绩和能力的佐证资料，并作为附件附在个人简历的后面。一定要记住是复印件，千万不要把原件给招聘单位，以防丢失。

## （五）整理成就故事

所谓“成就故事”，就是人生中的“高光时刻”。它可以是学习、生活、工作中任何一件让你很有成就感、很自豪的事。你可以从这一角度出发，去梳理整个事件的来龙去脉，然后用合适的形式记下来或讲出来。整理“成就故事”是求职中一项非常有意思、有意义的准备活动。它能帮助求职者充分调动记忆力，以生动、具体的方式去梳理、发现自己独特的天赋、价值观、兴趣、专业特长等，进而明确自己的职业能力，找到适合自己的职业发展方向。事实上，比起空洞的套话，面试官更喜欢听求职者的“成就故事”。一个生动、形象的故事，能将求职者的各项能力、个人特质立体地呈现在面试官面前。若求职者把自己“具有团队协作能力”这样的书面语，转化为“我和小伙伴一起想了哪些方法，共同完成了某项很有难度的任务”，那么面试官能在短时间内将其能力与岗位要求进行匹配，而这也能让求职者给面试官留下更深的印象。

在运用“成就故事”时还需要注意：“成就故事”可以放在个人简历的最后，篇幅不用太长，让整个简历看上去详略得当、重点突出。而在面试过程中，求职者介绍自己的个人基本情况、工作经历后，就可以围绕应聘岗位的核心要求，有针对性地讲述自己的“成就故事”。在口头表达时还要注意逻辑清晰、论据合理，切忌啰嗦和夸大虚构，实事求是、真诚地讲述即可。

### （六）用词规范，选择行业通用词汇和术语

先用某简历中的内容举例：×××，应聘淘宝店铺运营，曾就职 ×× 公司，工作职责为：负责在网上发布 ×× 产品信息；负责 ×× 产品曝光和排名；运用其他途径开发新用户。其实他第一项工作是淘宝店铺运营相关的，第二项工作是关键词搜索优化，第三项工作是用社交媒体朋友圈开发客户。HR 在搜索简历时，肯定不会搜索“在网上发布产品信息”“运用其他方法开发新客户”这样的大白话，所以简历被搜索到的可能性就非常小。但是，如果把工作内容换成一些行业通用词汇和术语，那么简历被搜索到的可能性就大大提高了。建议求职者把工作职责作一下简单的修改：负责在网上发布 ×× 产品信息修改为“店铺运营、淘宝店运营、电商运营”。负责 ×× 产品曝光和排名修改为“产品关键词优化”。运用其他途径开发用户修改为“利用新媒体、社交媒体开发客户”。

有些求职者可能会担心：“我的工作经验不多，之前做过的事也比较少，我不知道有哪些行业词和术语，怎么办？”其实，你自己不懂，可以模仿别人。当你不知道应该用哪些行业词描述自己工作内容时，就去招聘网站上看看你想应聘职位的岗位描述是怎么写的。当看过几十条岗位描述之后，你就可以把出现频率比较高的关键词提炼出来，把它们加到自己的简历里。

## 五、简历的投递规范

### （一）千万不要把简历只作为附件发出去

首先要提醒求职者的，就是千万不要把简历只放在附件里发出去，因为这在很多时候，都相当于自己给自己的求职成功率上打了一个折扣。一个职位的招聘信息发出去后，会有大量的应聘邮件塞进邮箱，这对于HR来说简直是对耐心的巨大考验。当他好不容易熬到打开你的邮件，居然发现还要再打开附件才能看到简历。要知道，打开附件又需要一段“漫长”的时间，很可能就在这段时间里，HR终于不耐烦了，轻点鼠标“删除”了。

### （二）对照用人单位的要求写简历

如今教写简历技巧的书很多，其实，有一个最简单的窍门，就是对照着用人单位刊登的职位招聘要求写简历。很多求职者都忽视了这一点，字数写了很多，但其中对上用人单位胃口的却很少。用人单位要的是什么，不就是招聘广告上的那几点吗？所以，研究用人单位招聘要求是很重要的。

### （三）用私人邮箱发主题鲜明的应聘邮件

确实，每天都有大量的应聘信件，放眼望去，满目的“应聘”字眼。要在第一眼就和HR对上，建议在邮件主题上做点文章，突出自己的应聘优势。如要应聘的是市场部经理，对方要求是最好有4A广告公司经验，而你正好有，那么在邮件主题上就写上“具有5年4A广告公司市场部管理经验”。当然这种邮件是针对用私人邮箱发送的，如果是直接通过招聘网站上的系统发送，那么对方收到的只能是统一的“应聘××”的字样。所以建议应聘者，如果非常中意对方公司，不妨用自己的邮箱发送简历。

### （四）在招聘网站填写资料时姓名一栏加上简短的特长自述

如果是用招聘网站系统发送，建议求职者在填写招聘网站的资料，在姓名一栏加上非常简短的特长自述，因为招聘网站是有字符限制的，所以只能是很简短的几个词。所以最好还是用自己的邮箱，发送的时候，可以不用附件形式。

## 六、求职信的编写和制作

求职信实质上就是简短的自我介绍信，是求职材料的一部分。旨在向应聘单位介绍自己的基本情况、知识、能力、专业特长、兴趣爱好等综合素质，使应聘单位了解并对其产生兴趣，最终录用。求职者可根据应聘职位的需求重点描述自己和该职位匹配的特长或事件。

一般来说，求职信属于书信的范畴。因此，格式应当符合书信的一般要求，主要包括称呼、正文、结尾、落款和附件 5 个方面的内容。求职信的标题要醒目、简洁、典雅。要用较大的字体在自荐信上方的中间写上“自荐信”三个字。求职信的称呼，即写明收信人的姓名和称谓或职务，如果求职方向很明确而且知道接收简历的具体人员时，就可以称呼得具体一点。需要注意的是，在称呼后面要加一个冒号，这虽然是一个细节，但不要忽略。

正文要简洁，字数一般控制在 400 字以内。

1. 说明本人基本情况和求职信息来源。

2. 说明应聘岗位和能胜任本岗位工作的各种能力。

3. 介绍自己的潜力。

4. 表示希望获得面试的机会。

求职信的结尾部分主要是表达两层意思，一是表达你求职的诚信和期盼的心情，力求获得一次面试的机会；二是必不可少的礼貌，可以写上简短的表示敬意、祝愿之类的祝词。日期一般写在署名右下方，建议用阿拉伯数字。求职信中一般要求同时附带一些有效证件、奖状的复印件及简历、近期照片等。最好有附件目录。

### 【小贴士】

**求职信的范例**

尊敬的领导（收信人的姓名、头衔）：

**（第一段：说明你为什么要写这封信以及所申请的职位名称）**

您好！我叫某某某，是某学院某专业的学生。感谢您在百忙之中抽出时间阅读我的求职信！贵公司（单位）的良好形象和员工素质吸引着我，我是即将毕业的学生，我很期望能为贵公司贡献自己的一份微薄之力！多年的学习生活铸就了我坚韧不拔、敢拼敢闯的奋斗精神。大学期间，通过全面、系统的学习，我不仅仅理解和掌握了金融专业知识，而且还具备了必需的实际操作潜力。我担任过学生干部，有较强的管理及组织潜力。以下我对自己进行一个简单的介绍。

**（第二段：解释对所聘职位的兴趣，并说明个人的教育背景和相关经历有资格来申请这个岗位，是对简历内容的引介和提升。）**

我经常参加学校组织的各类活动，与老师同学和睦相处，能说一口流利的英语。在业余时间我通常会通过各种途径去找能够让自己得到锻炼的各种工作。善于和人沟通，能够很快地融入新的环境与团队。由于本人个性喜欢学习新的知识并运用于实际，所以很擅长理解新事物并且善于钻研。对于新的挑战有很大的兴趣，并且不怕困难，能够很快在挑战与压力的环境中快速适应。在大学期间参加过几次实习工作，让我的工作及沟通技巧有很大的提升，加之自己的性格开朗，所以每次的实习中都能够与团队中的每一位成员融洽地相处，而且对于团队队友之间的摩擦还能够起到缓解的作用，所以我相信我能够很好地融入团队并且协助团队更好地完成任务。

**（第三段：表达自己特别希望得到面试的机会）**

我很期望能到贵公司（单位）去工作，使自己所学的理论知识与实践相结合，让自己的人生能有一个质的飞跃。你们的管理方式、工作氛围很吸引我，是我心目中所追求的理想目标。我在此诚恳地请求您能够给我一次机会，让我展示我的潜力。

在众多的单位中，贵单位以良好的社会形象和社会信誉以及强大的发展前景，深深地吸引了我。现呈上我的个人简历、证书及毕业推荐表等资料，以便您参考并作出决定。期望得到您的回复，谢谢！

此致

敬礼！

求职人姓名：×××

日期：××年××月××日

附件：个人简历、学历学位复印件等。

**资深 HR 告诉你用邮箱投简历应该注意的问题**[①]

在当今电子化的时代，无论是求职找工作，还是拜托校友朋友做推荐，大部分情况下，自己的简历都是通过邮箱发送出去的。用邮箱发简历，除了你的简历本身很重要，还有很多细节容易被大家忽略，从而造成了不少人“简历很牛，却不知为什么发送简历后就再无消息”的情况。其实，你的面试从发送简历就已经开始了。作者特别选取此文，希望能提醒大家注意在求职发简历时的各个细节，千万不要因为极小的失误就破坏了一个很好的机会。

存在的问题：

1. 邮箱命名不妥。如：有的简历的邮箱名叫做“差不多”“无所谓”等。

2. 邮件标题不当。如：邮件的标题为“求职”“应聘”“应聘简历”“×× 大学 ×× 个人简历”“×× 专业 ×××”等。

3. 邮件正文毫无内容。如：邮件正文的位置除了一些广告，正文中没有任何一个求职者的语句。

4. 邮件正文无抬头，或者没有合适的抬头。如：“您好”“您好：”“尊敬的校领导”“尊敬的领导”。

5. 邮件正文均为应付，属于随意添加。如：“本人简历于附件中，劳烦查收！”“祝老师工作顺利！”“请您查收我的简历，祝工作快乐！”“简历已附上，请查收”等。

6. 邮件正文未换行。如：一句很长很长的话，要拖动半天，才可以看完，然后再拖回来看下一段的开头。

7. 邮件正文没有落款。如：有许多简历都有学一些求职信之类的，但往往漏了落款，忘了把自己姓名和时间写上。

8. 邮件正文没有新意，只是使用一个统一的模板，通过复制、粘贴的方法，直接复制到邮件正文。甚至连一些词都不改，如本来求职的单位是高校，而写成了“尊敬的公司领导”“贵公司”等。

9. 附件命名不够好。如：许多简历的命名是“个人简历”“求职简历”“个人简介”“新建 Microsoft Word”“简历 2008”“完美版”“最新版”“我的简历”“求职简历_88”“2007.11.15”“正式简历”等。

---

① 职晓：“资深HR告诉你用邮箱投简历应该注意的问题”。http://www.ncss.cn/ncss/zd/ws/201907/20190731/2101838154.html;jsessionid=1D9C78724C7F8EA195F47BB5C9455E.

10. 将简历封面、简历证书等内容，作为几个附件，或者一个压缩包发送。

作为一位资深 HR，常常会看到申请者犯上述毛病。那么，作为一天投 N 份简历的求职者来说，又该如何去避免这些问题呢？下面，就通过几个 Q&A，来跟大家分享一下 HR 工作中所得到的一些心得，希望能够对大家起到参考作用。

Q:“当你打开自己邮箱查收信件的时候，你最先关注的问题是什么？”

A：是不是最先关注的是，这封邮件是谁发送给你的？它的主题是什么？若是，那么一个陌生人的命名为“差不多”或者“无所谓”，你会如何去想呢？当看到标题为“求职”或“应聘”，你又做何感想呢？试想，几个岗位，收到几百封简历，如果你是考官，你会知道它要投哪个岗位，要应聘哪个部门吗？答案是明确的。这时，你如何判断这个邮件呢？对方的邮件在你这里的第一印象是不是就被破坏了呢？在现实生活中，我们会强调人与人交往的第一印象，每个找工作的人，花大成本购买套装、制作精美的简历，目的也就是为了给考官留下良好的第一印象，因为所有人都有一个公认的道理“第一印象有时会决定一个人对另外一个人的判断”。至此，我想我就不用再强调网投中给人留下第一印象的是什么了。

建议一：

1. 修改邮箱的名字。尽量避免出现前面类似的字词。当然，最好还是将邮箱命名为“自己的姓名”。

2. 清晰地注明求职岗位，并适当地添加一下重要信息。何为重要信息呢？一般来说，重要的信息，就是符合对方招聘要求的信息，如：对方要求的专业是物流，那“物流”字眼就是重要信息了；如果你所在的学校的专业与它要求的专业对口，而此专业在你校的全国排名又比较靠前，或者在某地区范围内非常出名，那“高校的名字”就是重要信息了；对方要求的是马上就可以上岗的历届或者应届毕业生，那“可随时到岗”字样就是重要信息了；其他以此类推。故而，一个较好的标题应该是“××大学××专业应聘××岗位”“应聘××岗位——××大学××专业”“随时可到岗的××专业×××——应聘××岗位”等。

Q:“正文部分该如何书写呢？”

A：如果前面的两点，都没有什么问题，而你也打开邮件了。这时，跳入你眼球的是什么呢？是不是邮件的正文部分呢？那么：如果正文是空白的，你会怎样想呢？如果不是空白，而里面只是几个大大的“简历在附件，请查收”，你又做何感想呢？如果正文是有了，而直接就是“您好”，或者有称呼，而将你称为“尊敬的校领导（你是企业界人士）”，你又如何呢？

建议二：

1. 抬头写上招聘信息中的人。（记住，领导一般是不会直接收简历的！收简历的，往往是工作人员，所以如果按照招聘信息的联系人填写抬头，那是最好不过的方法了。）如果招聘信息中，没有写任何人，那么就可以用“尊敬的女士 / 先生”这样的词句来代替。

2. 对公司、高校的称呼不要错。如果你觉得“每投一个简历就得改一次称呼，比较麻烦”，或者怕有些时候会忘记修改，那我就建议你不要用“贵公司”“贵校”“贵院”这样的词，可以用一个中性的“贵单位”。

3. 正文内容一定要写，而且要有针对性地写。怎样才叫有针对性呢？那么，我就得问你“对方发布的招聘信息中，他的要求是什么呢？”是不是招聘信息中都会有“×× 相关专业的应届毕业生”“学生干部优先”“有较好的团队合作精神”等等呢？那么，这就非常简单了，你的正文就可以把这些应聘要求作为问题，而用 1.2.3 的方式在邮件正文中进行作答（不做例举，请自行作答）。当然，写这些内容的前面还是有些非常重要的信息的，那些客套话，还是不要少的，比如说“您好！通过 ×× 渠道获得贵校正招聘 ×× 人员……特来应聘，主要理由如下……”。

4. 控制正文的字数。一般来说，挑选简历者在邮件正文中停留的时间不会太长，所以邮件正文也不宜过长，也不宜过短，因为看完邮件正文，挑选简历者带着怎样的心情去打开你的简历，这是非常重要的。个人认为，用最简洁的方式把该表达的表达清楚是一个标准。当然，在求职者角度来说，觉得自己所有的东西都是要向考官表达的，所以有很多很多要表达。其实不然，就像第 3 点所说的那样，有针对地回答一些重点问题，告知一些重要信息，如自己的姓名、高校名称、所学专业、所获得或即将获得的学位学历、毕业时间（毕业时间不要光写年份，最好具体到月，如 2008 年 6 月）等。建议正文部分，字数以“在正常邮件界面的阅读情况下，不拖动滚条就可以看完这个正文”为参考。

5. 加上一些祝福的话。一句祝福的话，也许不会影响别人对你的判断。但如果你加上了，那样的正文才叫完美。

6. 记得落款。

Q：如何更好地管理附件

A：看完正文，是不是该到邮件的附件呢？当别人发一个附件给你，你是不是会关注这个附件的名称是什么呢？是不是一样就可以看出它有几个附件呢？如果你要保存这些附件，是一个附件容易还是两个附件容易呢？如果你想直接打开，是压缩包形式容易打开，还是直接附件容易打开呢？这些问题的答案都是非常显然的。

建议三：

1. 更好地命名附件。什么样的附件命名，对于不同的人，也许有不同的答案。但本人认为，附件采用一些规范的命名方式，可能会比较恰当，如“×××”“××大学—×××”“××专业—×××”“应聘×××岗位—×××”等。这样是为了方便考官将你的简历存入他们的文件夹，而不需要重新命名。也许有人会说“你自己是挑选简历的人，你当然会这样说啦，因为这样一来，你的工作量不就减轻啦？我才没有那个必要呢！”是的，我是挑选简历的人，我也的确这样想，那么其他挑选简历的人呢？他们会怎样想？正所谓“细节决定成败”，一些细节没有做好，也许别人不会否定你，但你是否知道考官在乎的是那个细节呢？

2. 将所有的材料，形成一个Word文档。在阅读简历中，有些求职者分别将封面、求职信、个人简历、证书作为附件发送（在我阅读的简历中，有个别邮件多达十几个附件），当我看到这些的时候，我会想“这个求职者的Office软件是不是很一般呢？要不然，为什么不把这些本应该属于一个文档的内容，分成几个文档来储存呢？”，或者“这个人管理能力可能不是很强，要不然怎么一个简单的求职简历都无法做好呢？”。所以，建议大家还是将封面、求职信、个人简历、证书等内容合并成一个文档，如果不会的，就请教身边Office较好的同学。

3. 尽量不要用压缩包的形式发送简历。我们简单计算一下，附件是压缩包，打开你简历的程序是：将压缩包保存—最小化窗口到保存文件的文件夹—解压缩包将文件另存为—打开压缩包这个文件夹—看到你的简历封面、求职信、个人简历、照片、证书等标题—选择其中一个打开阅读（当然，最快的方式是：直接双击压缩包并选择打开—弹出一个解压缩包的对话框—选择想要阅读的文件双击打开）。而如果简历直接作为附件发送，打开的程序是什么呢？“双击打开”即可。通过这一比较，我想大家就有非常清楚的答案了。

其他情况：可能有人会说，“我的做法都不是像你上面说的那样，而是将我的个人简历直接粘贴在邮件正文中”，是的，在我阅读的简历中，的确遇到不少直接将个人简历粘贴在邮件正文的情况，而且这些邮件的附件存在两种情况，即个人简历还是作为附件发送和无任何附件。

建议四：

关于简历的制作，网络上有很多的模板，大家可以自行参考。不过建议大家不要直接拷贝招聘求职类网站上的模板，那样会让考官觉得你是在应付这个岗位。

## 第二节 笔试基本类型及应对技巧

笔试是某些特殊岗位所必须进行的一项测试，通过笔试，用人单位可以了解求职者多方面的能力。

### 一、笔试的准备

通常应用于大规模的员工招聘中，可以帮助用人单位在较短的时间内了解求职者的基本情况。了解笔试的相关知识和技巧，可以帮助求职者从容应对笔试，取得好成绩。一般来说，进行笔试的准备时应注意以下几个方面。

（1）平时认真学习。良好的笔试成绩来自大学期间的努力学习和积累。大学学习的不仅仅是专业课程和基础知识，更多在于平时各方面知识的学习与积累，以及对社会信息的了解。课堂学习只占大学学习的一部分，平时的积累是非常重要的。

（2）进行必要的复习。复习已学过的知识是准备笔试的重要方式。从考试的准备角度讲，知识可以分为靠记忆掌握的知识和靠不断应用掌握的知识，用人单位比较重视考核求职者对所学知识的应用能力。一般来说，笔试都有大体的范围，求职者可围绕这个范围翻阅有关的图书资料，并注意灵活运用知识解决实际问题。

（3）保持良好的身心状态。参加笔试需要良好的心理素质。求职者在临考前，一要正确评价自己，树立自信心，调整好心理状态；二要保持充足的睡眠，可以在笔试前参加一些文体活动，使高度紧张的大脑得到放松和休息，以充沛的精力参加笔试。

由于笔试内容具有不确定性，因此求职者应深入复习，但是可以在考试前训练自己的答题速度，还可以站在用人单位的角度来思考可能出现的考核内容。如有条件，还可以提前熟悉考场环境，同时检查自己笔试所必须携带的证件，以及考试必备的文具是否准备齐全。

## 二、笔试的种类

笔试是目前用人单位常用的考核方法之一，目的在于考核求职者的专业知识水平、文字组织能力及综合素质等。根据考核的方向和内容不同，笔试可以分为专业考试、心理测试、技能测验和命题写作 4 种类型。

### （一）专业考试

专业考试主要是为了检验求职者的专业知识水平和相关能力。一般用人单位从毕业生的成绩单就可以大致了解其知识水平，但有一些专业性要求较高的岗位，需要通过笔试的方式对其专业水平进行考核，这种考核方式已被越来越多的用人单位所采用。例如，外贸外资企业招聘职员要考外语水平，金融单位要考金融专业知识，公检法（公安局、检察院、法院）机关录用干部要考法律常识等。

### （二）心理测试

心理测试一般要求求职者完成事先编制好的标准化问卷。通过心理测试，用人单位可了解求职者的态度、兴趣、动机、智力、个性等心理素质，还可以考察求职者的观察能力、综合分析能力、思维反应能力等。

### （三）技能测验

技能测验实际是考查求职者的动手能力和实践能力，如考查操作和使用计算机的能力、英语会话和阅读能力，以及财会、法律、驾驶等方面的能力等。

### （四）命题写作

有些用人单位通过论文或公文写作考查求职者文字表达能力及分析归纳能力。比如限时写出一份会议通知、请示报告或某项工作总结；也可能提出一个论点，让求职者予以论证或辨析等。

## 三、笔试的方法和技巧

求职大学生在进行笔试时，可采用一些方法和技巧，提高自己回答问题的正确率，并消除紧张情绪。

### （一）增强自信心

缺乏自信心往往会导致求职者怯场。求职者应客观冷静地对自己进行正确评估，克服自卑心理，增强自信心。其实笔试与高考不同，高考就像“一锤定音”，而参加笔试则会有多次机会。因此，没有必要过分紧张，而是要适当放松心情，调整好精神状态去应试。

### （二）掌握科学的答卷方法

笔试与在校期间进行的考试一样，有一定的方法，掌握科学的答卷方法，可帮助提高笔试成绩，总体说来答卷的方法如下。

1. 通览试卷。求职者在拿到试卷后，首先应通览一遍，了解题目的多少和难易程度，以便掌握答题进度，合理安排答题时间；然后按照先易后难的原则安排答题顺序。

2. 难题及易错题的处理方法。不要被难题所困而耽误时间，最后要尽可能留出时间对易错的地方进行复查，注意不要漏题。

3. 卷面效果。答题时行距和字迹不宜太小，卷面字迹要力求认真清晰。

4. 答题态度端正。笔试不同于其他专业考试，有时招聘单位并不仅仅在意求职者考分的高低，其认真的态度、细致的作风、新颖的观点也会大大增加被录用的可能性。

【小贴士】

## 行政职业能力测试及应试技巧

公务员考试内容分为行政职业能力测试和申论两个部分。地方不同，国家公务员考试的笔试科目各有不同，但主要城市和省份的笔试科目一般为“行政职业能力测试”和“申论”两部分，部分职位设置了专业课考试。这里主要介绍行政职业能力测试。行政职业能力测试主要考查和公务员职业相关的职业能力，包括言语理解与表达、数量关系、判断推理、资料分析和常识判断 5 个部分。

### （一）言语理解与表达

言语理解与表达主要检测考生运用语言文字进行思考和交流、迅速准确地理解和把握文字材料内涵的能力，包括根据材料查找主要信息及重要细节；正确理解阅读材料中指定词语、语句的含义；概括归纳阅读材料的中心、主旨；判断新组成的语句与阅读材料原意是否一致；根据上下文内容合理推断阅读材料中的隐含信息；判断作者的态度、意图、倾向、目的；准确、得体的遣词用字等。常见的题型如下：

逻辑填空：试题给出一个不完整的句子，要求考生从所给的四个（组）词中选出一个（组）填入句中括号内，从而使句子的意思表达最准确。

语句表达：试题要求从语法、语气、语义等方面对有关语句作出判断，分为两种类型，即歧义句辨析和病句判断。

阅读理解：包括片段阅读和短文阅读。每道试题都给出一段（篇）文章，在段落（文章）后面有一个（几个）不完整的陈述，要求考生从四个备选答案中选出一个来完成这一陈述。

### （二）数量关系

数量关系主要检测考生理解、把握事物间量化关系和解决数量关系问题的能力，主要涉及数据关系的分析、推理、判断、运算等。常见的题型有数字推理、数学运算等。

数字推理：试题给出一个数列，但其中缺少一项（或两项），要求考生仔细分析这个数列各数之间的关系，找出其排列规律，然后从四个（组）供选择的答案中选出最适合的一个（组）填补空缺项，使之符合原数列的排列规律。这个（组）选项就是正确答案。

数学运算：试题一般给出一道算式，或是表述数量关系的一段文字，要求考生运用心算和简单的计算得出结果。备选答案只有一项是正确的，其余选项为干扰答案。

### （三）判断推理

判断推理主要检测考生对各种事物关系的分析推理能力，涉及对图形、词语概念、事物关系和文字材料的理解、比较、组合、演绎和归纳等。常见的题型如下。

图形推理：图形推理试题主要考查考生抽象推理的能力，要求考生从四个备选答案中选择最符合规律的一个，替代题干中的问号，使图形呈现出一定的规律性。

定义判断：每道题先给出一个概念的定义，然后分别列出四种情况，要求考生严格依据定义选出一个最符合或最不符合该定义的答案。

类比推理：给出一组相关的词，要求考生通过观察分析，在备选答案中找出一组与之在逻辑关系上最为贴近或相似的词。

逻辑判断：每道题给出一段陈述，这段陈述被假设是正确的、不容置疑的，要求考生根据这段陈述，选择一个最恰当的答案，该答案应与所给的陈述相符合，应不需要任何附加说明就可以从陈述中直接推出。

### （四）资料分析

资料分析主要检测考生对各种形式的文字、图表等资料的综合理解与分析加工能力，这部分内容通常由统计性的图表、数字及文字材料构成。常见题型如下。

图形资料：统计图是运用几何图形或具体事物形象来表示现象之间数量关系的图形，具体种类有条形图、曲线图、饼图等。考生根据统计图给出的信息加以分析、计算并回答有关问题。

表格资料：统计表是统计资料的一种表现形式，即把统计对象及其指标按一定顺序填列在表内，具有简明扼要、条理清晰、提纲挈领等特点。任何一种统计表都是表格和统计数字的结合体。

文字资料：文字资料试题是资料分析试题中较难、较复杂的部分，因为它不像统计图表那样直观、一目了然，而是在一段文字中通过文字描述来表达事物的数量关系。考生必须在较短的时间内迅速、准确地把握字里行间包含的各种数量关系及其逻辑关系，并进行分析、计算、判断，才能得出正确答案。

### （五）常识判断

常识判断主要检测考生应知应会的基本知识以及运用这些知识分析判断的基本能力，重点测查考生对国情社情的了解程度、综合管理基本素质等，涉及政治、经济、法律、历史、文化、地理、环境、自然、科技等方面。

## 第三节　面试基本类型及应对技巧

面试是一种综合性极强，集多种知识、能力于一体的全方位考核方式，是对大学毕业生多年学习、实践成果的一些检验。面试是求职者求职过程中必经的、非常重要的一关，求职者一定要在面试前做好相关准备，从而在面试时打一场漂亮的“战役”。不同招聘单位面试过程有很大的不同，所考察内容的侧重点也有很大的差异。在求职者走出家门前，每一位求职者都应该思考一个问题，什么时候开始面试？是面对面走进公司的第一步？是接到面试邀请的第一通电话？还是现场投递简历的那短暂一刻？事实是，我们无从得知面试从何时开始。因为不同的用人单位有不同的考查方式。

## 一、面试前的准备

面试不同于日常的观察和考察，也不同于一般的口试和面谈。求职者在面试前要做好充分的准备工作，以最好的状态应对面试。

### （一）深入了解应聘公司

古人说："知己知彼，百战不殆"。面试和打仗有着同样的道理，因此，在面试前深入了解用人单位的情况非常重要。一般来说，求职者可通过用人单位的官方网站、自媒体平台（如微信）、广告宣传手册和新闻媒体报道等渠道来进行了解。求职者通过这些渠道可对用人单位的以下内容进行仔细了解。

1. 用人单位的性质、规模、特色、组织机构、金融状况、发展前景、企业信誉等情况。

2. 用人单位对员工的工作要求、职责及给予员工的报酬、培训等情况。

3. 用人单位所招聘职位的性质、工作内容、所需知识和技能等。

若求职者对这些情况一无所知或知之甚少，则在面试时容易处于被动境地，也容易给用人单位招聘人员造成"你不关心我单位"的不良印象，从而影响面试成绩。

### （二）充分准备材料

求职者参加面试要带好个人简历、自荐信及有关证书等面试需要的材料。如果应聘外资企业，最好将自荐信、个人简历等材料准备为中英文对照格式。即使求职者给用人单位曾经发过求职信和个人简历，在参加面试时也应该再带上一份材料，以备用人单位查看。

另外，求职者应当熟记自己的求职简历内容，用人单位可能会根据求职者的简历内容进行提问，如果求职者的回答与简历有所差距，这必定会让用人单位对求职者的诚信度及过去的经历产生质疑。

### （三）面试训练准备

刚毕业的大学生缺乏求职面试经验，因此，在面试前有必要进行一些面试技巧训练。面试技巧训练包括学习倾听、敏捷反应、沉着应对、说话具有条理性、得体的举止、面试礼仪等。大学毕业生可以通过学校就业指导课讲座、查阅有关面试的指导书籍或模拟面试等途径进行训练。

### （四）调整面试状态

用人单位对求职者最重要的印象是面试时的状态，求职者面试状态的好与坏，与最终是否被录用有非常密切的关系。

**1. 调整心情**

面试时一定要精神饱满，在参加面试前要适当放松，搞好个人卫生，调节生活规律，保证充分的休息时间，以饱满的精神状态面对主考官。

**2. 准备面试**

面试的前一天，准备好面试的服装、公文包、皮鞋、笔、记事本等。

**3. 独自前往**

在各类面试及咨询中，一定不要让人陪同，要独自前往；这样可以避免用人单位怀疑个人的独立能力和自信心。

**4. 遵守约定的时间**

参加面试，求职者最好比约定时间提前到达面试地点（一般提前 10 分钟到达），以稳定自己的情绪和做好面试准备。到达用人单位后礼貌对待前台接待，在规定的地方等候，不可随意走动。如果有意外情况，最好能够在面试前通知用人单位并说明理由，告之自己不能准时到达面试地点。

## 二、面试的形式

面试的形式包括问题式、压力式、随意式、情景式。在实际面试过程中，用人单位可使用一种面试形式，也可使用几种形式的组合。下面分别讲解几种面试形式的特点。

（一）问题式

这是一种最常规的面试形式，由招聘者按照事先拟定的提纲对求职者进行发问，由求职者予以回答。目的在于观察求职者在特殊环境中的表现，考核知识与业务能力。

（二）压力式

由招聘者对求职者施加压力，就某一问题或某一事件对求职者连续发问，追根问底直至无以对答。目的在于观察求职者在压力下的思维敏捷程度及应变能力。

（三）随意式

招聘者与求职者随意交谈，气氛相比前两种方式更加轻松活跃，招聘者与求职者可以自由发表言论，各抒己见。目的在于观察求职者的综合素质。

（四）情景式

由招聘者事先设定一个情景，提出一个问题或一项计划，请求职者进入角色模拟完成该问题或该项计划，目的在于考察求职者分析问题、解决问题的能力。

## 三、面试的内容和种类

（一）面试的内容

面试主要测评求职者的各项综合能力和素质，如知识水平、表达能力、应变能力、心理素质等。不要担心在面试过程中会紧张，这很正常，而且适当的紧张可以帮助你更好地表现。许多面试官会以一些“小谈话”作为面试的开始来帮助你放松。看起来好像与工作无关，但这也是评估你的一部分。利用这开始的几分钟表现你积极的态度。接下来，面试官向你提问题，通过你的回答来决定你是否合适该岗位。

（二）面试的种类

随着时代的发展，招聘流程正逐渐趋向复杂化和系统化。下面是最常见的一些面试种类。

### 1. 单人面试

最常见的面试形式是一个面试官面试一个求职者。有时，这是几轮面试中的初试。第二轮和第三轮面试通常会有若干面试官。

### 2. 团体面试

团体面试分为普通团体面试和无领导小组面试。无论是哪种团体面试，与问你问题的人保持良好的眼神接触是重要的，但也需要不时看看其他在场的人，以便你在回答时，眼神的交流也把他们包括进去。记住你是在一个团队当中，尝试记住每个人的名字或序号，在面试过程中的某些时候使用他或她的名字 / 序号。

普通团体面试目的在于向应聘者提供大量关于公司和职位的信息。这种形式节省时间，也可以保证每个人了解基本的事实。这个过程的下一步通常是个人面试。

无领导小组面试是许多求职者同时被一个或更多面试官面试。面试官通过这种方式的面试，通常想了解你与团队互动的情况、每个应聘者在团队中的角色如何、谁会在团队中以领导身份出现等。考虑周到、机智表现很重要，但是不要独占会谈场面。

### 3. 结构化面试

结构化面试是指依据预先确定的内容、程序、分值结构进行的面试形式。面试过程中，主考官必须根据事先拟定好的面试提纲逐项对应试者进行测试，不能随意变动面试提纲，应试者也必须针对问题进行回答，面试各个要素的评判也必须按分值结构合成。也就是说在结构化面试中，面试的程序、内容以及评分方式等标准化程度都比较高，使面试结构严密，层次性强，评分模式固定。

### 4. 半结构化面试

半结构化面试是介于非结构化面试和结构化面试之间的面试形式。包括两种方式：一种是主考官提前准备重要问题，但不要求按照固定次序提问，且可讨论在面试过程中出现需进一步调查的问题；另一种是主考官依据事先规划的一系列问题对面试者提问，根据不同的工作类型设计不同的问题表格。

### 5. 电话面试

有些公司会采用电话面试的方式。如果这个电话让你吃了一惊，你还没有做好面试的准备，请对方过 15 分钟后再打给你，或者另外安排双方都方便的时间再联络。所有面试技巧在电话里都适用，你只是不需要着正装出席。不过，你会发现，穿着其实能帮你表现得更好。把简历和问题清单放在你面前，把笔和纸放在你够得到的地方，以便记下面试过程中想问的任何问题。注意语气语调是很重要的，可利用你的语调和语气来表达你的兴趣。

**6. 视频面试**

视频面试包括在线视频面试和异步视频面试。其中在线视频面试指通过即时视频聊天软件进行在线同步交谈的面试方式。异步视频面试指利用异步视频面试系统，用人单位主考官只需要用短信或者邮件将面试问题发给求职者，求职者录制并上传面试视频，然后用人单位主考官通过观看、评价、分享视频，完成对求职者的面试。着装、身体语言和对话，与现场面试相近。

## 四、面试的技巧

成功的面试是求职者能够得到一份工作的关键。为了能在较短的时间内成功地营销自我，求职者除了要以自己的专业知识、能力和才华打动主考官外，还应在求职面试过程中适当应用一些技巧。

### （一）取得面试成功的要则

想要面试成功，除了做好必要的求职前的准备工作，还应掌握取得面试成功的相关要则，这样将会取得事半功倍的效果。

**1. 肢体语言的重要性**

保持良好的仪态，不要显示出拘谨的样子。

**2. 讲话要坦率自信**

重点介绍自己所取得的重大成绩，但也要避免自吹自擂或夸大其词。

**3. 坚持真我本色**

不要刻意伪装自己，不要做作，因为这样做是很难成功的。

**4. 保持积极热情的态度**

在主考官介绍公司、求职岗位的情况，将面临的挑战以及存在的问题时，要表现出极大的热情，这是非常重要的。

**5. 不要怕停顿**

当碰到一个需要经过认真思考才能回答的问题时，不要急着很快给予答复，仔细地想一想自己应该怎么回答。这样的停顿表示你对主考官提出的问题很重视，这也同样可以在某种程度上表明你的自信和成熟。

**6. 敢作敢当**

敢于承认自己工作经历中负面的东西，不要否认，而是勇于承认不足并想办法将其转变成有利于自己的东西。这样能表明你是如何因为这一不足而促使自己去做出积极的改变或努力去弥补的。

**7. 将面试的压力最小化**

有些主考官认为，了解求职者如何应付压力，将有助于全面了解一个人，因此他们往往会在面试中故意给求职者制造一些压力。

### （二）语言表达技巧

面试场上求职者的语言表达艺术，标志着他的综合素养和成熟程度。对求职者来说，掌握语言表达的技巧无疑是很重要的。准确、灵活、恰当的口语表达，是面试成功的关键。因此，要掌握以下语言表达技巧的运用。

**1. 口齿清晰，语言流利**

交谈时要注意发音准确，吐字清晰，还要注意控制说话的语速。为了增添语言的魅力，应注意修辞，忌用口头禅。

**2. 语气平和，音量适中**

面试时要注意语言、语调、语气的正确运用。打招呼时宜用上语调，加重语气并带拖音，以引起对方的注意；自我介绍时，最好多用平缓的陈述语气，声音过大令人厌烦，声音过小则难以听清。音量的大小要根据面试现场情况而定。

**3. 语言要含蓄、机智、幽默**

说话时除了表达清晰外，适当穿插一些幽默的语言，可使谈话气氛愉悦，也能展示自己的优越气质和从容风度。尤其是遇到难以回答的问题时，机智幽默的语言会显示自己的聪明智慧，有助于化险为夷，并给主考官留下良好印象。

**4. 注意听者的反应**

求职面试不同于演讲，交谈中应随时注意听者的反应。比如，听者心不在焉，表示可能对自己的表达没有兴趣，你得设法转移话题；侧耳倾听，可能说明自己音量过小使对方难于听清；皱眉、摆头可能表示自己言语有不当之处。根据对方的这些反应，要适时地调整自己的语言、语调、音量和陈述内容等。

### （三）倾听技巧

注意倾听是一种重要的交流信息技巧。面试的实质就是主考官与求职者进行信息交流从而获得全面评价的过程，形式上充分体现在“说”和“听”上。正确有效的倾听不仅仅是听清主考官说什么，更重要的是要听懂主考官说什么。只有做到了听懂，才能根据主考官的意思给出满意的答案。那么求职者该怎样倾听，才能做到有效的倾听呢？

**1. 耐心倾听**

一些求职者在面试中表现得过于积极，当主考官提到一些自己非常熟悉且简单的话题时，没等主考官说完，求职者就打断主考官的话，断章取义地进行解读。这是非常不礼貌的行为，是对主考官的不尊重。打断主考官的话，就说明你不愿意继续听他说话，对于这种行为，主考官是很难容忍的。

还有一些求职者小心翼翼地通过了专业知识的问答环节，在面试接近尾声时，得到了主考官的正面评价，心里就暗自窃喜，于是开始憧憬未来的打算，一不小心就分了神，主考官再说什么也就没注意到。这被主考官看在眼里，往往会让他觉得很不舒服，也对求职者有了不好的印象，最后的评分会大打折扣。

**2. 仔细倾听**

体现求职者专心致志地倾听的最好办法就是积极与主考官配合，对主考官所提出的观点表示赞同或是提出自己的意见，还可以就主考官提出的问题进行提问。从求职者这样的举动中，主考官可以清楚地知道你在仔细听他说的话，没有漏掉任何一句。

**3. 用心倾听**

用心倾听是听懂主考官问题的最好方法。在听主考官提问的时候，要始终全神贯注，保持饱满的精神状态，专心致志地注视着对方。同时，将主考官所说的每一句话都仔细在脑海中回放一遍，善于从中发现和提炼出问题的实质。

除了上述 3 种倾听时的态度外，还应注意在倾听过程中的一些细节问题。

不仅要倾听主考官所说的事实内容，还要留意他所表现的情绪，并加以捕捉。

注意对方尽量避而不谈的某些方面，这些方面可能正是问题的关键所在。

在谈话中间，避免直接的质疑和反驳，让对方畅所欲言，即使有问题，留到稍后再来查证。此时重要的是，获知对方的真实想法。

遇到你确实想多知道的一些事情时，不妨重复对方所说的要点，请他做进一步的解释。

关注中心问题，不要思维混乱。

不要过早地做出结论和判断。

尽量忽视周围环境中让你不舒服的东西。

注意说话者的非语言信息，如肢体、表情等。

听到困难而复杂的信息时不要害怕。面试录用的原则是优胜劣汰，对你来说复杂困难的信息对别人来讲可能更为复杂困难。面对困难，是考验你的时刻，也是你脱颖而出的时刻，一定要保持镇静和自信，尽自己的努力去想办法。

### （四）问答技巧

问答技巧包括提问技巧和应答技巧两方面。面试中求职者主要是以回答主考官的提问来接受测评的，同时，有时也会主动向主考官提出一些问题，来体现求职者的整体素质。

**1. 应答的技巧**

面试过程中，主考官会向求职者提出各种问题，而求职者的回答将成为主考官考虑是否接受他的重要依据。下面总结了几点应答技巧，帮助求职者从这些技巧中“悟”出面试的规律及回答问题的思维方式，达到“活学活用”的效果。

（1）先说论点后说依据。求职者在回答问题时，要考虑自己所说内容的结构，用尽可能短的时间组织好说话的顺序。一般来说，回答一个问题时，首先提出你对问题的基本观点，然后再逐一用资料来论证、解释。

（2）扬长避短。每个人都有自己的优势与不足，如何在有限的时间内使你的优势充分体现，扬长避短、显示潜力，是一种艺术。当然，扬长避短，既不是瞒天过海，更不是弄虚作假，而是一项灵活性与掩饰性技巧的体现。

（3）举例。在实际面试中，可以适当举些例子，在做到语言美的基础上，运用语言表达的技巧对主考官的问题进一步作答，这在整个面试过程中具有决定性的作用。有道是“事实胜于雄辩”，适当举例会使自己的观点得到更加充分的论证。

用人单位最反感的就是大学生弄虚作假，即便能力有限，成绩不突出，只要是实事求是的求职者，经过专业培训，都是可造之才。反之，如果还没有进公司就瞒天过海，耍心眼，怎么可能被用人单位录用呢。

### 2. 提问的技巧

面试过程中，除了要回答主考官的问题外，求职者向主考官提问也是必不可少的环节。当然，在提问这一环节上也应注意方式方法，否则很有可能将所有的努力付诸东流。

（1）提出的问题要视主考官的身份而定。如果想了解求职单位共有多少人、组织架构、主要业务方面等问题，就不要向一般工作人员提问，而要向单位负责人提问。

（2）把握提问的时间。要把不同的问题安排在谈话进程的不同阶段提出，有的问题可在谈话一开始就提出，有的可以在谈话过程中提出，有的则应放在快结束时再提。

（3）注意提问的方式、语气。有些问题，可以直截了当地提出来，如求职单位岗位设置。有些问题，则要婉转且含蓄一点，如了解求职单位职工收入情况和自己应聘成功后每月收入多少等问题。此外，在询问时，一定要注意语气，要给人一种诚挚、谦逊的感觉，千万不可用质问的语气，这样会引起反感。

（4）不提模棱两可、似是而非的问题。特别是涉及职业、专业有关的问题，一定要确切，不能不懂装懂，提出幼稚可笑的问题。在求职者提问的过程中，主考官可以看出提问者的知识水平、思维方式、个人价值观等。

## 五、面试的难点与应对方法

尽管大学生在面试前做了大量的准备工作，但还是有可能出现一些意想不到的情况，若处理不好会直接影响面试的结果。这里介绍几种常见情况及应对方法，以利于毕业生有针对性地加以准备。

### （一）精神紧张及应对方法

经过调查，几乎 95% 以上的毕业生都承认自己在面试时精神紧张，精神紧张已经成为大学毕业生面试时需要战胜的最大敌人。在陌生的环境，被陌生的人提问，事关自己今后一段时间的发展前途，在这种情况下产生紧张的情绪是正常的。

紧张并不就是“坏”的，适度的紧张可以促使毕业生更加集中注意力投入面试，但紧张过度则对面试极为不利，不仅能使求职者注意力不集中，甚至可能使求职者将事先准备的内容忘得干干净净，头脑一片空白。

下面的 3 种方法可以帮助求职者克服过度紧张的情绪。

#### 1. 做 30 次深呼吸

做深呼吸（腹部呼吸）是消除紧张情绪的一个好办法，能让求职者消除紧张，冷静思考问题。方法是：整个身体尽可能放松，把手放在腹部，用鼻孔轻轻吸气到腹部。这时会感觉到腹部慢慢胀起来，然后轻轻通过鼻孔把腹部的气呼出去，呼气的最后稍微用点力，能够感觉到腹部贴着背后的脊骨。每次呼吸要饱满，反复 30 次，同时在心里数着呼吸的次数。通过深呼吸，可以调节求职大学生不知所措、对未来恐慌的精神状态，使其回到放松的状态。

#### 2. 自问可以接受面试不成功吗

人的大脑是很复杂的，总喜欢回顾过去或展望将来，并推断可能发生的后果，但实际上发生的事情并不如大脑想象得那么严重。这时，深刻认识自己大脑想象的这个“复杂的事情”，不去反抗与评论它。然后问自己：这次面试最坏的结果就是不被录取，可以接受吗？人们其实都可以接受不成功的面试。

求职者应保持积极向上的心态，想象事情正在按照预想的方向发展。虽然想象可能并不是实际存在的，但是通过这种方法，求职者能够得到更舒缓的心情，同时阻止内心消极想法的滋生。这是心理学上一个惯用的手法，不仅是应用于面试，对于后期的工作和生活都有很大的帮助。

#### 3. 不要急着回答问题

当主考官问完问题后，求职者可以考虑一下再作回答。在思考的过程中，不仅可以组织问题的回答思路，而且可以稳定自己的情绪。如果对方问到一些难以回答的问题，可用比较委婉的语气避开，这也是一种诚实机智的表现。

### （二）遇到不清楚的问题及应对方法

如果毕业生在面试时不知如何回答主考官提出的问题，可以婉转地问对方是否指向某一方面，但不可胡乱猜测、信口开河。如果真的一点儿也不清楚怎么回答，就应实事求是地告诉主考官，这个方面的知识未接触过。

### （三）说错话及应对方法

人在紧张时很容易说错话。若说错的话无关大局，就不要太在意，继续专心回答下一个提问，若感觉说错的话比较严重，则应该及时道歉，并说出心中原本要表达的意思。

### （四）几位主考官同时提问的回答方法

如果一场面试有几位主考官，当他们同时提问时，一些经验不足的求职者会胡乱地选择其中问题之一或部分加以回答，结果自然不能让所有主考官都满意。在这种情况下，求职者既要逐一回答，又要显得有礼貌。

你可以说："对不起，请让我先回答甲领导的提问，然后再谈乙领导的问题，可以吗？"选择的顺序可以视主考官提问的先后顺序进行。

## 六、面试后的准备

面试结束后，当不知道结果时，一味地等待有时可能会错失许多机会，此时，可以通过写感谢信、实地考察等方式来争取求职成功。如果没被录用，也不用气馁，收拾好心情，找出失败的原因，为下一次成功做准备。

### （一）写感谢信

为了加深招聘人员的印象，增加求职成功的可能性，面试后的两三天内，求职者最好给招聘人员写封信表示感谢。感谢信要简洁，最好不超过一页纸。感谢信的开头应提及自己的姓名及简单情况以及面试的时间，并对招聘人员表示感谢。感谢信的中间部分要重申对公司、应聘职位的兴趣，增加一些对求职成功有用的新内容。感谢信的结尾可以表示对自己的信心，以及为公司的发展壮大做贡献的决心。

### （二）不打听结果

在一般情况下，每次面试结束后，招聘主管人员都要进行讨论和投票，然后送人事部门汇总，最后确定录用人选，这个阶段可能需要三五天的时间。求职者在这段时间内一定要耐心等候消息，不要过早打听面试结果。

### （三）收拾心情

如果同时向几家公司求职，在一次面试结束后，则要注意调整自己的心情，全身心投入应付第二家单位的面试。因为，在接到聘用通知之前，面试结果还是个未知数，求职者不应该放弃其他机会。

### （四）查询结果

一般来说，如果求职者在面试的两周后，或主考官许诺的时间到来时还没有收到对方的答复时，就应该发短信或打电话给招聘单位，询问面试结果。

### （五）做好再冲刺的准备

应聘中不可能个个都是成功者，万一在竞争中失败了，千万不要气馁，这一次失败了，还有下一次，就业机会不止一个，关键是必须总结经验教训，找出失败的原因，并针对这些不足重新做准备，以谋求“东山再起”。

## 七、面试禁忌

面试是一次展示大学生综合能力的机会，在面试的过程中求职者需要注意的事情很多。有些事情虽无伤大雅，但却可能成为面试成败的关键因素。下面具体讲解面试过程中的禁忌，大学生在面试过程中应尽量避免。

### （一）忌不良用语

面试过程中最多的就是交谈，毕业生在与用人单位交谈时，应注意语言的使用。

**1. 问待遇**

待遇是每个求职者都非常关心的问题，但在实际面试过程中，千万不要急于询问对方“你们的待遇如何？”这会给用人单位留下“工作还没干，就先提条件”的印象。谈论报酬待遇无可厚非，但是要看准时机，一般在双方已有初步意向时，再委婉地提出。

**2. 报有熟人**

在求职面试过程中，有些求职者为了拉近自己与用人单位、主考官的距离，可能会说：“我认识你们单位的某某”“我和某某是同学，关系很不错”等。这种话主考官听了可能会对求职者留下“走关系”的印象，如果主考官与你提及的那个人关系不太好，甚至有矛盾，那么这些话所起的作用就会更糟。

**3. 不合逻辑**

在面试过程中，如果用人单位问：“请你告诉我一次失败的经历。”有些毕业生为了体现自己的优秀，可能会说：“我想不起我曾经失败过。”或者用人单位问：“你有何优缺点？”

求职者回答："我可以胜任一切工作"等，这样的回答都是非常不科学的，不但不能增加用人单位的好感，还可能带给人不可靠、不诚实的印象。

**4. 关于公司的说法**

面试不同于闲聊，说话不能张嘴就来，应对语言和遣词用字有所选择。如在面试过程中，有时用人单位会让毕业生自行提问，一些不太注意的毕业生往往会问："你们公司怎么样"，这种说法肯定会引起用人单位的反感。其实既然选择到该公司面试，那证明是对这个公司有好感的，这时可以十分礼貌客气地说"贵公司"，为了拉近自己与公司之间的亲近感，还可以说"咱们公司"。

**5. 本末倒置**

在一些面试过程中，有些大学毕业生自恃清高，或为了故意表现自己的专业性，会提出一些让用人单位难堪的问题，如"请问你们单位有多大？竞聘比例有多少"等，这是由于毕业生没有将自己的位置摆正。

或者有时主考官问："关于工资，你的期望值是多少？"此时的回答可正面，也可稍显礼貌地说："我相信公司都有一套自己的薪资体系，这个体系已经运行很成熟了，会根据每个职位的重要程度及该职位涉及的个人的工作能力而定。多与少与我自己的努力程度也相关。"切忌反问对方："你们打算出多少？"这样的反问就很不礼貌，很容易引起主考官的不快。

### （二）忌不良态度

凡参加面试的人，不管能力、水平如何，一定不要忘记自己是在接受用人单位的挑选，所以与主考官谈话的态度应有所注意。下面列出一些面试过程中的不良态度，大学生应聘时应注意避免。

**1. 盛气凌人**

有的参加面试的大学毕业生，由于在学校时可能是学生干部，得到老师的好评、同学的尊重，各方面条件也较优越，因此就有可能恃才傲物，在面试中态度傲慢，说话咄咄逼人。这主要表现在以下几个方面。

（1）当主考官对自己的回答不够满意或进行善意引导时，常强词夺理、拼命狡辩、拒不承认错误。

（2）想占据面试的主动地位，反问主考官一些与面试内容无关的问题，如用人单位的福利如何？是否包吃住？自己将担任何种职务？

（3）某些大学毕业生有一些工作经验，在被问及原单位工作情况时，常贬低原单位领导及工作。过分地贬低原单位领导及工作，会让人感觉喜欢背后议论别人，产生合作精神差、没有感恩心态的印象。

**2. 态度冷漠**

有的大学毕业生由于自身性格等原因，在面试过程中常表情冷漠，不能积极与主考官配合，缺乏必要的热情和亲切感。但是实际上所有的用人单位都希望自己的工作人员能够在工作中与人为善、使人感到轻松愉快，这样才能提高工作效率。

【小贴士】

自我介绍

面试官常常会问的第一个问题就是："你先做一下自我介绍吧"。有些刚刚毕业的小伙伴会介绍自己的学校、兴趣爱好等，比如爱拍 Volg、喜欢玩社交媒体。但比起兴趣，面试官更愿意听的是求职者与应聘岗位最相关的经历。如果是刚刚毕业还没有太多工作经验的小伙伴可以尝试挖掘自身优势，结合岗位特点进行自我介绍，学习经历、工作内容可重点展示。

自我介绍是考察候选人的第一印象，从自我介绍中能考察到候选人的口才、应变和逻辑力。

自我介绍 1 ～ 3 分钟为佳，不重复简历，求职者可以考虑从以下几点入手：

我是谁（一句话说清姓名、学校、专业）；

我为什么想在这家公司工作（对公司及岗位的了解）；

我具备哪些符合这项工作的技能和专业经验（相关实践经历）；

我希望在事业上获得哪些成就（求职动机 + 未来展望）。

## 第四节　职业形象及求职礼仪

求职礼仪是公共礼仪的一种，是指在求职过程中应当遵循的一系列礼仪规范，它通过求职者的着装打扮、面试言谈举止等外在方面体现其内在素质。内在修养是大学生提高求职礼仪最根本的源泉，不仅可以赢得应聘单位的尊重，还能获得更多的就业机会。

### 一、面试礼仪

在面试阶段出色的行为举止是大学生成功找到工作的关键。为了给面试官留下良好的第一印象，大学生需要了解基本的面试礼仪。

#### （一）遵时守信

求职者一定要遵时守信，准时赶到指定地点参加面试，这是最基本的礼仪。求职者先了解面试地点的所在位置，再考量使用何种交通工具，最好提早 10—15 分钟抵达，一方面可先熟悉公司的环境，另一方面可以在面试前从容地到盥洗室整理仪容，缓和紧张的情绪。迟到和毁约都是不尊重面试官的一种表现，也是一种不礼貌的行为。如果求职者有客观原因不能如约按时到场，应事先打电话通知面试官，主动陈述原因，宜简洁表达，以免对方久等。

#### （二）主动问候

求职者进入面试室的时候，应先敲门，即使面试房间是虚掩的，也应先敲门，切忌冒冒失失地推门就进，给人鲁莽、无礼的感觉。注意敲门不可用力太大。正确的是用右手的手指关节轻轻地敲三下，问一声：我可以进来吗？待听到允许后再轻轻地推门进去。打招呼时，身体要正对面试官，头正肩平，背直胸挺，目光平视，面带微笑，表现出充分的自信和对面试的积极关注。应向面试官微笑致意，并说“你们好”之类的招呼语，努力在面试官与自己之间营造轻松和谐的面试氛围。

### （三）精神集中

求职者在踏入面试室的时候，应面露微笑，如果有多位考官，应面带微笑地环视一下，以眼神向所有人致意。在面试过程中，应集中精神倾听面试官的问题，热情和积极地回应。在回答问题时，要通过你的措辞和身体语言（如：兴奋的语调、稍稍向前倾斜、点头表示同意）传达你的激情和活力。与面试官进行适度的眼神接触，并以点头作为回应，给面试官以诚恳、认真的印象。切勿东张西望，会显得对应聘职位或公司欠缺诚意。保持一个舒适的坐姿，不要懒散。不要把任何东西放在你的膝盖或者手里，因为这样会限制你自然的身体动作，甚至会无意识地把玩它。

明确而简洁地回答问题，但是注意提供充足的细节，以使面试官能评价你的资历。当面试官不得不听一些冗长而散漫的回答时，他们会感觉很不舒服。为了组织好你的语言，在谈话之前停顿一下是可以接受的。避免“嗯”“啊”“你知道”等这样的口头语，或为了留出时间而重复问题。

### （四）微笑待人

微笑表示领略、歉意和赞同。进入面试室后，第一个动作就是微笑着与主考官打招呼，可微笑点头并问候（如上午好、下午好、各位领导好等）。面对主考官，求职者的微笑可以缓解紧张气氛，使双方的心理距离迅速缩短。面试时面带微笑将有利于提高成功率。

### （五）递物大方

求职者求职时必须带上个人简历、证书、作品集、毕业生推荐表等，面试时一定要保证不用翻找就能迅速取出所有资料。如果需要送上这些资料，应双手奉上，表现得大方和谦逊。

### （六）握手规范

握手是求职面试时很重要的一种见面礼仪。坚定自信的握手能给面试官带来好感，手与手的礼貌接触是建立第一印象的重要开始，有着举“手”轻重的地位，所以，一定要使自己的握手规范而有感染力。

### （七）礼貌告别

面试结束后，应起身离座，把刚才就座的椅子摆正，与面试官以规范的握手方式礼貌告别，如“谢谢，请多关照”“非常感谢贵公司为我提供面试机会”“如能有幸成为贵公司一员，我将全力以赴努力工作”，以体现自己的礼貌和对应聘岗位的兴趣。然后，拿好随带物品，走到面试房间门口，回身鞠躬行礼，再次说“谢谢您，再见”，退出面试室，把门轻轻关上。

## 二、服饰礼仪

在求职过程中，恰当的穿着会给人留下良好的第一印象。应聘着装要遵循“TPO ”原则，即根据时间（Time）、地点（Place）、对象（Occasion）来选择合适的服装。根据招聘单位的性质不同，其对仪表服饰的要求也会有所变化。国家机关进行招聘，希望未来的公务员衣着端庄，体现稳健踏实的作风；公司企业（尤其是外企）则注重整体形象的漂亮、明快。传统行业的从业人员，服装特质多趋向刻板保守。大学生无论男女，在应聘面试时都不宜穿着过分休闲的服饰，如 T 恤、牛仔裤、运动鞋，这样的穿着太过随意，与希望应聘成功的求职愿望不吻合，显得对求职这件事不够重视，是不受面试官欢迎的。

### （一）男士服饰礼仪

1. 服装：用深蓝色、黑色或木炭色的两件套或三件套装作为服装最为适宜。可搭配纯色的商务衬衫，最好是白色。领带也须和服装色彩协调。

2. 腰带：确保腰带与鞋子的颜色相匹配，扣子不要太突出。

3. 鞋子：宜穿黑色或深色商务皮鞋，确保鞋子干净，尽量使袜子的颜色与西装一致。袜子要长及小腿中部，袜口有松紧带。

### （二）女士服饰礼仪

1. 服装：黑色或深蓝色套装是理想的选择，灰色或棕色色系的服饰也可以备选。可搭配白色或柔和色调的衬衫，忌领口过大。如果穿裙子，应确保裙子不短于膝盖。切忌服装超过 3 种颜色。女士穿裙装不能光腿，要穿丝袜；袜子有“腿部时装”之称，不能出现残破，袜子要高过裙子的长度。

2. 鞋子：宜穿带点鞋跟的黑色或深色圆头皮鞋。

3. 配饰：不要佩戴过多首饰，如粗大的项链和手镯，会给人不严谨、不正式的感觉。

4. 化妆：不要化浓妆，淡妆即可，保持自然、大方。

## 三、仪态礼仪

仪态也叫仪姿、姿态，泛指人们身体所呈现出的各种姿态，它包括举止动作、神态表情和相对静止的体态。仪态是表现个人涵养的一面镜子，也是构成一个人外在美好的主要因素。仪态礼仪主要表现在站姿、坐姿、蹲姿、行姿，以及肢体语言、表情等。参加面试前要适度修饰仪容，清洁头发，发型适度，符合身份。主考官对求职者的评价，往往开始于对求职者的仪态表现、言谈举止的观察和概括。

### （一）表情

面试时，最常用和最富有表现力的表情就是目光和微笑。

**1. 目光**

“眼睛是心灵的窗口”，它在很大程度上能如实反映一个人的内心世界。在面试中，正确的注视方式应该是望着对方额头的上方，在对话时要有自然的视线接触，目光应是坦然、亲切、和蔼、有神的。一般情况下，与他人相处时，不宜注视其头顶、大腿、脚部与手部，或是“目中无人”。尽量不要将两眼视线直射对方眼睛，对方会误以为你在向他表达不信任、审视和抗议，也不能虚视（目光游离）。

**2. 微笑**

微笑是人际交往的魔力开关，是广交朋友、化解矛盾的有效手段。面试时要面带微笑，亲切和蔼，谦虚坦诚，有问必答。这既是自信的表现，又可以消除紧张情绪。得体的微笑要恰到好处，不出声，含而不露。在微笑时，不仅口在笑，眼也要笑，还要做到精神饱满。

### （二）手势

在回答考官问题时，可适当地配合一些手势讲解，但不要频繁耸肩或手舞足蹈。有些大学生由于过分紧张，双手不知道该放哪儿；而有些人又过于兴奋，在对话时舞动双手，这些都不可取。应避免有太多小动作，这是不成熟的表现。面对较难回答的问题时，切忌抓耳挠腮或用手捂嘴说话，这样显得紧张，不专心交谈。

### （三）体姿

体姿是指人在行为中表现出来的姿势，主要包括站姿，坐姿，步态等。“站如松，坐如钟，走如风，卧如弓”，是中国传统礼仪的要求，在当今社会中已被赋予了更丰富的含义。

**1. 站姿**

优美、典雅的站姿是发展人的不同动态美的基础和起点。标准的站姿要求头正、肩平、臂垂、躯挺、腿并，身体重心主要支撑于脚掌、脚弓上，从侧面看，头部、肩部、上体与下肢应在一条垂直线上。

**2. 坐姿**

规范的坐姿能给面试官留下良好的第一印象。椅子适宜坐满三分之二，将右脚与左脚并排自然摆放。女士入座时，若着裙装，应用手将裙子稍微拢一下，不要等坐下后，再重新站起来整理衣裙。坐定后，腰部挺起，上身保持正直，头部保持平稳，两眼平视，下颌微收，把手自然地放于膝上，男士两腿可自然分开间隔一个拳头的距离，女士则应双腿并拢不留缝隙。不要紧贴着椅背坐或只坐在椅边，这样会显得过于放松或过于紧张。

**3. 行姿**

正确的行姿是抬头、挺胸、收腹、肩膀往后垂，手要轻轻地放在两边，轻轻地摆动，步伐也要轻轻的，不能够拖泥带水。

**4. 蹲姿**

正确的方法应该弯下膝盖，两个膝盖应该并起来，不应该分开，臀部向下，上体保持直线，这样的蹲姿就典雅优美了。

## 四、面试后的礼仪

许多毕业生只注重应聘面试时的礼仪，而忽略了面试结束后的善后工作。其实，这些善后工作同样能加深主考官对求职者的印象，下面就来看看面试后需要注意的礼仪。

### （一）感谢用人单位

表示面试结束时，不论结果如何，都要轻声起身表示感谢，并将自己坐的椅子扶正，摆放在进门时候的位置，再次表示感谢后，再轻推门离开。

## （二）不可贸然打电话

面试结束后，不可贸然地打电话询问相关情况，可以通过感谢信函的方式再次加深用人单位对你的印象。若是求职者在面试的两周后，或主考官许诺的时间到来时还没有收到对方的答复时，就应该写信或打电话给招聘单位，询问面试结果；表示你对这个工作的兴趣和热情，同时从用人单位的语气中听出自己是否有被录用的希望。

## 【知识加油站】

### 结构化面试

#### （一）结构化面试流程图

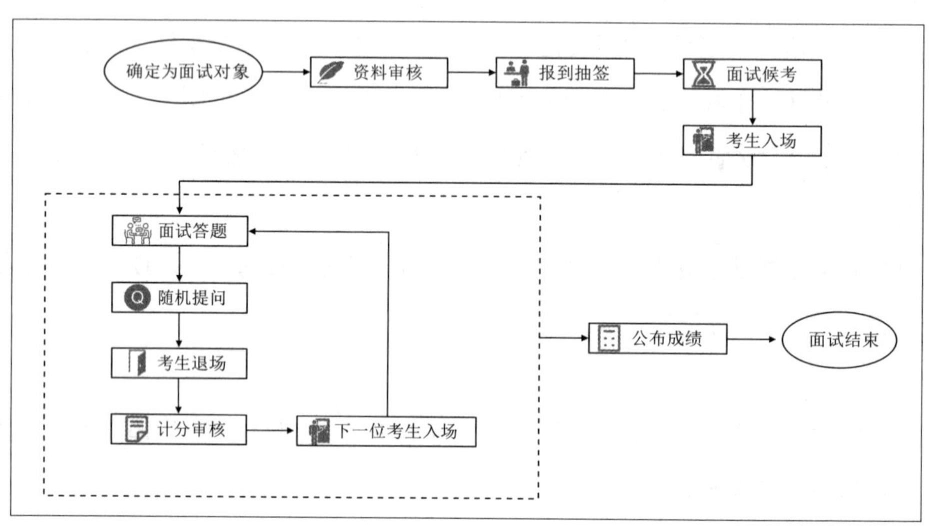


图4-1　结构化面试流程图

**1. 面试报到抽签**

一般需要提前10—30分钟到达指定地点报到，考试工作人员核对考生身份证件和面试通知书等相关证件。之后，首先进行第一轮抽签确定面试的候考教室，确定之后考生到达教室再以抽签的方式确定面试顺序，并依次登记考号、姓名。

**2. 候考**

应试者在候考室等待面试时，不允许使用手机等通信设备，也不能随便走动。

**3. 进入考场**

面试开始，由监考人员或考务人员依次带领考生进入考场，并通知下一名候考人准备。

一般考场门是敞开的，考生可以直接进入，不必敲门。如门是关着的，考生需要敲门并获得考场内考官允许后方可进入。

**4. 面试作答**

考生进入后，直接走到考生席，站定后向各位考官问好，得到“请坐”的指令后，考生可以落座。题目一般有两种形式：一种是题本形式，另一种是读题。目前绝大多数地区基本不采用读题的形式，以题本形式为主。答题时间根据题量，一般为 15 分钟，题目一般为 3 道左右（视地区而定）。

**5. 公布成绩**

面试结束，主考官宣布考生退席，到候分室等候分数（大部分地区的考场通常内设考生候分席）。考官将各自对该考生的评分表交给计分员，核算分数。核算完毕，交给监督员审核。计分员核算完分数，监督员和主考官签字后交给工作人员后对考生当场公布成绩，最后由考生签字确认，并填入考生结构化面试成绩汇总表。

**6. 面试结束**

记分员、监督员、主考官依次在面试成绩汇总表上签字，结构化面试结束。

（二）结构化面试考场布局

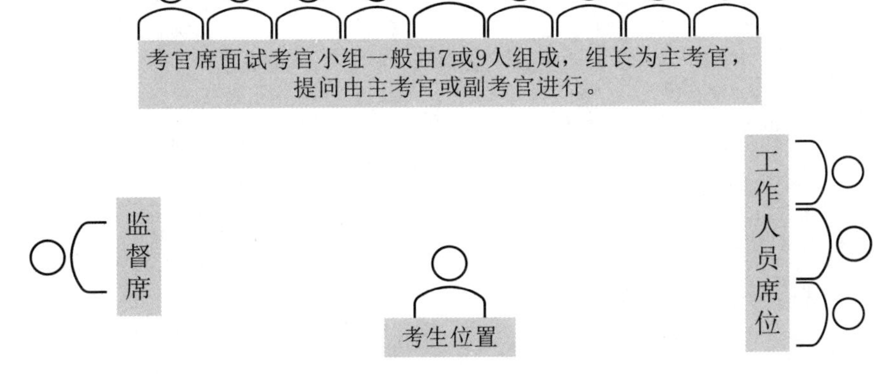


图4–2　结构化面试考场布局

## 【课后作业】

制作一份个人简历和求职信。

# | 下篇 |

# 就业创业指导

# 第五章　就业签约与派遣实务

## 【学习目标】

1. 了解高校毕业生就业流程

2. 了解就业协议书的作用与签订

3. 了解报到入职与就业派遣

4. 了解人事代理

## 【案例导入】

小李本科学习的是植物保护专业，大三暑假经自己导师的介绍在一家研究所实习。经过一段时间的相处，小李为人热情肯干，领导和同事都很喜欢他，希望他毕业后留在所里继续工作，小李也非常喜欢这个工作环境，表示愿意留下，准备签署就业协议。

**分析：**

就业协议书是大学毕业生与用人单位确立劳动关系的前提，明确了大学毕业生就业工作中的权利和义务，是大学生就业的强大保护网。本章将针对高校毕业生就业流程、就业协议的作用与签订，以及毕业生离校、报到的相关规定和流程进行讲解。

## 第一节　高校毕业生就业流程

### 一、就业关键词

毕业生在与用人单位达成初步的聘用意向后，有几个关键环节需特别关注，让我们从了解就业程序中的相关概念开始。

#### （一）就业推荐表

毕业生推荐表是由毕业生所在省市（自治区）就业主管部门统一印制并通过。

**表5-1　浙江农林大学202届毕业生推荐表**

<table>
<tr><td rowspan="6">基本情况</td><td>姓名</td><td></td><td>性别</td><td></td><td>民族</td><td></td><td rowspan="5">近期免冠一寸彩照</td></tr>
<tr><td>出生年月</td><td></td><td>生源地区</td><td></td><td>政治面貌</td><td></td></tr>
<tr><td>所在学院</td><td colspan="3"></td><td>学　　历</td><td></td></tr>
<tr><td>专业名称</td><td colspan="3"></td><td>学　　制</td><td></td></tr>
<tr><td>家庭地址</td><td colspan="3"></td><td>邮政编码</td><td></td></tr>
<tr><td>健康状况</td><td></td><td>外语水平</td><td></td><td>计算机水平</td><td colspan="2"></td></tr>
<tr><td rowspan="3">联系方式</td><td>联系地址</td><td colspan="3"></td><td>邮政编码</td><td colspan="2"></td></tr>
<tr><td>固定电话</td><td colspan="3"></td><td>移动电话</td><td colspan="2"></td></tr>
<tr><td>E-mail</td><td colspan="3"></td><td>个人主页</td><td colspan="2"></td></tr>
<tr><td>个人教育经历</td><td colspan="7"></td></tr>
<tr><td>承担社会工作与实践的经历</td><td colspan="7"></td></tr>
<tr><td>在校期间获奖情况</td><td colspan="7"></td></tr>
</table>

续表

| | |
|---|---|
| 特长爱好 | |
| 毕业生自我评价 | 毕业生签名：<br>年　　月　　日 |
| 导师评价 | 导师签名：<br>年　　月　　日 |
| 所在学院评价 | 盖章：<br>年　　月　　日 |
| 学校就业主管部门推荐意见 | 盖章：<br>年　　月　　日 |

各高校发放给毕业生的推荐材料，是学校正式向用人单位推荐毕业生的书面材料，具有较高的权威性和可信度。以北京地区为例，《北京地区普通高校毕业生就业推荐表》（以下简称推荐表）是由北京市教委制定，北京高校毕业生就业指导中心统一印制，通过北京地区各高校发放。发放对象是具有派遣资格的毕业生。

一般说来，推荐表有如下作用：

（1）推荐表是毕业生具有就业资格的证明文件。只有国家计划内招收的毕业生才有资格领取毕业生推荐表。定向、委培毕业生、非国家计划内招收的毕业生没有推荐表。

（2）推荐表是毕业生申请户口、报考公务员等的必备资料。按照北京市人事局的规定，用人单位申报解决毕业生北京市户口，推荐表是必须要提交的申报材料之一。同时，毕业生如果报考国家公务员，也必须提交推荐表。

（3）推荐表是学校向用人单位推荐毕业生的正式书面材料。推荐表内容需要经过毕业生所在高校审核并加盖公章。

## （二）毕业生登记表

**高等学校毕业生登记表**

学 校 ____________

院 系 ____________

专 业 ____________

姓 名 ____________

学 号 ____________

填表日期　　　年　　月　　日

**浙江省教育厅制定**

**填 表 说 明**

1. 毕业生必须实事求是地填写本表，字迹要清楚。

2. 表内所列项目，要全部填写，不留空白，如有情况不明无法填写时，应写“不清”或“不详”，如无该项情况，亦应写“无”。

3. “本人学习及工作经历”自入小学时起，依时间顺序详细填写，年月要衔接。中途间断学习和工作的时间也要填入，并加说明。

4. “家庭主要成员”是指直系亲属（父母和爱人、子女）。

5. 贴最近二寸正面半身脱帽照片。

6. 如有其他问题需要说明时，可另附纸上。

图5-1　高等学校毕业生登记表式样

毕业生登记表是由教育行政机关统一印制的具有规范格式的毕业生信息表格，是各类学历教育毕业生用来填写所取得的学籍和毕业档案的登记表格，内容包含着毕业生个人的基本信息、学习经历和在学校的奖励、处分、自我鉴定和评语等。

**表5-2　高等学校毕业生登记表式样**

<table>
<tr><td>姓　　名</td><td></td><td>曾 用 名</td><td></td><td>性　　别</td><td></td><td rowspan="4"></td></tr>
<tr><td>出生年月</td><td></td><td>民　　族</td><td></td><td>籍　　贯</td><td></td></tr>
<tr><td>学　　制</td><td></td><td>学　　历</td><td></td><td>学　　位</td><td></td></tr>
<tr><td>家庭住址</td><td colspan="5"></td></tr>
<tr><td>联系方式</td><td colspan="2"></td><td>何时何地加入共产党或共青团</td><td colspan="3"></td></tr>
<tr><td>毕业论文或毕业设计题目</td><td colspan="6"></td></tr>
<tr><td>毕业实习单位和主要内容</td><td colspan="6"></td></tr>
<tr><td>获得何种职业资格或技能证书</td><td colspan="6"></td></tr>
<tr><td>何时何地受过何种奖励或处分</td><td colspan="6"></td></tr>
</table>

续表

| 本人学习及工作经历 | | | |
|---|---|---|---|
| 自何年何月起<br>至何年何月止 | 在何地、何学校（或单位）<br>学习（或任何职） | 证明人及联系方式 | |
| | | | |
| | | | |
| | | | |
| | | | |
| | | | |
| | | | |
| 家庭主要成员 | | | |
| 姓名 | 与本人关系 | 工作或学习单位 | 政治面貌 |
| | | | |
| | | | |
| | | | |
| | | | |
| | | | |
| | | | |
| 院系鉴定 | 班主任（辅导员）签名：<br>年　　月　　日 | | |
| 学校意见 | 公章<br>年　　月　　日 | | |

续表

| 自我鉴定：<br><br><br><br><br>本人签名：<br>年 月 日 |
|---|

毕业生登记表一般由上级教育主管部门发放、备案，由毕业生所属学校管理、存档，由毕业生本人和校方分别填写相关内容，全面并客观记录、评价毕业生在校学习及行为表现，不得涂改。毕业生登记表不仅是毕业生本人在校学习期间的成长记录，也是校方认定其毕业资格的基本依据。毕业生登记表作为毕业生本人个人材料归入毕业生个人档案。

## （三）就业协议书

就业协议书（全称《全国普通高等学校毕业生就业协议书》或《全国毕业研究生就业协议书》）俗称“三方协议”，是由教育部高校学生司统一制订、各省市（自治区）教育主管部门印制，由毕业生、用人单位、学校三方签订的明确三方在就业择业过程中的权利义务关系的书面协议。在我国当前的就业体制下，就业协议是教育部门制定就业计划的依据，是办理毕业生就业手续的依据，是确认就业意向和劳动需求的凭证。

**普通高等学校毕业生、毕业研究生就业协议书**

<table>
<tr><td rowspan="8">甲方（用人单位）</td><td>用人单位名称</td><td colspan="5"></td></tr>
<tr><td>联系人</td><td></td><td>联系电话</td><td></td><td>电子邮箱</td><td></td></tr>
<tr><td>地 址</td><td colspan="3"></td><td>邮政编码</td><td></td></tr>
<tr><td>统一社会信用代码</td><td colspan="5"></td></tr>
<tr><td>单位性质</td><td colspan="5">☐ 党政机关 ☐事业单位 ☐ 国有企业 ☐非公有制企业<br>☐ 部队 ☐其他</td></tr>
<tr><td>职位类别</td><td colspan="5">☐公务员 ☐科学研究人员 ☐工程技术人员 ☐农林牧渔技术人员金融业务人员<br>☐法律专业人员 ☐医学人员 ☐ 文艺艺术工作人员 ☐ 新闻出版和文化工作人员<br>☐办事人员和有关人员 ☐商业和服务业人员<br>☐生产和运输设备操作人员 ☐卫生专业技术人员 ☐ 其他人员</td></tr>
<tr><td>档案转寄单位</td><td></td><td>联系人</td><td></td><td>联系电话</td><td></td></tr>
<tr><td>档案转寄地址</td><td colspan="3"></td><td>邮政编码</td><td></td></tr>
<tr><td rowspan="6">乙方（毕业生）</td><td>姓名</td><td></td><td>性别</td><td></td><td>身份证号</td><td></td></tr>
<tr><td>毕业院校</td><td colspan="3"></td><td>专业名称</td><td></td></tr>
<tr><td>学制</td><td></td><td>毕业时间</td><td></td><td>学历</td><td>博士 硕士 本科 专科</td></tr>
<tr><td>固定电话</td><td colspan="3"></td><td>电子邮箱</td><td></td></tr>
<tr><td>手机</td><td colspan="3"></td><td>QQ号</td><td></td></tr>
<tr><td colspan="6">应聘意见<br><br>毕业生签名：</td></tr>
<tr><td colspan="3">用人单位意见<br><br>签章<br>年 月 日</td><td colspan="4">用人单位主管部门或人事代理机构意见<br><br>签章<br>年 月 日</td></tr>
<tr><td colspan="3">学校院（系）意见<br><br>签章<br>年 月 日</td><td colspan="4">学校毕业生就业工作部门意见<br><br>签章<br>年 月 日</td></tr>
</table>

图5-2 就业协议书

就业协议书主要包含三部分内容：毕业生情况及意见，包含毕业生的基本情况和应聘意见，由毕业生本人填写；用人单位情况及意见，包含用人单位基本信息，毕业生档案转寄单位名称、地址，毕业生户口迁移地址，用人单位意见等内容，由用人单位填写；学校意见，包含学校联系人、毕业生培养方式、院（系所）意见、学校毕业生就业部门意见等内容，由学校就业主管部门填写。

就业协议最重要的作用是明确毕业生、用人单位、学校三方在毕业生就业工作中的权利和义务，就业协议书具有民事法律上的合同效力，需要当事人严格遵守。

### （四）就业报到证

向学校递交就业证明材料，就业方案审批通过后，将核发毕业生的就业报到证（俗称报到证或派遣证），由毕业生在毕业前从学校领取。

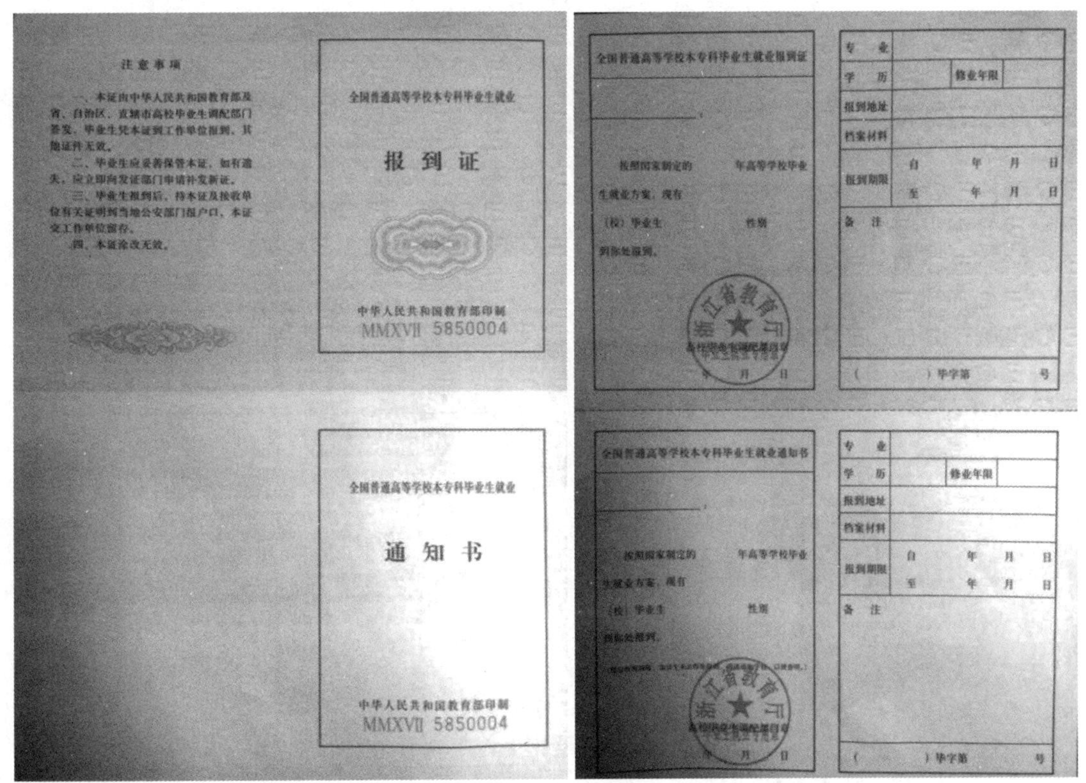

注意事项

一、本证由中华人民共和国教育部及省、自治区、直辖市高校毕业生调配部门签发，毕业生凭本证到工作单位报到，其他证件无效。

二、毕业生应妥善保管本证，如有遗失，应立即向发证部门申请补发新证。

三、毕业生报到后，持本证及接收单位有关证明到当地公安部门报户口，本证交工作单位留存。

四、本证涂改无效。

全国普通高等学校本专科毕业生就业

报到证

中华人民共和国教育部印制

MMXVII 5850004

全国普通高等学校本专科毕业生就业报到证

按照国家制定的　年高等学校毕业生就业方案，现有　（校）毕业生　性别　到你处报到。

年　月　日

| 专　业 | | | |
|---|---|---|---|
| 学　历 | | 修业年限 | |
| 报到地址 | | | |
| 档案材料 | | | |
| 报到期限 | 自　年　月　日<br>至　年　月　日 | | |
| 备　注 | | | |

（　）毕字第　号

全国普通高等学校本专科毕业生就业

通知书

中华人民共和国教育部印制

MMXVII 5850004

全国普通高等学校本专科毕业生就业通知书

按照国家制定的　年高等学校毕业生就业方案，现有　（校）毕业生　性别　到你处报到。

年　月　日

| 专　业 | | | |
|---|---|---|---|
| 学　历 | | 修业年限 | |
| 报到地址 | | | |
| 档案材料 | | | |
| 报到期限 | 自　年　月　日<br>至　年　月　日 | | |
| 备　注 | | | |

（　）毕字第　号

图5-3　就业报到证

就业报到证（全称《全国普通高等学校本专科毕业生就业报到证》或《全国毕业研究生就业报到证》），是由教育部印制，教育部及省、自治区直辖市高校毕业生调配部门签发的毕业生就业证件。报到证一式两份，分别称为就业报到证和就业通知书，毕业生持就业报到证到单位报到，就业通知书则放入档案内封存。

### （五）劳动合同

劳动合同是用人单位与劳动者之间明确权利与义务的协议，所有劳动合同都必须依据《中华人民共和国劳动合同法》制定，而不能依据用人单位的单方面意愿来制定。

现行的《中华人民共和国劳动合同法》（简称《劳动合同法》）于2007年6月29日，由第十全国人民代表大会常务委员会第二十八次会议修订通过，自2008年1月1日起施行。2012年12月28日，第十一届全国人民代表大会常务委员会第三十次会议通过了《劳动合同法》的修订决定，2013年7月1日起施行修订后的《劳动合同法》。

**劳动合同**

甲方（用人单位）：______________

乙方（劳动者）：______________

身份证号码：______________

联系电话：______________

根据《中华人民共和国劳动法》、《中华人民共和国劳动合同法》和有关法律、法规，甲乙双方经平等自愿、协商一致签订本合同，共同遵守本合同所列条款。

**第一条、合同期限**

甲乙双方选择以下第________项确定本合同期限。

（一）本合同期限自______年____月____日起至______年____月____日止；

（二）本合同为无固定期限，自______年____月____日至法定的终止条件出现时止；

（三）以完成一定的工作为期限，自______年____月____日起至工作（任务）完成时即行终止。

乙方试用期为______个月（日）。自______年____月____日起至______年____月____日止。

**第二条、工作内容**

甲方根据生产工作需要，安排乙方从事__________岗位（工种）工作，工作地点为______________________________。

乙方应按照甲方安排的工作内容及要求，认真履行岗位职责，按时完成工作任务。

**第三条、工作时间和休息休假**

乙方实行以下第________项工时制度。

（一）实行标准工时工作制的，甲方安排乙方每日工作时间不超过8小时，每周不超过40小时。甲方由于工作需要，经与工会和乙方协商后可以延长工作时间，一般每日不得超过1小时，因特殊原因需要延长工作时间的，在保障乙方身体健康的条件下延长工作赶时间每日不得超过3小时，每月不得超过36小时；

（二）实行综合计算工时工作制的，应经人力资源和社会保障行政部门批准，可以周、月、季、年等为周期综合计算工作时间，平均每日工作时间不得超过8小时，平均每周工作时间不得超过40小时；

（三）实行不定时工作制的，应经人力资源和社会保障行政部门批准，用人单位采用弹性工作时间等适当的工作和休息方式，确保职工的休息休假权利和生产、工作任务的完成。

乙方在合同期内享受国家规定的各项休息、休假的权利，甲方应保证乙方每周至少休息一天。

**第四条、劳动报酬**

甲方结合本单位的生产经营特点和经济效益，依法确定本单位的工资分配制度。乙方的工资水平，应按照本单位的工资分配制度，结合乙方的劳动技能、劳动强度、劳动条件和劳动贡献等确定，实行同工同酬。

按本合同约定的乙方工作岗位（工种），甲方支付乙方的工资标准为__________元/月（周）。

乙方在试用期的工资标准为__________元/月（周）。（试用期的工资不得低于本单位相同岗位最低档工资的80%或者不得低于劳动合同约定工资的80%，并不得低于用人单位所在地的最低工资标准。）

甲方应以法定货币形式于每月_____日足额支付乙方工资。

甲方不得克扣或无故拖欠乙方工资。不得违反国家有关最低工资的规定。

甲方安排乙方延长日工作时间，应支付不低于乙方工资150%的工资报酬；安排乙方在休息日工作又不能安排补休的，应支付不低于乙方工资200%的工资报酬；安排乙方在法定休假日工作的，应支付不低于乙方工资300%的工资报酬。

**第五条、劳动保护和劳动条件**

甲方要严格执行国家和地方有关劳动保护的法律、法规和规章，为乙方提供必要的劳动条件和劳动工具，制定操作规程、工作规范和劳动安全卫生制度及标准。

图5-4　劳动合同

甲方有义务负责对乙方进行政治思想、职业道德、业务技术、劳动安全卫生及有关规章制度的教育和培训。

乙方有权拒绝甲方的违章指挥、强令冒险作业，对危害生命安全和身体健康的条件，有权对甲方提出批评、检举和控告。

甲方依法制定的规章制度应当公示或告知乙方，乙方应严格遵守规章制度、完成劳动任务，提高职业技能，执行劳动安全卫生规程，遵守劳动纪律和职业道德。

**第六条、社会保险和福利待遇**

甲方应按国家和地方有关社会保险的法律、法规和政策规定为乙方缴纳基本养老、基本医疗、失业、工伤、生育保险费，社会保险费个人缴纳部分，甲方可从乙方工资中代扣代缴。

甲方加强人口计划生育"一法三规"的落实，严禁计划外生育。乙方在孕期、产期、哺乳期等各项待遇，按国家和地方有关生育保险政策规定执行。

乙方患病或非因工负伤的医疗待遇按照国家和地方有关政策规定执行。

**第七条、劳动合同的解除、终止和变更**

劳动合同的解除、终止按国家和省有关政策规定执行。

甲乙双方解除、终止劳动合同时，甲方应为乙方出具解除或终止劳动合同的证明，并在十五日内为乙方办理档案和社会保险关系转移手续。

劳动合同解除、终止时乙方应办理工作交接，依据国家和省有关政策规定甲方应当支付乙方经济补偿的，在办理工作交接时支付。

甲乙双方经协商一致，可以变更劳动合同约定的内容。变更劳动合同应当采取书面形式，由甲乙双方各执一份。

**第八条、劳动争议处理**

甲乙双方因履行本合同发生争议的，任何一方有权向本单位劳动争议调解委员会申请调解，不愿或调解不成，任何一方应当自劳动争议发生之日起一年内向有管辖权的劳动争议仲裁委员会申请仲裁，对仲裁裁决不服的，可以向人民法院提起诉讼。

**第九条、其它事项**

甲乙双方可以就出资培训、保守商业秘密或与知识产权相关的保密事项等签订专项协议，作为本劳动合同附件。

本合同未尽事宜或条款，按国家和省、市的有关规定执行。

本合同经甲乙双方签字盖章生效后，由甲方负责到人力资源和社会保障行政部门办理劳动用工备案手续。

甲方（公章）：__________　　乙方（签字）：__________

法定代表人（签字或盖章）：__________

签订日期：_____年____月____日

图5-5　劳动合同

法定条款，即法律规定劳动合同必须具备的条约，只有具备了这些条款的劳动合同才能依法成立。一般法定条款包含 7 个方面的内容。

（1）合同期限。除依法允许订立不定期合同的情况以外，合同都应当规定有效期限。其中应包括合同的生效日期和终止日期，或者决定合同有效期的工作（工程）项目。

（2）工作内容。即关于劳动者的劳动岗位、劳动任务条款。

（3）劳动保护和劳动条件。即关于用人单位应当为劳动者提供劳动女权、卫生条件和生产资料条件的条款。

（4）劳动报酬。即关于劳动报酬的形式、构成、标准等条款。

（5）劳动纪律。即关于劳动者应当遵守劳动纪律的条款。

（6）合同终止条件。即关于劳动合同在法定终止条件之外的哪些情况下可以或应当终止的条款。如合同到期终止，或就业单位出现破产、停业等情况时终止合同等。

（7）违约责任。即关于违反劳动合同的劳动者和用人单位，各自应如何承担责任的条款。

约定条款，即劳动关系当事人或其代表约定劳动合同必须具备的条款。它是法定条款的必要补充，其具备与否，对劳动合同可否依法成立，在一定程度上有决定性意义。

我国《劳动合同法》规定，劳动合同除法定必备条款外，当事人还可以协商约定其他内容。通常有试用期条款、保密条款和禁止同业竞争条款等。但是补充条款的约定不能与国家的法律法规相抵触，不能危害国家、组织或个人的利益。

## 二、就业流程

### （一）签就业协议形式的就业签约流程

**1. 收到用人单位接收证明**

收到有人事权（能解决毕业生户口和档案关系）的用人单位接收函录用通知或毕业生就业推荐表回执，经本人慎重考虑，同意到该单位工作，开始进入签约程序。

**2. 领取就业协议书**

凭用人单位的接收证明，到学院负责就业工作老师处领取《全国普通高等学校毕业生就业协议书》或《全国毕业研究生就业协议书》（简称三方协议书）。

**3. 毕业生确认签字**

毕业生本人完善三方协议书上要求由本人填写的个人相关资料并签字确认。

**4. 用人单位签字盖章**

用人单位填写相关资料并签字盖章，如本单位无人事权，还需该单位上级单位（具有人事接受权）签字盖章。

**5. 学院签字盖章**

院系负责就业工作的老师记录、签字盖章。

**6. 就业办公室签字盖章**

到学校负责就业工作的办公室签字盖章。完毕后，学校、用人单位和毕业生三方各留存一份。

**7. 领取就业报到证**

毕业生《就业报到证》由学校集中办理，完成《就业协议书》签订的毕业生，到学校相关部门领取《就业报到证》。

**8. 办理户口档案关系**

凭《就业报到证》到学校户籍部门办理户口迁移手续，办理档案及党团组织关系转移手续。

**9. 报到**

毕业生根据《就业报到证》上规定的时间及用人单位的要求，持相关证件到签约单位报到。

### （二）签劳动合同形式的就业签约流程

**1. 毕业生与用人单位签订劳动合同**

经本人慎重考虑，同意到该单位工作，开始进入劳动合同签约程序，由本人填写的个人相关资料并签字确认，再由用人单位填写相关资料并签字盖章。

**2. 学院登记录入**

院系负责就业工作的老师记录、录入就业系统。

**3. 就业办公室审核**

学校负责就业工作的办公室审核就业材料。

**4. 领取就业报到证**

毕业生《就业报到证》由学校集中办理，完成《就业协议书》签订的毕业生，到学校相关部门领取《就业报到证》。

**5. 办理户口档案关系**

凭《就业报到证》到学校户籍部门办理户口迁移手续，办理档案及党团组织关系转移手续。

**6. 报到**

毕业生根据《就业报到证》上规定的时间及用人单位的要求，持相关证件到签约单位报到。

### （三）其他录用形式就业

**1. 毕业生与用人单位达成就业意向**

经本人慎重考虑，同意到该单位工作。

**2. 学院登记录入**

依据录用单位出具的录用文件或有关部门出具的接收证明，院系负责就业工作的老师记录、录入就业系统。

**3. 就业办公室审核**

学校负责就业工作的办公室审核就业材料。

**4. 领取就业报到证**

毕业生《就业报到证》由学校集中办理，完成《就业协议书》签订的毕业生，到学校相关部门领取《就业报到证》。

**5. 办理户口档案关系**

凭《就业报到证》到学校户籍部门办理户口迁移手续，办理档案及党团组织关系转移手续。

**6. 报到**

毕业生根据《就业报到证》上规定的时间及用人单位的要求，持相关证件到签约单位报到。

### （四）考研基本流程

**1. 了解考研常识**

此部分包括培养目标、报考条件、研究生的分类、考研政策调整等。

**2. 选择学校和专业**

如果确定要考研，就需要选择报考的学校和专业。一般来说有 4 种基本的报考模式：本专业本校报考、本专业跨校报考、跨专业本校报考、跨专业跨校报考。确定了要报考的学校和专业范围后，要及时获得最新的招生信息，以便更好地备考。这种获得有关专业方面信息的途径有以下几个：

（1）招生简章。一般在 7—8 月初，各学校将公布本年度招生简章，一般包括招生单位名称、代码、通信地址、邮政编码、联系电话、招生的专业人数、导师、考试科目、使用的参考书等信息。

（2）导师。提前和导师联系，通过导师获取相关信息。

（3）在读研究生。和导师相比，在读研究生能提供更详细的信息。

（4）各种平面媒体刊登的考研信息、招生直播等。

（6）网站。有很多考研的网站，能提供很多实用信息。

**3. 考生报名**

考研报名包括网上报名和现场确认两个阶段。网上报名一般在每年的 9 月，网上报名结束后，所有考生（含推荐免试生）均须到报考点现场确认网报信息，并缴费和照相。

**4. 初试**

即全国硕士研究生入学统一考试。初试一般在 12 月份，考试 2—3 天，进行 3 或 4 门考试，每科考试时间一般为 3 小时；建筑设计等特殊科目考试时间最长不超过 6 小时。详细考试时间、考试科目及有关要求等由考点和招生单位予以公布。

**5. 复试**

复试是在通过初试的基础上，对考生业务水平和实际能力进行进一步考察。复试时间、地点、科目、方式由招生单位自定。

**6. 调剂**

在研究生招生工作中，由于招生计划的限制，部分考生虽然达到分数线，但并不能被安排复试或复试后并不能被录取，对这些考生，招生单位将负责把其全部材料及时转至第二志愿单位，这个过程即称为考研调剂。只有参加全国统考并上了国家线的考生，才有调剂机会。

**7. 录取**

通常情况下，各招生单位会在 5 月初左右公布录取结果，在得到被录取的消息后，招生单位便进行调档工作。

### （五）出国（出境）流程

**1. 制订计划，准备语言考试**

以英语为例，英联邦国家像英国、澳大利亚等，需考雅思（IELTS）。而北美国家，像美国、加拿大考托福（TOEFL）。如果去美国读研加考 GRE，念 MBA 加考 GMAT。

**2. 联系申请国外（境外）学校**

即取到国外（境外）大学接收函或录取通知书，经本人慎重考虑，申请出国（出境）留学，不参加就业派遣。

**3. 了解户籍档案政策**

出国留学学生户籍档案可以转到教育部留学服务中心，也可以转到生源地现人才服务机构。毕业生可以根据自己的实际情况做决定。

**4. 落实户籍档案去处**

毕业生若需要将户籍档案存放至教育部留学服务中心，需要到教育部留学服务中心开具调档函；否则，户籍档案将派遣至生源地正规人才服务机构。

**5. 办理户籍档案转出**

经批准同意自费出国留学的毕业生在毕业离校前，到学校相关部门办理户口档案的转出手续。户口转到教育部留学服务中心的毕业生回国后符合教育部留学服务中心条件的才能派遣就业；不符合条件的，留学服务中心将其户籍档案转回原籍，无法参加派遣。户籍档案放在生源地正规人才服务机构的毕业生，需从人才服务机构取得接收函交到学校就业办公室，就业办公室为其办理派遣手续，毕业生凭就业报到证到生源地人才机构落户存档。

**6. 出国未成行**

出国未成行的毕业生需在学校规定日前，确定去向，重新落实户籍档案去处。

### （六）公务员报考流程

**1. 公务员招考**

公务员，是指依法履行公职、纳入国家行政编制、由国家财政负担工资福利的工作人员。按《中华人民共和国公务员法》的界定，列入我国公务员范围的机关工作人员大致是：中国共产党机关的工作人员；人大机关的工作人员；行政机关的工作人员；政协机关的工作人员；民主党派机关的工作人员。此外，法律、法规授权的具有公共事务管理职能的事业单位中除工勤人员以外的工作人员，经批准参照公务员法进行管理。不管是中央还是地方的公务员，都是国家公务员。

根据公务员法和公务员录用的有关规定，报考人员需具备以下条件：具有中华人民共和国国籍；18 周岁以上，35 周岁以下；拥护中华人民共和国宪法；具有良好的品行；具有正常履行职责的身体条件；具有符合职位要求的文化程度和工作能力；具备中央公务员主管部门规定的拟任职位所要求的其他资格条件。具有下列情况之一的人员，不能报考公务员：曾因犯罪受过刑事处罚或曾被开除公职的人员；在各级公务员招考中被认定因有违纪违规行为且不得报考公务员的人员；公务员和参照公务员法管理机关（单位）工作人员被辞退未满 5 年的；现役军人；试用期内的公务员和参照公务员法管理机关（单位）工作人员；在读的全日制普通高校非应届毕业生；具有法律法规规定不得录用为公务员的其他情形的人员。此外，报考人员不得报考有应回避亲属关系公务员所在的部门或单位。公务员招考的流程：招考公告、职位等文件公布—查询并选择职位—提交报名申请—招考单位审核—审核通过后考生上传照片—缴费确认—打印准考证—笔试—专业考试（部分职位）—

面试—体检—政审—招录公示—录用。

公务员报考的基本步骤：

认真阅读《招考公告》《招考简章》，了解基本的政策和要求，特别是报考具体条件，选择适合自己的招录机关和职位。

“考生注册”，报考人员报考前，登录招考网站进行“考生注册”。注册前，报考人员必须阅读并同意《诚信承诺书》，否则不能注册。报考人员填写报名信息并提交上报。报考人员要慎重填报相关信息，如资格审查不通过，则不得再次报考同一职位。

查询资格审查结果。提交报名信息后，报考人员可登录招考网站查询是否通过资格审查。

查询报名序号。通过资格审查的报考人员，登录招考网站查询报名序号。

报名确认。报名确认主要包括：考生承诺遵守考试纪律、上传照片、缴纳考试费用。未进行报名确认的报考人员，视为自动放弃考试资格。

打印准考证。报考人员需要通过招考网站自行下载并打印准考证。参加公共科目笔试。公共科目包括行政职业能力测验和申论两科。根据成绩，按规定参加面试、体检和考察等。未按规定的时间参加面试、体检的报考人员，将视为放弃相应的资格。

**2. 选调生及事业单位招考**

（1）选调生招考

选调生，是组织部门有计划地从高等院校选调品学兼优的应届大学本科及其以上毕业生到基层工作，作为党政领导干部后备人选和县级以上党政机关高素质的工作人员人选进行重点培养，这批毕业生简称“选调生”。一般公务员招考的是非领导职务国家公务人员。选调生不仅仅具有国家公务员身份，其重点是培养党政领导干部后备人选；同时，为县（处）级以上党政机关和企事业单位培养和输送高素质的工作人员和管理人员。根据《中华人民共和国公务员法》和中组部有关选调生工作的要求，报考人员需具备以下条件：拥护党的领导，政治立场坚定，认真学习中国特色社会主义理论体系。品行端正，遵守纪律，在同学中威信较高；有吃苦奉献精神，志愿到基层工作，服从组织安排。组织协调能力和语言表达能力较强，有发展潜力；学习成绩优良，基础知识扎实，能够同时获得相应学制的毕业证书和学位证书。报考法院、检察院系统的硕士研究生须取得国家法律职业资格证书。

以浙江省 2021 年选调生招考为例：

资格条件除符合《公务员录用规定》要求的资格条件外，还应符合政治素质良好，忠诚于党、爱国奉献、为民服务，有志于从事党政机关工作，服从组织分配。为当年全日制应届毕业生。选调高校的往届毕业生在毕业当年，即参加团中央服务“西部计划”“欠发达地区计划”且报名时仍在服务期间的，可按档案年应届毕业生身份报考。年满 18 周岁，大学本科生不超过 25 周岁，硕士研究生不超过 28 周岁，博士研究生不超过 30 周岁。具有参军入伍经历的，可放宽 2 岁。具备下列条件之一：中共党员（含预备党员）；在选调高校就读期间，担任班级委员、党（团）支部委员、院系级学生会（研究生会、团委）中层副职、院系级社团副职及以上职务，且任职时间满 1 个学年以上；在选调高校就读期间，获得“三好学生”“优秀毕业生”等校级以上综合性表彰奖励。学习成绩优良，能够如期取得毕业证书和学位证书。报考紧缺职位的博士研究生，经省委组织部审核同意后，可放宽取得学历学位的期限。上述时间以学历学位证书落款时间为准。具备选调机关要求的其他资格条件。

凡因违法违纪受过刑事处罚、各类处分或有公务员法及其他有关法律法规、规章和政策明确不得录用为公务员情形的学生，不得报名。

（2）事业单位招考

事业单位，是指由国家机关举办或者其他组织利用国有资产举办的，从事教育、科技、文化、卫生等活动的社会服务组织。与企业单位相比，事业单位主要有以下两个特征：不以营利为目的；财政及其他单位拨入的资金主要不以经济利益的获取为回报。事业单位是以政府职能、公益服务为主要宗旨的一些公益性单位、非公益性职能部门等。它参与社会事务管理，履行管理和服务职能，宗旨是为社会服务。

### （七）创业流程

#### 1. 了解创业政策

为了支持大学生创业，国家各级政府出台了很多优惠政策，涉及融资、开业、税收、创业指导等多个方面。对于打算创业的毕业生来说，充分了解创业政策，才能走好创业的第一步。

#### 2. 企业名称预先登记

办理程序：持股（投资人）资格证明领取名称（变更）预先核准申请书、《投资人授权委托意见》→填表（按公司命名要求一次可以最多起 9 个名称备查）→交表→领取《企业名称预先核准通知书》。

**3. 企业设立登记**

办理程序：出示《企业名称预先核准通知书》→领取企业设立登记书；同时领取《企业设立登记申请书》等有关表格。

**4. 前置审批**

办理程序：持股东（投资人）资格证明领取《名称（变更）预先核请书》《投资人授权委托意见》→填表（按公司命名要求一次可以最多起9个名称备查）→交表→领取《企业名称预先核准通知书》

**5. 缴存企业注册资金**

办理程序：股东之一本人当面出示所有股东的身份证原件→填写人资格单→存入注册资金→领取入资原始进账单。

办理法定验资手续。

**6. 工商注册的审批，领取营业执照**

填写并提交《企业设立登记申请书》等材料→领取《准予设立（变更、注销、撤销）登记（备案）通知书》→5个工作日后持《准予设立（变更、注销、撤销）登记（备案）通知书》→交费→领取营业执照正副本。

**7. 企业印章备案及刻制**

办理程序：携带营业执照副本到公安分局窗口备案→公安分局在营业执照副本上印核准章→在指定的刻字社刻制公章、财务章、合同章、人名章等印鉴。

**8. 企业法人代码登记**

办理程序：领表→填表→提交单位公章等资料→交费→（办理时限过后）领取组织机构代码证书。

**9. 税务登记**

提供材料：企业法人营业执照副本复印件一份或其他主管机关核发的许可证照复印件一份；法定代表人或负责人的身份证复印件一份（外籍人员为护照复印件一份）；企业办税人员身份证复印件一份；企业组织机构统一代码证复印件一份；提供企业银行开户许可证复印件一份；办理新办税务登记的纳税人还要提供营业执照所在地的街道和乡街的名称。

**10. 开设银行账号**

提供材料：请以各入资银行的具体要求为准。

## （八）其他

### 1. 大学生应征入伍

（1）网上报名预征

有应征意向的高校毕业生可在夏秋季征兵开始之前登录大学生应征入伍网上报名平台进行报名，填写、打印应届毕业生预征对象登记和《高校毕业生应征入伍学费补偿国家助学贷款代偿申请表》（以下分别简称《登记表》《申请表》），交所在高校征兵工作管理部门。

（2）初审、初检

毕业生离校前，在高校参加身体初检、政治初审，符合条件者确定为预征对象，高校协助兵役机关将《登记表》和《申请表》审核盖章发给毕业生本人，并完成网上信息确认。

（3）实地应征

高校应届毕业生可在学校所在地应征入伍，也可在入学前户籍所在地应征入伍。

（4）体检和政审

组织高校应届毕业生在学校所在地进行征集的，结合初审、初检工作进行体格检查和政治审查，在毕业生离校前完成预定兵筛选，9 月初所在地县（市、区）人民政府征兵办公室为其办理批准入伍手续。政治审查以本人现实表现为主，由其就读学校所在地的县（市、区）公安部门负责，学校分管部门具体承办，原则上不再对其入学前和就读返乡期间的现实表现情况进行调查。

（5）户籍及入伍予读

在入学前户籍所在地应征入伍的，高校应届毕业生 7 月 30 日前将户籍迁回入学前户籍地，持《登记表》和《申请表》到当地县级兵役机关参加实地应征，经体格检查、政治审查合格的，9 月初由当地县（市、区）人民政府征兵办公室办理批准入伍手续。

### 2. 大学生志愿服务西部计划

（1）报名、笔试、面试

一般每年 4 月份开始报名，5 月份开始考察报名学生的政治思想素质学习成绩、志愿服务经历等情况，并组织对报名的高校毕业生开展笔试面试工作，择优选拔志愿者。

（2）统一体检

6 月上旬，招募省项目办统一指定时间和医院，组织入选的报名者进行集中体检。体检不合格的，将不予录取。

（3）公示

6月中旬，公布录取志愿者名单，并将公示结果报省项目办。

（4）录取志愿者

6月中旬，根据面试、体检、公示情况，最后确认录取人员名单。于各种原因不能赴西部参加志愿服务的，由各基层团委负责推荐递补人员入选。

（5）审定确认

6月下旬，经全国领导小组审定后，向志愿者发《报到通知书》（明确服务岗位，培训报到时间、地点及联系方式）。9月上旬，全国项目办过“西部计划信息系统”汇总到岗志愿者名单，并向社会公布。

**3.“三支一扶”计划**

（1）汇总计划

每年4月底前，省级工作协调管理办公室要收集、汇总乡镇一级教育、卫生、扶贫等基层岗位需求信息，并上报全国“三支一扶”工作协调管理办公室，同时面向社会公开发布。

（2）组织招募

每年5月底前，各地根据下达的招募计划和实际情况，采取考核或考试的方式进行招募。

（3）确定人选

经审核、体检确定人选后，省级工作协调管理办公室要组织“三支一扶”学生签署《高校毕业生“三支一扶”计划申请书》，并于每年6月底前将“三支一扶”大学生名单上报全国“三支一扶”工作协调管理办公室备案。

（4）培训上岗

各地要组织“三支一扶”大学生进行上岗前的集中培训，培训内容主要是党和国家有关基层工作特别是农业、教育、卫生、扶贫方面的方针政策、本地区基层工作的现状、拟服务单位和岗位的基本情况、乡镇共青团有关工作业务等。每年7月底前派遣“三支一扶”大学生到服务单位报到。

**4. 农村义务教育阶段学校教师特设岗位计划**

招聘工作由省级教育人力资源社会保障、财政、编办等相关部门共责，遵循“公开、公平、自愿、择优”和“三定”（定县、定校、定岗）原则，按下列程序进行：（1）公布需求;（2）自愿报名;（3）资格审查;（4）考试考核;（5）集中培训;（6）资格认定;（7）签订合同;（8）上岗任教。

## 第二节　就业协议的作用与签订

### 一、什么是就业协议书

就业协议书是“全国普通高等学校毕业生就业协议书”的简称，又称三方协议。它是明确毕业生、用人单位、学校三方在毕业生就业工作中权利和义务的书面表现形式，也是学制就业计划和毕业生派遣的依据，能够有效地解应届毕业生户籍、档案、保险、公积金一系列相关问题。协议在毕业生到单位报到，用人单位正式接收后自行终止。

就业协议书一般由教育部或各省、市、自治区就业管理部门统一制表。协议书为双方协议学校只对协议书进行鉴证和登记。因此，协议书一经毕业生和用人单位签字盖章后立即生效，不论学校就业指导中心盖章与否。毕业生是签约的主体方，应有签约责任意识，签约如要变更协议内容，一定要征得用人单位的同意取得书面同意书，并经学院初审和学校就业指导中心的审定，办理完手续后才能重新领取新协议。

如单位已盖章，毕业生未签字，一方改变主意不再签约，须用人单位出具相关说明书，方可到学校就业指导中心办理更换手续。

专升本、考取研究生、出国的学生不得领取协议书。若在此之前已领过协议书，协议书交回学校就业指导中心；若已和单位签协议，须与单位办理违约手续，并在学校就业指导中心办理相关手续后，方可办理专升本、考研、出国等手续。

若学生遗失或损坏协议书，须向学校就业指导中心提供相关证明，经审核后，方可重新补办手续。

为保护毕业生和用人单位双方的利益，避免毕业生多领多签，一名毕业生只能领取一份协议书，其他一切特殊情况须在中心办完手续后领取。

## 二、就业协议书的主要内容、格式及条款

### （一）主要内容

（1）毕业生应按照国家法规就业，向用人单位如实介绍自己的情况，了解用人单位的意向，表明自己的就业意见，在规定的时间内到人单位报到，若遇到特殊情况不能按时到，需征得用人单位的同意。

（2）用人单位要如实介绍本单位的情况，包含单位的基本信息，毕业生档案转位的名称、地址，毕业生户口迁移地址等，明确对毕业生的要求及使用意向，做好各项接收工作。

（3）学校要如实向用人单位介绍毕业生的情况，做好推荐工作，用人单位同意录用后经学校审核列入建议就业计划，报主管部门批准，学校负责办理派遣手续。

（4）各方应严格履行协议，若任何一方违反协议，应承担违约责任。

（5）其他补充协议。

### （二）主要条款

经甲、乙、丙三方协商，同意签订如下协议。

（1）甲方已如实向乙方介绍情况，同意到乙方处工作，服从乙方的工作安排。

（2）乙方已如实向甲方介绍情况，经了解，同意接收甲方，并负责有关接收手续。

（3）丙方经审议，同意甲方到乙方工作，负责列入就业建议计划和派遣。

（4）甲、乙、丙三方如有其他约定，应在“备注”栏明确，并视为本协议书的一部分。

（5）三方中有一方要变动协议，须提前一个月征得另外两方的同意，否则按违约处理。

（6）本协议一式四份，甲、乙、丙三方各执一份，一份报省人力资源和社会保障厅备案，复印件无效。

（7）就业协议书一般由国家或省、市高校毕生就业主管部门统一制表。

## 三、就业协议书签订的主要原则

### （一）主体合法原则

签订就业协议的当事人必须具备合法的主体资格。

对毕业生而言，就是必须要取得毕业资格，如果学生在派遣时未取得毕业资格，用人单位可以不予接收而无须承担法律责任。对用人单位而言，用人单位必须具有从事各项经营或管理活动的能力，单位应有录用毕业生计划和录用自主权，否则毕业生可解除协议而无须承担违约责任。

对高校而言，高校应根据用人单位的要求如实介绍毕业生的在校表现，也应如实将所掌握的用人单位的信息发布给毕业生。高校是毕业生就业协议的一个重要组成部分。

### （二）平等协商原则

就业协议的三方在签订就业协议时的法律地位平等的，一方不得将自己的意志强加给另一方。学校也不得采用行政手段要求毕业生到指定单位就业（不包括有特殊情况的毕业生），用人单位也不应在签订就业协议时要求毕业生缴纳过高数额的风险金、保证金。除协议书规定内容外，三方如有其他约定事项，可在协议书“备注”内容中加以补充确定。

## 四、签订就业协议的程序

1. 毕业生和用人单位达成协议，并在就业协议书上签名盖章，用人单位应在协议书上注明可以接收毕业生档案的名称和地址。

2. 用人单位上级主管部门批准盖章。

3. 用人单位必须在与毕业生签订协议书起的规定工作日内将协议书送到学校毕业生就业的工作部门。

4. 学校同意盖章，并及时将协议书反馈给用人单位。

## 五、签约的注意事项

1. 要三思而后行。毕业生在与用人单位签订就业协议书之前，要对用人单位的情况多了解，诸如用工制度、工作条件、工作地点、工资待遇、服务年限等，考虑清楚以后，再与用人单位签订就业协议书。

2. 要核实用人单位信息准确无误。毕业生要用人单位认真仔细核对协议书上的信息，如单位名称、档案转寄单位名称、户口迁移址等。用人单位一栏必须规范填写，必须完整填写单位全称（与公章一致），不要简写、误写、写别名，因为报到证是根据用人单位的名称来打印的。档案邮寄地址一栏要求填写签约单位要求的档案转寄地址和部门，必须详细准确，一旦有误将导致毕业生档案转寄过程中投递和接收困难，致使毕业生不能及时地落实各种关系。

3. 毕业生应如实介绍自己的情况。如已报考研究生或打算专升本，毕业生在签约时向用人单位讲明情况，并在就业协议书相关项目填写清楚，否则容易引起协议纠纷。

4. 特殊约定要写清楚。经双方协商，如有特殊要求或条件，达成一致意见的约定（协议书现有条款中未能包括），如岗位、待遇、报到时间、服务期、见习期、试用期、违约情况等，可在补充协议中写明，由毕业生和用人单位同时签字、盖章。毕业生应充分与单位进行沟通，取得一致的理解，尽量将内容填写清楚以保护自己的合法权益。

5. 要注意协议的有效性。协议书是三方协议，必须由三方签署才能生效。一般来说学校和毕业生本人的问题不大，关键是用人单位的签章是否有效，手续是否齐全，而有效的关键是该单位是否有用人权（人事权）。一般市属以下单位需该市人力资源和劳动保障局盖章才有效；中直、省直单位需要其单位的主厅局人事部门盖章才有效。

与国务院各部委、各直属机构、直属事业单位及在京中央企业签订就业协议的，除就业协议书外还须另附 ×××× 年国务院各部、直属机构及在京中央企业毕业生接收函与省中直单位、省直企业及其他单位签约的毕业生，须另附《×××× 年中直单位、省直企业及其他单位毕业生就业接收函》。与省机关、事业单位签约的毕业生，须另附《×× 省省直机关、事业单位增加计划卡》。

## 六、协议解除

为了维护就业协议书的严肃性和学校的声誉，毕业生与用人单位签订了“就业协议书”后，毕业生和用人单位都应认真履行协议。倘若毕业生因特殊原因要求违约，应承担违约责任。毕业生违约的认定有下列三种情况。

1. 毕业生与用人单位已签订就业协议书，但未盖学校就业中心公章，以丢失或其他原因为由，取得就业协议书重新择业的按违约对待。

2. 就业协议书生效后，毕业生应及时送交用人单位，不送交用人单位而又重新选择用人单位，按违约处理；由于就业协议书没有及时送达用人单位而调配时被拒绝接收的，所产生的后果由毕业生本人承担。

3. 对已经与用人单位签订就业协议书而被录为研究生且在读的毕业生，除在签约时已在就业协议上注明“本人已报考研究生若被录取本协议书失效”字样外按违约对待。

已签订“就业协议书”的毕业生，如要违约，需办理解约手续。

1. 到原签协议书的单位办理书面同意的解约函（盖单位公章）。

2. 向招生就业办提出书面申请（阐明解约理由）并附上单位及上级人事主管部门审核同意的解约函，交就业指导办公室。

3. 招生就业办根据有关规定审批换发新的“就业协议书”。

## 第三节　报到入职与就业派遣

### 一、就业报到证

毕业生签订了就业协议书，学校将根据就业协议书的内容，向毕业生所在省人力资源和社会保障厅报送就业方案，就业方案审批通过后，核发毕业生的就业报到证。就业报到证全称为《全国普通高等学校本专科毕业生就业报到证》，以上简称“就业报到证”。报到证只能一人一份，由其他部门印制或签发的报到证无效。

就业报到证分为上下两联，上联为“全国普通高等学校本专科毕业生就业报到证”（蓝联），下联为“全国普通高等学校本专科毕业生就业通知书”（白联）。毕业生持“就业报到证”到单位报到，“就业通知书”放入档案内封存，它是毕业生档案材料的组成部分。就业报到证和就业通知书的内容组成如下。

1. 就业单位名称。报到证抬头为就业单位主管部门名称，备注栏内注明具体单位名称。

2. 毕业生基本情况。包括姓名、性别、毕业院校、毕业时间、专业、学制、学历等。

3. 报到期限。从毕业生毕业当年 7 月 1 日起，有具体接收单位的，期限为三个月；尚未落实就业单位的，期限为两年。

就业报到证是毕业生到工作单位报到的唯一凭证；是学生完成学业走向工作岗位的依据，也是人事管理部门核定干部身份及参加工作时的重要依据；是工作变动、参加社会保险、退休时核定工作年限等的有力证据；是人事档案中不可缺少的材料；是毕业生办理就业手续、户口转移以及档案转递的书面依据。就业报到证的作用如下。

1. 证明持证者是纳入国家普通高等学校统一招生计划的全日制毕业生。

2. 凭就业报到证迁移毕业生档案和户口关系。

3. 凭就业报到证及接收单位证明办理落户手续。

4. 自主创业毕业生凭就业报到证办理有关税费的减免。

5. 待就业毕业生凭就业报到证到毕业生就业主管部门或人才服务机构办理代理手续。

## 二、毕业生派遣

### （一）派遣类型

**1. 派遣回生源地报到**

在毕业离校前领取就业报到证，在规定时间内到生源地人事局报到，并于当年到生源地人事局确认是否已收到自己的档案，如未收到，请与原所在学院联系。

毕业生未按时办理报到手续，将会导致今后的档案管理、使用其他与档案有关业务不能顺利办理。

**2. 已落实接收单位**

能接收档案，并已签订有效“全国普通高等学校本专科毕业就业协议书”的毕业生。

（1）毕业生在毕业当年各校的规定时间前将已签订的“全国普通高等学校本专科毕业就业协议书”交到学校毕业生就业指导办公室，由就业指导办公室上报派遣方案。

（2）毕业离校时领取全国普通高等学校本专科毕业生就业报到证（简称“报到证”）到接收单位报到。

**3. 专升本与考研暂不签发“报到证”**

专升本与考研被录取的学生于各校规定时间交“录取通知书”复印件到毕业生就业指导办公室，并填写档案迁移地址，在毕业当年各校规定时间办理档案转寄手续。

### （二）就业报到证的改签流程

就业报到证改签是指毕业前尚未签约而在择业期内签约的毕业生。就业报到证改签凭原就业报到证和就业协议书办理。

### （三）就业报到证的补办流程

毕业生就业报到证应妥善保存，自行涂改、毁坏的报到证一律作废。如不慎将就业报到证丢失，请及时办理补办手续。由学校毕业生就业指导办公室到省高校毕业生就业指导中心补办。补发的就业报到证与初次签发的就业报到证单位一致。

### （四）就业调整

就业调整时已派遣到具体单位的毕业生因身体不能适应某项工作或其他原因，由毕业生本人提出申请，原接收单位或市地、县（市）同意，报经毕业生就业主管部门批准调整工作单位的一种派遣方式。经审核同意就业调整的，由省或市就业主管部门在备注栏内注明调整意见。

改派需准备以下材料。

1. 退函：原接收单位及其上级主管部门同改派并出具的书面材料。

2. 接收函：新接收单位出具的经其上级主管部门批准同意接收的书面材料。

3. 毕业生本人申请改派的书面材料和就业“报到证”“户口迁移证”。

本省内调整的，持原单位（或主管部门）退函现接收单位接收函或协议书交由学校毕业生就业指导办公室到高校毕业生就业指导中心批准并办理改派手续。跨省区调整的，退函和接收函必须经过单位所在地省级毕业生就业主管部门盖章同意，否则无效。

升学的毕业生没有就业报到证，如果在毕业后重新就业，毕业生须将“入学通知书、退学证明、个人申请”等交到学校就业指导中心，学校凭此报毕业生所在省人力资源和社会保障厅办理就业报到证。

## 三、户口迁移

毕业生户口迁移由学校保卫部门到辖区公安机关按规定办理。公安部门按毕业生就业方案办理户口迁移证。毕业生领到户口迁移证后，应仔细核对并妥善保管，不要污损，更不能丢失，有错漏不能自行涂改，否则作废。

### （一）协议就业毕业生户口迁移

协议就业毕业生的户口根据就业协议书迁移到就业单位或单位主管部门，人事档案由学校在为其办理就业报到证，根据就业协议书其就业单位或单位主管部门，经邮政统一投寄人事档案管理部门，其中：

（1）中省直单位接收的毕业生档案，直接寄送用人单位。

（2）市属单位接收的毕业生档案，寄送用人单位业务主管部门。

（3）县及县以下单位接收的毕业生档案，寄送所属地市人事局。

（4）私营企业、无主管企事业单位及采用聘用方式使用毕业生的单位，毕业档案寄送其人事关系委托单位的县级以上人才交流中心。

### （二）其他形式就业毕业生户口迁移与档案转递

未落实就业单位、灵活就业和待就业毕业生户原则上迁回原籍，档案寄送生源地人事部门，但也可根据个人意愿提出申请，在择业期内存留在学校。

升学毕业生根据对方学校的调档函，由所在院校填写毕业生的政审材料后转寄到对方学校，户口同时迁移到对方学校。

毕业生参加预征入伍，身体初检和政治初审合格，填写《应届毕业生预征对象登记表》，档案可转到入学前户籍所在地人才交流中心，户口迁回原籍。

毕业生参与国家和地方重大科研项目研究期间其档案可存放在项目承担单位所在地或入学前家庭所在地人才交流中心，户口迁回原籍。

## 第四节　人事代理

人事代理制度是指各级政府人事行政部门下属的人才流动服务机构依据国家有关的人事政策法规，接受用人单位或个人委托，对其人事业务实行集中、规范、统一的社会化管理和系列服务的一种人事管理制度。它的建立是我国人事制度改革的一项重要内容，对于改革传统的毕业生就业方式、拓宽毕业生就业渠道、保障毕业生和用人单位的合法权益具有重要意义。

私营企业、股份制企业和民办科研机构等无主管部门和不具有人事管理权限的用人单位招聘的员工均需办理人事代理，一部分无编制的国有企事业单位招聘的员工也需要办理人事代理。

## 一、人事代理的服务范围

1. 人事政策咨询服务。

2. 管理人事档案服务，为国家承认学历的大中专毕业生提供人事代理服务。

3. 代办失业、养老等社会保险业务服务。

4. 接转党团组织关系，建立流动人员党团组织，开展组织活动。

5. 代办人才招聘服务，制订培训计划，并接受委托进行岗位培训，开展人才测评服务等。

## 二、人事代理的作用

对毕业生而言，办理人事代理首先解决了落户的问题，其次保证了毕业生不论在何种类型单位工作，其本人的合法权益、应有的社会、政治待遇和人事服务都能得到保障。对未落实就业单位，或未办理就业手续，但想把户口和档案留在某市的，或毕业当年不就业，次年继续考研的，或要求出国的，或与没有人事接收权的单位签约的均需在人才市场办理个人委托代理。人事代理有以下作用。

1. 工龄连续。委托方人事代理人员在委托人事代理期间，工龄连续计算。尚未就业的个人委托人事代理人员重新就业后，其辞职、解聘前的工龄和重新就业后的工龄合并计算。

2. 工资调升。代理期间涉及国家统一调整工资时，根据国家及省有关政策，档案工资的调整按照自收自支事业单位的工资标准核定。

3. 组织关系接转。预备党员在预备期 1 年到期后，提出申请，经批准后转为正式党员。

4. 转正定级。根据国家政策规定，毕业生 1 年后，即可由委托的人才交流机构批准转正定级。

5. 职称评定。本科毕业生毕业工作 1 年、大中专毕业生工作满 3 年后可申报初级职称。

6. 办理出国政审手续。

7. 根据个人求职意向，推荐工作。

8. 出具各类证明材料（如考研证明、婚姻及计生状况证明等）。

## 三、办理人事代理的程序

人事代理方式可由单位集体委托代理，也可由个人委托代理，也可单项委托代理，也可单位全员委托代理，也可部分人员委托代理。

对于离校时已落实工作单位的毕业生，其人事代理由毕业生的接收单位统一委托管理；对于离校时未就业、自主创业和灵活就业的毕业生，可以委托政府批准的人事代理机构办理委托管理。其人事代理由毕业生本人签订《人事代理协议书》，并需要做以下准备。

1. 毕业生签订《委托保存人事档案合同书》。

2. 毕业生签订《就业协议书》。

3. 毕业生离校后到人才中心报到时，应携带毕业证复印件、就业报到证原件及复印件、身份证复印件、身份证照片和户口迁移证。

## 【知识加油站】

### 签约就业前的三个问清楚

**问清签约单位**

大家可能会说啦，我简历投的哪家单位自然就是和哪家单位签约呀。对很多单位来说是这样的，大家求职的单位很有可能就是大家后续签约的单位。但是，这个问题也不绝对。比如，有些大的企业集团在录用毕业生的时候，就有可能是上级母公司与毕业生签约，报到证签发、档案转寄也都指向上级母公司或所在地人才中心；也有些企业集团是子公司直接签约，报到证签发、档案转寄指向子公司或所在地人才中心。还有，有的用人单位还可能通过劳务派遣的方式用人，也就是和你签约的单位还可能是某一个和这家用人单位合作的劳务派遣公司，你的人事关系在劳务派遣公司而不是实际工作的单位。问清了具体的签约单位，才好判断后续签约的方式和细节。

**问清签约方式**

关于毕业生就业中的签约就业，在多数小伙伴们的认知中会默认用人单位会给大家签订毕业生就业协议，也就是大家常说的三方协议。其实这也不一定，因为除了签订就业协议的方式以外，用人单位也有可能不与大家签订就业协议，而与大家签订劳动合同或者仅仅发放录用通知。无论是签就业协议还是劳动合同，甚至只是发放录用通知，这些都可以作为就业登记的凭证。但只有就业协议可以作为毕业派遣中报到证签发、档案中转寄的就业凭证。如果确定签订就业协议，还要问清楚签约单位是否在山东高校毕业生就业信息网上完成了注册开户。如果签约单位是山东省内单位，如果要签订就业协议，就需要注册开户后才能办理网签手续。网签手续也十分简单，用人单位通过网站检索到毕业生的信息后发送签约邀请，毕业生在线同意签约就可以了。当然，2022 届毕业生的网签需要等到山东省完成毕业生生源信息审核后才能开放。如果签约单位是山东省外单位，如果单位已经注册开户那就和上述的流程一样签约；如果单位未注册开户，那就需要毕业生替用人单位在线录入电子协议书，然后下载打印纸质协议书签字盖章，再上传协议书扫描件完成审核就可以了。提醒大家，只要用人单位在山东高校毕业生就业信息网上完成了注册开户，那就必须通过用人单位发送签约邀请的方式网签，而不能由毕业生再自行录入电子协议书了。

**问清关键条款**

大家签订的就业协议是一个格式合同，里面已有的主要内容也就是约定了单位录用毕业生，毕业生到单位工作，学校办理派遣手续，解除协议需要协商一致这些内容。比起劳动合同，就业协议的内容真的是十分简单。建议大家将与用人单位约定的核心内容，在就业协议的补充条款中书面固化下来，以免后续产生纠纷出现举证难的情况。还有，违约条款也建议大家与用人单位进行约定。如什么情况下算违约，违约金多少，办理解约的时限多长等等。很多同学觉得签约的时候和单位谈这个不好，感觉就像是领结婚证时进行婚前财产公证一样，但在现实的工作中，发现不约定违约条款在后续一旦出现了解约的情况就很容易纠缠不清。

## 【课后作业】

思考正式签订就业协议前有哪些要注意的事项。

# 第六章　角色转换与心理调适

## 【学习目标】

1. 了解角色认知
2. 了解角色转换中存在的问题
3. 了解影响职业适应的因素
4. 了解大学生职业适应期的心理调适方法

## 【案例导入】

小王，浙江某高校计算机专业大四学生，在校期间学习认真，连续三年获校奖学金，十分关注学习成绩，学习刻苦努力，大三时决定参加研究生考试，考一个更好的学校，让自己的平台更高一点；经过一年的努力，在研究生考试中因准备不足，考试失利，决定去找工作。很快，小王获得了一个工作的机会，在某个互联网公司做项目助理。进入单位后，小王总觉得项目经理不重视他，没给安排重要的工作；同事排挤他，处处防备他，在工作岗位上有很多的不适。最终小王选择辞职。经过与小王的深入交流，发现小王进入公司后对公司的工作内容、性质和企业的文化了解甚少，且自身在角色转换的准备上也是缺乏准备，导致后期的适应中都是采用被动应对，缺少主动沟通，从而导致了进公司后的多种不适应。

**分析：**

大学生要时刻保持平常心态。“宠辱不惊，看庭前花开花落；去留无意，望天上云卷云舒”的心境，其实就是一种平常心态。当代大学生意气风发，张扬个性，对社会的理解往往简单化、理想化，初涉职场表现得欲望强烈，急于表现，急于升迁，急于加薪，锋芒毕露。一旦愿望受挫，又会怨天尤人、灰心丧气、满腹牢骚。这些对初涉职场的大学生是很不利的，难怪人们常常感叹："世上本无事，庸人自扰之"。平常心也是人生的一种修养。该来的就让它来，该去的就让它去，不刻意勉强自己，平静地对待生活，为了自己的理想可以不断地去追求，但奋斗的路上充满艰辛和荆棘，只有时刻保持平常心态去面对，才能走出荆棘，走向成功。

当代大学生的心理正处于传统与现代、精神与物质、理想与现实的矛盾之中。初涉职场遇到困难和挫折，由此产生一些心理问题也是正常的，关键是要有正确面对困难和挫折的勇气和信心，要学会用科学的原理和方法，进行自我调适，使心理和行为向积极的方面发展，从而保持稳定健康的心态。从心理学角度来讲，人们的心理活动支配着人们的行为。没有健康的心理素质，就难以很好地从事择业活动，就难以适应职业环境。因此，注重健康心理素质的养成是求职择业的重要前提和保证。

在竞争如此激烈的求职环境中，如果自身不具备任何工作经验，就应该珍惜每一个工作机会。不管进入的公司如何，一定要耐心了解公司的业务、领导、同事，然后，慢慢适应自己的角色，并成功实现学生到职员的角色转换。

在本章节中，我们将从学生到职员的角色转换过程中出现的问题展开具体的探讨。

## 第一节　角色适应

初入职场，面对与校园生活截然不同的环境和角色定位，有很多东西需要大学生去学习和适应。当所在的环境无法改变时，就应该调整自己去适应环境。

### 一、角色认知

职场上的角色认知指人们对自己工作职责的了解程度。正确的职场角色认知可以引导员工努力的方向，改善员工与同事、供应商和其他利益相关者的协作关系。

## （一）社会角色认知

社会角色，简单地说是一个人的身份，是指由人们所处的特定社会地位和身份所决定的规范系列和行为模式，是人们对具有特定地位的人的行为的一种期望。它随着社会实践的发展而不断更新。

社会角色是社会赋予人的社会权利与义务，它反映了每个人在社会中的地位和在人际关系中的位置，代表了每个人的身份。个人在不同时间、不同环境、不同场合表现为不同的社会角色，并享有不同的社会权利，履行不同的社会义务，遵循不同的社会规范。

每个人扮演的主要角色，由其承担的主要任务来决定。如大学生的主要任务是学习，其主要角色就是学生，他们对承担的“学生”这一角色十分熟悉，但对社会职业人员的角色要求却相对比较陌生。

## （二）学生角色与职业角色的区别

学生角色与职业角色的区别主要体现在以下 5 个方面。

**1. 活动方式不同**

学生以学习书本知识为主要活动。作为受教育者，其认识社会的途径是间接的，认识的内容主要也是理论性的；同时，由于在校期间，学生更多的是接受来自家庭和社会的供给和资助，一直处在一种接受外界给予的方式下，因此容易缺乏自主能力。

而社会职业角色则不同，它要求运用自己掌握的知识和能力，通过具体的工作向外界提供自己的劳动，同时，在遵守法律法规和用人单位规章制度的前提下，职业角色在生活上也有较大的自由度。

**2. 社会责任不同**

学生角色的主要责任是学好科学文化知识，掌握社会生活的基本技能，逐步完善自己，以便将来为社会服务，实现自己的人生价值。

而职业角色的责任则是以特定的身份去履行自己的职责，依靠自己所掌握的知识或技能去创造社会效益和经济效益。

两种不同角色分别承担着两种不同的责任。

（1）学生角色责任的履行。主要关系到学生本人掌握知识的多少和能力培养的程度。

（2）职业角色责任的履行则影响非常大，不仅影响着个人价值的实现，还会影响到企业、行业的声誉。例如，作为一名医生，如果医术精湛、医德高尚，能充分履行自己的职责，不仅能为医生行业树立风范，而且还会为所在的医院带来声誉；反之，则会损害医疗工作者和医院的形象。

由此可见，从学生到职业的角色转变，角色所担任的社会责任增强，社会对职业人员的责任心有着更高的要求。刚走出校门的大学毕业生还没有认识到自己的角色已经发生了转变，更没有意识到自己所担负的社会责任增强，因此出现了不适应的现象。

### 3. 社会权利不同

学生角色的权利，主要是依法接受教育，并取得家庭或社会的经济资助。而职业角色的权利，则是在开展工作的过程中依法行使职权，并在履行义务的同时获取报酬和其他相应的社会福利待遇。

### 4. 社会规范不同

角色规范，是对角色扮演者的行为规定。对于不同的社会角色，会有不同的行为规范和要求。

（1）学生角色是从教育和培养的角度出发规范学生的行为，如通过制定学籍管理条例、学生生活管理条例等规章制度，对学生的学习和生活提出相应的要求，以引导学生健康成长，使其成为对社会有用的人才。

（2）职业角色是对从业者行为模式的规范，因为职业的不同而千差万别。这些模式既具体又严格，一旦违背就必须承担责任，甚至追究法律责任。

### 5. 角色要求不同

从学生到职业的角色转换，对大学生的独立性也有了更高的要求。在学生时代，学生在经济上主要是依靠家庭的资助；生活上依赖家长的关照；学业上习惯了老师的指导，始终处在被人扶助的环境之中，毕业后离开学校，开始自己的职业生涯。全面独立的要求主要表现在以下 4 方面。

（1）由于有了工作报酬，经济上逐步成为独立者。

（2）工作上要求能够独当一面，不再依靠家庭和老师。

（3）学习上要会自我安排，在自己日常的工作、生活中通过自身的体验来了解和认知社会。

（4）生活上要学会自己照顾自己。

这种全面独立的要求，不仅对青年提出了依靠自身力量，加强自我管理的新课题，而且也为青年的发展和自身完善提供了更广阔的空间和自由度。

### （三）从学生角色到职业角色的转换

人的职务或职业生涯会不断变化，角色也会随之发生变化。因此角色转换是对作为个体的人，在社会关系中的动态描述。

大学生告别校园，走上工作岗位，意味着他们已经脱离各方面的监护，开始独立自主地生活，因此大学生能否尽快地从学生角色融入职业的角色，实现角色转换，对于大学生的职业成功意义非凡。

**1. 有利于尽快适应职业生活**

在新的工作岗位上，大学生面对崭新的工作条件和生活环境、现实化的专业内容、复杂的人际关系时，谁能尽快实现角色转换，谁就能较快地适应社会，并掌握成功的主动权。

大多数大学生希望能较快度过适应期，独立、愉快地开展工作。但部分人常常在一两年内都难以适应和胜任工作。为此，有些人变得迷惘消极、自暴自弃，甚至不断地更换工作。此时，就需要大学毕业生正视自己、面对现实、脚踏实地，这也是度过适应期的关键。

**2. 有利于在人才竞争中脱颖而出**

竞争性是市场经济的一个基本特征。市场竞争是无情的，适者生存、优胜劣汰是不以人的意志为转移的客观规律。初为职业人时，必然会面临来自各方面的挑战和竞争，只有尽快将所学的理论知识应用于实践中，并不断提高自身素质和能力，快速进入职业角色，熟练开展工作，才能在激烈的人才竞争中脱颖而出。

**3. 为今后的发展打下良好的基础**

从学生到职业的角色转变，实质上是从理论落实到实践的过程。能否较快且顺利地实现角色的转变，反映了大学生潜在素质和能力水平的高低。以积极的态度顺应职业工作的需要，主动适应岗位的要求，努力完善自己，将为今后的发展打下扎实的基础。

从学生角色到职业角色的转换，本质上就是社会化过程，是新参加工作的大学毕业生学会在组织中行事，逐步了解和认同组织的价值观，具备组织所需的能力及社会知识，从而在组织中担当某种角色，真正成为组织一员的过程。个人的社会化应达到的目标如下：

（1）业务熟练，通过学习，熟悉所从事的工作。

（2）与组织其他成员成功地建立起和谐关系。

（3）全面了解正式或非正式的工作关系，以及组织内部权力结构。

（4）掌握组织独有的专业术语及缩略语、行话等。

（5）了解特定的组织目标和价值观。

（6）理解和赞成组织的传统、习惯、仪式等，并熟悉组织重要成员或有影响力成员的个人背景和工作经历。

## 二、实现角色转换

大学毕业生走向社会后会发生社会角色的转换，这是一生中一个新阶段的开始。顺利实现角色的转换，有利于大学毕业生尽快适应新的环境，缩短工作磨合期。

### （一）从学生时代进入工作状态的心理准备

学生承担的主要任务是学习，但职业人士则不然。在社会角色转化的过程中，大学生首先应明确自己不再是一个受人关照的学生，不再是一个只接受他人帮助和照顾的"孩子"。

在毕业前，大学生应该提前思考和认清自己将来打算扮演的社会角色，预计未来的职业。在行动上，培养独立的意志，慢慢确认自己独立的身份，明确自己应该做什么和怎样去做，学会思考职业前景与所从事职业的关系，为将来的发展做准备。

刚参加工作的大学生，对岗位的工作性质了解不足。一般情况下，公司或部门负责人会向新参加工作的人员，介绍一些注意事项和与工作岗位相关的安全条例等，有时还会进行针对性地培训，以使新人较快地进入角色，更多地了解所在部门的工作性质和岗位职责。

尽管如此，初次参加工作也必须做好充分的心理准备，才能在未来的职业发展中更好地面对各种复杂情况与可能发生的问题，使自己立于主动地位。从学生时代步入职业工作状态，应做好以下 8 个方面的准备工作。

（1）克服依赖性，增强主动性。

（2）提高职业道德，增强职业责任感和义务感。

（3）敢于面对困难，具有克服困难和正确对待挫折的勇气。

（4）勇敢面对每一种考验。

（5）正确对待每一次选择。

（6）制订现实有效的职业生涯规划。

（7）克服性格上的不足。

（8）合理调适情绪。

### （二）自我调整，尽快适应新的工作环境

大学生上岗之初，一定要充分认清自己的角色性质、位置、职责范围，明确自己的工作内容、工作特点及社会对这一角色的期望等。只有这样才能明确自己在工作中应该怎样去做、做些什么。

怎样才能做好？一般来说，用人单位会通过开展岗前培训的方式对新员工进行培训。除此之外，大学生还可以通过主动向老员工请教、阅读有关规定和岗位职责规范等方式，尽快熟悉自己的角色。

大学生走上工作岗位后，要积极进行自我调整，尽快适应新的工作环境。在竞争中生存、发展，从而实现自己的人生价值，具体来说，可以从以下几个方面做起。

严格守时；

积极参与工作；

立足现实，增强独立意识；

主动勤快，眼里要有工作；

安心做好本职工作；

勤学好问，虚心请教；

树立良好的第一印象。

### （三）正确处理好与领导和同事的关系

职场人际关系，是一种基本的社会关系，也是一种复杂的关系。大学生如果能正确处理好自己与领导、同事的关系，就能尽早适应职场环境，实现自己角色的转变。良好的人际关系，可以成就一个人的事业，使其更有信心和力量。

**1. 正确处理好与领导的关系**

大学生在校园中习惯了同学之间的平等相处，进入公司后，可能一时很难接受被人领导，无法适应自己的下属角色。但为了尽快进入良好的工作状态，大学毕业生要学会尊重与服从领导，并主动与领导沟通，完美执行领导交给的任务。正确处理与领导的关系，具体表现在以下两方面。

（1）尊重领导。对领导的尊重，主要体现在态度上，应做事周到、细致、展现良好的品质和风格。

（2）主动沟通。

主动询问和汇报工作，有利于促进自己的职场成长。主动向领导汇报工作，可以让领导随时掌握你的工作情况，看到你的工作积极性，提升对你的印象分。

**2. 正确处理好与同事的关系**

人的工作和生活不是孤立的，经常要同其他人共处。在一定程度上说，良好的职场人际关系可以产生积极效应，帮助职场人士扭转职业工作中的困境。

在单位里供职，主动团结同事，与他们和睦相处，有助于自己工作的顺利开展。具体来讲，要处理好与同事的关系，应注意以下 5 点。

（1）平等相待。与同事相处，要亲切友善，不区分亲疏远近。对待同事应当一视同仁、不偏不倚。切勿在同事之中划圈子、搞宗派，这些做法最终只会损害同事之间的关系。

（2）搞好团结。平时与同事打交道时，既要讲究公事公办、开诚布公、敢于开展批评与自我批评，又要注意具体的方式方法，不借题发挥、挑拨离间、破坏团结。

（3）以诚相待。正常的同事关系，应当是君子之交，彼此之间豁达大度、以诚相待。人与人之间最大的信任来自诚实，同事之间的相互信任亦应以真诚为基础。

（4）相互支持。既然同事是自己工作上的伙伴，那么，在工作之中就应当主动关心对方、帮助对方。当同事需要帮助时，应当挺身而出、鼎力相助。支持同事的工作，不仅会赢得对方的支持，也会有助于公司的发展。

（5）保持距离。不论帮助、关心、支持同事，还是对方主动寻求帮助，都要注意就事论事、适可而止。处理自己与同事的关系时，一定要把握好分寸，要防止热情过度、强人所难、干涉对方的私生活 . 避免引起对方的反感。

### （四）“自我充电”，加强综合素质

现在，社会和科技快速发展，知识更新的周期不断缩短，在这种环境下，大学生应为适应不同的职业需求打下坚实的“硬件”基础。很多企业对人才的要求越来越高，为了适应不同工作的需求，大学毕业生需要不断地学习，及时补充业务知识上的不足。

一般来说，大学毕业生刚到用人单位时，都会进行岗前培训，借助该机会，大学毕业生就应该调整学习态度，尽快熟悉公司的规章制度、用人理念、技术特点等，以便尽快适应新的工作环境，更好地融入团队中。

### （五）合理流动，促进角色转换

随着社会经济的快速发展、行业的不断变化，职业流动也越来越频繁。当大学生发现自己不适应原有岗位的发展时，可以另辟蹊径，转换职业，找寻新的目标。

很多大学毕业生在工作后都有跳槽的经历。跳槽并没有对错之分，但注意不能盲目地跳槽，在跳槽前应该认真考虑：该不该跳槽？跳槽后自己能做什么？这样才能让自己在就业方面少走弯路，更利于自己的工作发展。

## 第二节　角色转换中存在的问题

大学生在走向工作岗位之初，对职业角色难免会有些不适应，此时，大学生应对自己投入的角色有比较清晰的认识，使之具有合理的地位，这样有助于走上岗位时克服可能产生的情绪波动，从而更好地提升自己。

刚走上工作岗位的大学生，在角色转换时主要存在以下问题。

### 一、依恋心理

一些大学毕业生在角色转换过程中容易出现依恋学生角色的情况。大学毕业生走上工作岗位后，来到一个全新的环境，人事皆非，很容易出现“怀旧”心态。

大学生活大多呈现寝室—教室—食堂“三点一线”的规律，大学生对自己角色的体验十分单一，进入职场后，常常会自觉或不自觉地将自己置于学生角色来要求自己和对待工作。比如，以学生角色的习惯方式观察和分析事物，以学生角色的社会义务和社会规范来要求自己，很难适应职场中较为复杂的人际关系，难以承受职业责任的压力，从而留恋相对单纯的学生时代。

### 二、对职业角色的畏惧

一些大学生毕业后进入新的工作环境时，往往都不知道工作应该从何做起，如何开展，而且在工作中怕承担责任，总是畏首畏尾，缺乏年轻人的朝气和锐气。工作上全靠领导安排，对自己的工作性质、工作范围、相互关系等还没有足够的认识。因此，在履行角色义务、遵守角色规范方面还存在着一定的不足。进入职场后，其他人不会再用学生的标准来要求你，因此大学生一定要调整心态，尽快适应职业角色，克服对职业角色的畏惧。

## 三、眼高手低的高傲心理

一些大学毕业生常以文凭、学位或结业于名校而傲，轻视实践，只想从事高层次的工作，看不起基层工作和基层工作人员，甚至认为大学毕业生从事基层工作是大材小用，表现出不踏实的浮躁作风和不稳定的情绪。

这类大学生往往缺乏敬业精神，不能深入了解本职工作的性质、职责范围，在实际工作中表现出难以合作的态度，往往也会阻碍他们顺利进入新的角色。

事实上，作为刚步入工作岗位的大学毕业生，仅有文化知识是远远不够的，重要的是要有脚踏实地、谦虚谨慎、乐于奉献的实干精神，不断提高自己的组织纪律性。若一个大学毕业生不能摆正自己的位置，总是眼高手低，不能用自己的所学积极为社会、集体做贡献，而是顶着大学生的“光环”，不踏实工作，被淘汰是迟早的事。

## 四、失望心理

一些大学毕业生往往把毕业后的生活想得过于理想化，对职业角色的期望值过高。一旦接触现实，就容易产生一种失落感，从而出现情绪低落的现象。如果不能及时从这种失望的情绪中摆脱出来将难以尽快融入新的角色。

大学生可以在学生阶段时多做社会调查，尽可能多地熟悉和了解社会，缩短理想与现实之间的差距，这样毕业后才能更快地投入工作中。

失望心理，是大学毕业生步入工作岗位后普遍的心理现象。一旦出现这种心态，一定要及时调整自己，让自己尽快从这种失望中彻底摆脱出来，重新摆正心态，尽快融入新角色。

## 五、消极退缩的自卑心理

一些大学毕业生面对新的工作环境和生疏的人际关系，往往缺乏应有的自信。在工作中放不开手脚，胆小畏缩，甘居人后，从而产生不求有功但求无过的消极心理，这十分不利于自己才能的正常发挥。

### 六、浮躁心理

一些大学毕业生在角色转换的过程中，受到利益的驱使，迟迟不能或不愿进入角色，缺乏踏实的敬业精神。尤其是在当下开放的人事制度下，一些大学毕业生为了追求高薪，频频“跳槽”，结果既耽误了自己，又损害了公司的利益。

大学生在角色转换中，心理状态极易出现多变和不稳定现象。因此，遇到问题时应争取新公司组织和领导的帮助、同事们的理解与鼓励，同时要善于控制和调整自己的心理状态，以乐观豁达、勤奋好学、踏实肯干的作风赢得大家的肯定，使自己顺利进入新角色。

## 第三节　培养大学生健康择业心理

择业是大学生就业工作中的重中之重，做好择业规划，可以更好地走好自己的生涯之路。

### 一、常见的不良择业心理的调适

#### （一）焦虑心理的调适

面对激烈的择业竞争，很多大学生容易出现不同程度的焦虑心理。我们可以采取一些有效措施进行调适。

**1. 开阔视野**

择业焦虑会使人的思维变得狭窄，好像进入一条高高长长的“窄巷”之中，只能在其中习惯性、被动性地前行而很难有回旋的余地或拓展的空间。这时，大学生需要“停下来，静一静”，看看自己是否“钻了牛角尖”或“进了死胡同”；需要“动起来，找一找”，不是一意孤行地寻找既定的工作而是扩大工作选择范围，不仅仅是不停地寻找工作，而要充分听取他人建设性的意见。只有这样，大学生的择业视野开阔了，才能跳出“窄巷”走向广阔天地。

**2. 增强自信**

自信心最主要的来源是平时一点一滴的积累，久而久之形成的实力，就像案例 5-1 中的小陈，大学里一直规划自己、充实自己。此外，每个人都有自己的独特性，寻找“自己适合做的工作”会有效提升自信心。同时，在求职面试前进行积极的自我暗示和想象成功的情景，也会增强自信心，减轻择业焦虑。

**3. 学会放松**

事实表明，精神高度紧张之后的有效放松，往往会收到意想不到的效果，所谓“踏破铁鞋无觅处，得来全不费功夫”说的就是这个道理。大学生在择业焦虑面前要学会放松：腹式深呼吸练习、参加体育运动、静静聆听一段美妙的音乐……所有的这些行为都是为了学会“放下”，只有“放下”了才能更加有力地“拿起”。

### （二）功利心理的调适

针对择业中的功利心理，大学生可从如下方面进行调适。

**1. 避免盲目攀比**

功利心理的形成往往来自攀比心态，而其背后还涉及“面子问题”。但正如俗话所说，“这山望着那山高”越攀比越没有尽头，越没有尽头就越功利。从而形成恶性循环。

大学生在择业过程中要客观地去评价和判断自身的能力、兴趣、性格、发展方向以及外在环境等各方面的因素，既不好高骛远也不妄自菲薄。同时，大学生在择业过程中既要考虑“面子”更要注重“里子”，避免表面光鲜亮丽，背后却充满辛酸苦辣。

**2. 懂得知足者富**

道家说，“知足者富”“祸莫大于不知足”。俗话也说，“知足者，常乐。”这都是在告诫人们要懂得“知足”。较之外在的物质表现，人们的富有与贫乏更取决于其内心是否“知足”。知足者富，不知足者即使外在富有，其内心依然贫乏。

当然，这并不是让大学生在择业中不思进取、得过且过。相反，懂得“知足”的大学生能够更好地活在当下，而这恰恰有利于他们的身心健康，也使他们更有可能找到适合自己的工作。

**3. 重视人生发展**

有的同学在顺利择业后悟道：“我看中了这家企业对人才的重视和培养，虽然它的待遇不是最高的，但是它却给员工提供了广阔的发展空间和人才培训远景规划，这一点和我当初的职业生涯规划是相一致的。更重要的是，它的企业理念给我拼搏的脚步注入了新的动力”“心有多大，舞台就有多大”，井底之蛙看到的只是巴掌大的一片天地，而鲲鹏展翅却能“水击三千里，抟扶摇而上者九万里”。

重视人生发展，这既是一种心态又是一种行动。大学生重视自己人生的整体发展，就不会只为当前的一些功利蒙蔽双眼，而能够“风物长宜放眼量”，在此过程中，大学生的心胸也随之而开阔。

### （三）自卑心理的调适

有些大学生在择业过程中存在自卑心理原因各种各样，实质都是没有正确看待自己的不足和问题。因此，改变自卑，最为重要的是能够纠正过低的自我评价，正确认识自己，客观评价自己。

**1. 关注自身优势，人职匹配**

大学生要知道目标职业或具体岗位并不会对他们提出面面俱到的要求，如软件开发岗位并不要求他们的身高和口才，而是注重其知识结构和开发能力：销售岗位未必看重他们的专业，或许更重视其沟通能力和说服力等。在择业中要关注自身优势，并善于与职业契合。

**2. 认清自身不足，勇于突破**

戴尔·卡耐基在《人性的弱点》一书中说：“大胆地去做自己害怕的事情，力争得到一个成功的记录。”如果大学生敢于去做自己畏惧的事情并获得成功，那么，其他事情就更敢去尝试了。因此，一个口才不好的大学生可以不断加强演讲训练，一个相貌平平的大学生可以不断增强自己的内在气质。例如，因“胆怯、害羞、自卑”的大学生可在日常生活中勇敢与他人交流，强化自己的成功经验。

**3. 乐观面对挫折，增强自信**

大学生在择业中遇到挫折是很正常的事，一定不要因此自卑而消极退缩。克服自卑就需要大学生乐观面对挫折，增强自信。常言道：“世上无难事，只怕有心人。”没有翻不过的山，也没有趟不过的河。求职遇到挫折后应放下心理包袱，仔细寻找原因，是主观努力不够还是客观要求太高？然后，调整好目标，脚踏实地前进，争取新的机会。

### （四）自负心理的调适

为避免择业过程中自负心理的产生，大学生可从以下几方面做好心理调适。

**1. 认清形势，合理定位**

当前，一些大学生对日益严峻的就业形势把握不清，对就业环境、就业政策等缺少全面地认识，存在“自以为是”的情况，觉得自己理应找到一份理想的工作。正是这种错误判断，导致一些大学生在择业中眼光过高，造成“高不成低不就”的情况。在当前的就业形势下，大学生要学会合理定位自己，客观认识自己的优点和缺点、优势和劣势等。

**2. 虚心请教，空杯心态**

在择业过程中，有自负心理的大学生要学会虚心接受他人的意见和建议，如老师的教诲、家长的意见、同学的建议、用人单位的反馈等。“三人行，必有我师”，在择业过程中，有自负心理的大学生往往因为自以为是而找不到解决问题的方向和方法，这时要学会向他人请教；即使工作以后，也要以“空杯心态”投入职场，虚心向他人学习。

**3. 调整差距，努力争取**

大学生的自我意识发展还不完善，强烈的自尊心以及过于理想化的追求，往往使他们对理想自我的标准定得太高，从而造成理想自我与现实自我或别人的评价存在一定差距。正确认识自我，合理定位职业，能够及时调整择业中的期望值，抓住每一个机会并努力争取，将大大增加他们找到如意工作的可能性。

### （五）受挫心理的调适

面对择业中的挫折，大学生可做如下心理调适。

**1. 反思挫折的原因**

挫折既可以让人一蹶不振，也可以让人越挫越勇；既可以让人停滞甚至退缩，也可以让人成长与成熟。除了挫折的双重效应外，择业中的挫折还可以给人更多的反思：我是否足够了解用人单位的需要、自己的需要以及这两种需要是否相符？在求职过程中，我是否使用着一成不变的策略，而这种策略往往容易造成挫折？我是否一直在孤军作战而忘记了同学间的相互鼓励、老师的耐心指导、家人的情感支持？正确认识择业中的挫折，需要我们冷静思考诸如此类的问题，并有效调整行动策略。这样，我们或许能在挫折中发现更多机会。

**2. 改变不合理信念**

引起大学生择业过程中挫折感的与其说是求职不成功、面试失败，不如说是大学生面对这些事件的看法、所采取的态度以及归因方式。典型的不合理信念有三种：绝对化、以偏概全和糟糕至极。如“我非要应聘这家公司不可”“这家公司拒绝了我，其他的公司也不会招聘我”“如果我应聘不到这家公司，那我以后的日子就没法过了”等，其实这些都是不合理信念，大学生要学会建立合理信念。

### 3. 增强挫折耐受力

增强挫折耐受力，关键在于主动培养自信乐观、自强不息、宽容豁达、开拓创新等良好的人格品质。当面临择业过程中的挫折时，自信乐观者能够积极改变现实、勇于克服困难，能够看到挫折背后的希望，能够立足于现实去相信明天会更好；自强不息者能够把挫折变成前进的动力，能够有力地应对挫折，越挫越勇；宽容豁达者能够用更加开放性的心态看待挫折，能够用更加长远的生涯规划看待当前面临的困难和失利；开拓创新者则总是积极地寻找新的出路，能够灵活柔韧地应对挫折。

## （六）从众心理的调适

在择业中，大学生从众现象比较普遍，从而缺乏在充分了解自我和所处环境基础上的独立而明确的职业生涯规划。

有些同学没有认真思考未来，只是看到周围的同学都在忙着考研等，自己也就不自觉地随大流。适当的从众其实会使个人有安全感并起到自我保护的作用，但过分的从众则会消融自己的独立判断，使大学生的职业生涯变得盲目。如何在择业过程中避免盲目从众，大学生可以从以下几点着手。

### 1. 提升战略思考能力

战略思考要求大学生从宏观上把握自己的人生方向、职业方向，这有赖于大学生在整个大学阶段不断提升其生涯规划的意识和能力。

我们在入校的时候就要认识专业，认识行业，了解行业的发展趋势，了解行业与国家的发展的契合度，看国家政策中我们这个专业的优势，从而结合这个优势如何来提升自己的综合素质，如何来制定自己的生涯规划，来契合行业的发展。不是在择业中盲目跟风，而是锁定目标行业，并特别看重公司提供给自己的“发展空间”。当你具备了战略思考能力，你就能在大学的学习阶段合理地安排自己的时间，做好自己的就业准备，更不会在择业的过程中只看重“工资待遇”。

### 2. 培养独立自主意识

大学生要充分意识到自己的主体性和独特性，在择业过程中根据应聘单位的具体情况并结合自身的价值观、兴趣爱好、优势弱势等进行独立思考。在择业或自己的职业生涯中也要敢于开拓，而这更需要培养自身的独立精神。独立精神并不代表刻意地标新立异，也不代表盲目的特立独行。具有独立精神的大学生往往更重视“兼听则明”，而盲目从众的大学生恰恰容易导致“偏信则暗”。

**3. 了解时事把握趋势**

大学生在择业过程中要了解时事，把握趋势。这就需要考研的同学用动态发展的目光看待所考专业，择业的同学用动态发展的目光看待应聘单位和目标行业。所谓“万物皆流，无物常驻”“时势造英雄”，在不断变化的环境中，唯有审时度势，大学生才能做出正确的决策而不至于盲目从众。

以上是大学生择业过程中的几种典型的不良心理，其实还有其他一些不良择业心理存在，如依赖心理、逃避心理、嫉妒心理、虚荣心理等，这些不良心理都应该及时调适。以上所给出的调适方法，在具有针对性的同时又具有一定的相通性，如“改变不合理信念”“增强自信心”等几乎适合所有不良择业心理。当然每一种不良择业心理的调适方法也不仅仅局限于此，大学生要根据自己的实际情况，做到具体问题具体分析。

## 二、提升大学生择业心理素质

大学生除了掌握一定的心理调适方法以有效克服不良择业心理外，更重要的是要提升择业心理素质。这样，不管遇到怎样的择业环境，他们都可以从容面对，有的放矢。

### （一）树立正确观念

树立正确的职业价值观，大学生需要特别处理好如下重要关系。

**1. 职业与名利的关系**

大学生应谨防因工作就是为了赚钱的观念而忽视自我成长和自我发展。儒家传统中著名的义利之辩，“君子喻于义，小人喻于利”，它深刻地教导我们在面临“义”“利”的价值取舍时，“义”重于“利”。当然，这并不等于说儒家不讲利，不求利，而是要做到“君子爱财，取之有道”。

大学生以合理、合法、公正、公平的方式获取名利，在一定程度上对个人和社会都会有益，但它需要一定的度，该知足时则知足，该进取时则进取。

**2. 职业与自身兴趣特长的关系**

大学生在择业时，定要考虑它是否与自己的兴趣和特长相适应。据调查如果一个人长期从事自己不喜欢的工作，不仅心情受到压抑，更难以获得职业上的成功；而如果选择了自己喜欢的工作，则可以充分调动人的潜能，获得职业发展的原动力。

**3. 价值观的排序与取舍问题**

职业价值观是一系列价值观的综合，而特定的职业往往只能实现一部分价值目标，正所谓“鱼和熊掌不可兼得”。这时就需要大学生做出理性选择，并且懂得有舍有得的道理，提醒自己不可能什么都得到，否则就会患得患失，甚至一无所得。

**4. 个人与社会的关系**

人不能离开社会而独立存在，个人只有在工作中为社会作贡献才能实现自己的职业价值。当然这并不是说要忽略择业中的个人需求因素，只去尽社会责任，而是说大学生在生涯发展中不能仅仅考虑个人因素。“心底无私天地宽”，一个具有社会使命感的大学生才有可能获得更多、更大的成就。

### （二）培养良好品德

在“自我探索”部分，我们重点分析了价值观、兴趣爱好、知识能力、气质性格等内容，以便更好地进行人职匹配。这种探索侧重于考察大学生“能否走在正确的道路上”而大学生在整个生涯发展过程中，更要注重培养自己良好的道德品质，因为这决定他们“在这条正确的道路上能够走多远”。

良好的道德品质包括诚实正直、忠诚度、责任感、进取心等，其培养需要大学生从日常生活中点点滴滴的小事做起，“勿以恶小而为之，勿以善小而不为”，做人诚实正直，做事诚信负责，做学问踏实严谨。我国传统文化中对良知的反躬内求、道德修养中的“慎独”等也都非常有助于大学生培养良好的道德品质。

### （三）保持学习心态

聪明的人大多是善于学习的人，牛顿的成就来自他“站在巨人的肩膀之上”。社会学习论者更是提出“观察学习”的概念，在观察别人（榜样）的行为过程中学会某种行为。

大学生可以自觉地阅读有助于生涯规划的杂志、书籍，可以更自觉地搜索互联网上对生涯规划有所启示的人和事、政策和信息；大学生可以观察学习和体认那些善于生涯规划并有所成就者的成长历程，以及身边的那些有思想、有梦想、有规划、有行动力的优秀大学生的学习生活轨迹。

大学生只要抱着谦虚、开放的态度，加上自己的进取心和行动力，便能处处主动寻求到生涯规划的指导，提升择业心理素质，并在此过程中不断调整、完善自己的生涯规划，最终增强生涯规划能力。

### （四）寻求社会支持

首先，要充分运用好家庭支持系统。大学生在择业过程中不应完全依赖家庭，但却可以充分运用好家庭支持系统。当求职遇到挫折时，可向家人倾诉并获得情感支持；当生涯规划遇到困惑时，可向家人咨询并寻求参考意见；当谋求到某一称心如意的职位时，要与家人分享喜悦并增强前进的力量。

其次，要充分运用好学校支持系统。很多高校都设有就业指导、生涯规划课程或者与之相关的心理健康课程、素质拓展类课程，大学生要积极踊跃地学习这些课程，以增强自己生涯规划的能力，提升自己生涯规划的行动力。很多高校都非常重视大学生社会实践能力的培养，提供了很多供大学生工作、实习的岗位和机会，大学生要主动把握这些岗位和机会，在实习过程中思考、完善自己的生涯规划。

最后，要充分运用好朋辈支持系统。朋辈之间的相互鼓励和支持，可以让大学生在求职的过程中获得更多心灵的温暖和力量；朋辈之间的信息提供和共享，可以让大学生在求职的过程中有更多选择的机会；朋辈之间的出谋划策和建议可以让大学生在求职的过程中有更多决策参考。

### （五）注重生活实践

大学生生涯规划的过程其实就是更主动、更自觉地生活实践的过程。大学生若能活在当下，认认真真地过好每一天的生活，细心观察生活、体验生活、建构生活、享受生活的乐趣，迎接生活的挑战，那么就在真真切切的生活之中灵动洒脱地规划着自己的生涯。请认真对待你学生生涯中的任何一次兼职、任何一次社会实践、任何一次工作实习，这些都将构成你未来的职业的一次又一次的准备。

### （六）不断自我超越

需要指出的是，大学生生涯规划并不是一个直线型前进的过程，而是一个不断自我超越的过程。

大学生既要不断地进行自我探索，又要在其过程中不断修正、拓展和丰富对自我的认识，从认识自我到悦纳自我，进而走向实现自我。

大学生既要积极探索自身所处环境，又要在环境探索过程中，能动地作用于环境；既要重视客观制约性的规定，又要发挥主观能动性的作用。

大学生既要学会生涯决策的“框架和流程”，又要在每一件“大事”“小事”的决策过程中，反思自己的决策风格、决策模式，进而提升生涯决策能力。

大学生既要学会合理设置目标、开展时间管理、提升行动力，又要在“人与环境互动”的过程中，反思目标设置，洞察时间抑或生命的意义。

大学生要在整个生涯规划过程中将思想与行动相结合，做到知行合一，践行“读万卷书，行万里路”。

## 【知识加油站】

### 打造个人品牌

品牌是一种识别标志、一种精神象征、一种价值理念，是品质优异的核心体现。个人品牌体现了个人在别人心目中的价值能力以及作用，是职业生涯中的第二个自我。个人品牌对个人职业生涯有着长远而深刻的影响。良好的个人品牌有助于把别人对你的看法变成职业发展的机会。

建立个人品牌，首先要进行“品牌定位”，弄清楚你擅长什么，想要什么，你的价值在哪里。每个人都有他内蕴的精华，通过观察和分析，发现自我亮点，找出自己独有的个性、特长或优势，然后把自己的个性、激情、经历都融入品牌定位中。现在，试着给自己进行品牌定位：

个人品牌 = 我是谁 + 我的愿景

我是谁：________________________________________

我的愿景：______________________________________

人才市场卖点：__________________________________

用几个词描述出你的特色：________________________

________________________________________________

每个人都具备不同的特质，个人品牌就是要充分展示出个人独特内涵中最有价值、有影响力的那一部分。你的竞争优势在哪里，你的个人品牌价值就在哪里。

用几个词描述你的独特竞争优势：

______________________________________________

在建立个人品牌的过程中，要注意寻找到一些可以强化自身品牌的识别标志。这些识别标志可以帮助别人更好地理解个人品牌所传达出来的信息，加强品牌信息的有效送达和有效接收。

最吸引人的形象或符号设计是：

______________________________________________

如果说品牌最核心的东西是质量保障，那么个人品牌最重要的就是品质保障，在打造个人品牌的过程中，我们可以借助各种手段来扩大自己的影响力，加强别人对你的认知。

你的个人公众号构想（微博、微信或 QQ）：____________________________

你的个人简历构想（宣传页或手册）：________________________________

关于你的新闻报道设计：________________________________________

关于你的光辉故事设计：________________________________________

关于你的社会交往规划：________________________________________

需要注意：忽视人品修养、过分追求其他都是无实质意义的。真正的个人品牌在于我们内在的人品。

## 如何调整自己的紧张情绪

### 一、缓解紧张情绪的一些小窍门

与身体的感觉联系起来：你感觉自己已经逃离紧张状态并将其转化为有生产力的能量，你感到自己已经更为放松。

想象紧张感正在消失：用一些时间想象自己正在远离紧张情境，直到你在内心看到它离自己已相当遥远。

对自己传递积极的讯息：和微笑一起，你需要利用的一个积极的讯息。它可以是一个积极话语，例如，“这种情境不过是提醒我，我有能力将紧张转化为能量”。

微笑：当你特别紧张时，不妨面带微笑。研究证明，当人们微笑时，内脑接收的讯息通常是积极的，并且能使身体处于放松和满足状态；当人们处在焦虑和恐惧中时，微笑也能产生同样的效果。无论你是否意识到微笑对自我控制紧张感所起到的作用，这种“人为的”努力表明了内脑在毫不怀疑其真实性的情况下对外部讯息作出了积极有效的反应。

## 二、经常感到紧张要如何调节

做一些放松身心的活动。具体做法是：

选择一个空气清新，四周安静，光线柔和，不受打扰，可活动自如的地方，取一个自我感觉比较舒适的姿势，站、坐或躺下。

活动一下身体的一些大关节和肌肉，做的时候速度要均匀缓慢，动作不需要有一定的格式，只要感到关节放开，肌肉松弛就行了。

作深呼吸，慢慢吸气然后慢慢呼出，每当呼出的时候在心中默念“放松”。

将注意力集中到一些日常物品上。比如，看着一朵花、一点烛光或任何一件柔和美好的东西，细心观察它的细微之处。点燃一些香料，微微吸它散发的芳香。

闭上眼睛，着意去想象一些恬静美好的景物，如蓝色的海水、金黄色的沙滩、朵朵白云、高山流水等。

做一些与当前具体事项无关的自己比较喜爱的活动。比如游泳、洗热水澡、逛街购物、听音乐、看电视等。

## 三、通过训练来帮助克服紧张情绪

第一步：把能引起你紧张、恐惧的各种场面，按由轻到重依次列成表（越具体、细致越好），分别抄到不同的卡片上，把最不令你恐惧的场面放在最前面，把最令你恐惧的放在最后面，卡片按顺序依次排列好。

第二步：进行松弛训练。方法为坐在一个舒服的座位上，有规律地深呼吸，让全身放松。进入松弛状态后，拿出上述系列卡片的第一张，想象上面的情景，想象得越逼真、越鲜明越好。

第三步：如果你觉得有点不安、紧张和害怕，就停下来莫再想象，做深呼吸使自己再度松弛下来。完全松弛后，重新想象刚才失败的情景。若不安和紧张再次发生，就再停止后放松，如此反复，直至卡片上的情景不会再使你不安和紧张为止。

第四步：按同样方法继续下一个更使你紧张的场面（下一张卡片）。注意，每进入下一张卡片的想象，都要以你在想象上一张卡片时不再感到不安和紧张为标准，否则，不得进入下一个阶段。

第五步：当你想象最令你恐惧的场面也不感到不安和紧张时，便可再按由轻至重的顺序进行现场锻炼，若在现场出现不安和紧张，亦同样让自己做深呼吸放松来对抗，直至不再恐惧、紧张为止。

## 四、如何有效地缓解紧张的情绪

1. 放松反应：舒适地坐在安静的地方，紧闭双目，放松肌肉，默默地进行一呼一吸，以深呼吸为主。

2. 打盹：学会在家中、办公室，甚至汽车上，一切场合都可借机打盹，只需 10 分钟，就会使你精神振奋。

3. 想象：借由想象你所喜爱的地方，如大海、高山等，放松大脑；把思绪集中在想象物的“看、闻、听”上，并渐渐入境，由此达到精神放松的目的。

4. 呼吸：快速进行浅呼吸，为了更加放松，慢慢吸气、屏住气，然后呼气，每一个阶段各持续八拍。

5. 腹部呼吸：平躺在地板上，面朝上，身体自然放松，紧闭双目。呼气，把肺部的气全部呼出，腹部鼓出，然后紧缩腹部，吸气，最后放松，使腹部恢复原状。正常呼吸数分钟后，再重复此过程。

6. 摆脱常规：经常试用不同的方法，做一些平日不常做的事，如双脚蹦着上下楼梯。

7. 发展兴趣：培养对各种活动的兴趣，并尽情去享受。

8. 伸展运动：伸展运动可以使全身肌肉得到放松，对消除紧张十分有益。

9. 按摩：紧闭双眼，用手指尖用力按摩前额和后脖颈处，有规则地向同一方向旋转；不要漫无目的地揉搓。

如何有效地缓解紧张的情绪，大声唱歌需要不停地深呼吸，这样可以得到放松，心情愉快。

## 【课后作业】

1. 角色转换过程最重要的是哪一点？

2. 制作一份个人品牌策划书。

# 第七章 就业权益与职场保障

## 【学习目标】

1. 了解大学生就业权益
2. 了解劳动合同的概念及包含的内容
3. 了解就业协议与劳动合同的区别
4. 了解劳动争议的解决办法
5. 了解求职过程中的陷阱与应对措施

## 【案例导入】

某学院毕业生小李在参加一次招聘会后，很快收到一家广西企业的录用通知，对方告诉他，上班时带 1 万元现金，以便安排异地生活。到企业不久，又以办理证件为由，拿走他的身份证，要求再交 5 000 元培训费，发展下线开展推销工作。直到该传销组织被警方查处，小李才得以脱身。

**分析：**

毕业生应该了解目前国家关于毕业生就业的有关方针、政策和法规，熟悉自己的权利和义务，保证自己的就业行为不违反就业的规范，不侵犯其他人的合法权益，也要对自己的权益进行保护。本章将对大学生的就业权益与义务、劳动合同的法律效用与签订原则，以及求职陷阱与应对措施进行讲解。

## 第一节　大学生就业权益与义务

大学生的就业权益是作为劳动者的大学生基于生存的需要而享有的基本权利，因而也是人权的一项基本内容。一般而言，劳动就业权的核心包括平等就业权与自由择业权。大学生就业权益也包含了这方面的内容。前者赋予大学生在就业过程中享有平等待遇和不受歧视的权利，后者赋予大学生在就业中享有自主选择就业岗位而不受胁迫的权利。与此同时，大学生在就业过程中享有职业保障权，即保障大学生在就业过程中有权获取相应的就业信息指导、就业推荐等，其权利的相对义务和相应的政府部门以及高校，主要表现在以下几个方面：

### 一、大学生就业权益

#### （一）平等就业权

首先，《中华人民共和国宪法》（以下简称《宪法》）以国家根本大法的形式确定了公民的平等权。大学生在就业过程中也是平等的，不因年龄、户籍、性别、身体健康状况等而受到歧视。其次，《中华人民共和国劳动法》（以下简称《劳动法》）也规定了就业平等，包括就业中的性别平等、特殊人员的就业等内容。再次，《中华人民共和国就业促进法》（以下简称《就业促进权利法》）也对平等就业权作了明确的规定，即劳动者依法享有平等就业权，劳动者就业不因民族、种族、性别、宗教信仰等不同而受歧视。《就业促进法》更是要求各级人民政府应当创造公平的就业环境，消除就业歧视。但高校毕业生在求职择业中仍遭到五花八门的就业歧视，这不仅违反了社会公平，也产生了许多社会不稳定因素。

#### （二）自由择业权

择业权是劳动者可以依自己的意愿自主选择职业的权利，包括从事何种职业，何时从事职业劳动、在何地从事职业劳动等方面的选择权。劳动享有自主择业权是劳动者人格独立和意志自由的法律表现，毕业生只要符合国家的就业方针、政策便可以自主地选择用人单位，学校、其他单位和个人均不得干涉。自由择业权主要包括以下四方面的权利：①禁止对劳动者实施强制劳动；②保障劳动者获得自由选择职业的机会；③帮助劳动者提高自身就业条件并给予职业指导，以保证充分、自由地选择职业；④运用包括法律手段内的各种手段，保证劳动者的择业自由权利不受侵害。

### （三）信息知情权

信息知情权是指劳动者享有对用人单位的主体资格、工作岗位、工作条件、工作环境、工作待遇等真实情况的了解权利。《中华人民共和国宪法》和行政法规分别规定了各级国家机关的设置及工作职权，现实中经常会有一些用人单位夸大资本、规模以及待遇，回避某些职业危害，严重侵犯了毕业生的知情权。信息知情权应包括以下四方面的权利：①信息公开，即所有用人信息须向全体毕业生公开，任何单位和个人不得隐瞒、截留用人需求信息；②信息真实，向毕业生公开的用人单位的信息和需求信息必须是真实的，用人单位有义务向毕业生和学校如实介绍本单位的实际情况，并提供相关资料，以供毕业生做出判断和选择；③信息全面，毕业生获取的信息应该是全面、完整和准确的；④信息适时，毕业生获取的信息必须是及时的，而不是过期的。

### （四）劳动报酬权

法律规定，毕业生有按照劳动的数量和质量取得报酬的权利，同时规定了最低工资和同工同酬制度对这项权利予以保障。《中华人民共和国劳动合同法》专章对工资做了规定，主要包括工资分配原则、工资分配方式、最低工资保障、工资支付形式、法定假日和婚丧期间的工资保证等。现实中，有些用人单位为了降低工资成本，往往在试用期即将届满时寻找各种理由解聘大学生；也有单位规定女硕士与男本科生职工享受同等待遇，实际上都侵犯了大学生的劳动报酬权。

### （五）休息休假权

《中华人民共和国宪法》规定了劳动者享有休息的基本权利；国家为劳动者提供了休息和休养设施，规定了职工的工作时间和休假制度。休假是实现劳动权的必要保证。《中华人民共和国劳动法》和《中华人民共和国劳动合同法》对工作时间和休假作了明确规定，不但规定了工时制度、休息日最低保障、法定假日，还对工作时间延长做了限制，并明了延长工时的报酬支付。实际生活中，用人单位乱加班，且不按规定支付加班费的现象很普遍，这侵犯了毕业生的休息休假权。

（六）法律法规规定的其他权利

高校毕业生在求职择业过程中所享有的权利还包括获得物质帮助权、社会保障权、接受就业指导的权利、被推荐就业的权利、签约后单位违约的求偿权利、工作上的发展提升权利、参加技能培训的权利、发生劳动争议提请处理的权利、人格尊严以及隐私不受侵犯的权利等。此外，一些相关法律还为大学生提供了多种纠纷解决机制，大学生有通过提起诉讼或仲裁方式解决纠纷的权利。

## 二、大学生就业义务

权利与义务是统一的，毕业生在维护自己合法权益的同时，也必须履行相应的义务。

（一）如实提供自身信息

随着求职竞争压力越来越大，每个毕业生都会绞尽脑汁地包装自己的简历以尽可能地展示自己的才能，但在简历包装过程中切记要真实。劳动合同第八条、第二十六条、第三十九条规定：用人单位一旦发现员工的求职资料有虚假、夸大的内容，可不需作任何赔偿将其辞退。

（二）履行就业协议

毕业生与用人单位之间签署的就业协议属于我国民事法律调整的范畴，要求民事主体在履行合约时讲究诚实守信的原则，任何一方不得无故违约。协议双方应该严格按照协议商定的有关程序操作履行相应的义务，只有当约定的解除条件成立或出现不可抗力时，毕业生方可单方解除协议，放弃履行就业的义务。

（三）恪守职业道德

我国是法治与德治并重的国家，当法律调整滞于不断变化的社会新秩序时，尤其要发挥道德的辅助力量。所以，在职业生涯中恪守职业道德应成为每一个社会公民的基本义务。毕业生在走向社会、服务社会的过程中，尤其要重视职业道德修养。

## 第二节　劳动合同与就业协议书

### 一、劳动合同概念及包含内容

劳动合同概念简明易懂。《中华人民共和国劳动法》第十六条指出劳动合同是“劳动者与用人单位确立劳动关系，明确双方权利和义务的协议”。所有劳动无论是初次入职的毕业生，还是跳槽的职业人，只要与用人单位建立劳动关系，都应当订立劳动合同（或聘用合同）。根据我国《中华人民共和国劳动合同法》规定，劳动合同由两部分组成：必备条款和备选条款。

#### （一）必备条款

必备条款的含义就是合同中必须具备的条款，如果缺少其中之一，此合同都将被视为无效合同。在《中华人民共和国劳动合同法》第十七条规定劳动合同必须具备以下条款：

第一，用人单位的名称、住所、法定代表人或者主要负责人的姓名。

第二，劳动者的姓名、住址、居民身份证号。在合同中填写身份证号也是新《中华人民共和国劳动合同法》出台后的新增项。

第三，劳动合同的期限。合同期限主要分为固定期限、无固定期限以及完成一定工作的期限，类似于临时性工作的人，劳动合同中必须写明确。如果没有明确期限应该视为无固定期限，不论签一年、两年或三年，都必须有起止日期。

第四，工作内容和工作地点。工作内容应该体现劳动合同中，比如这次招聘你是什么岗位、具体负责什么内容，然后明确工作内容，还有工作地点。工作地点也很重要，劳动合同中必须规定劳动地点，否则很容易产生纠纷。如，合同中约定了工作地点在北京，有一天单位要把你调到深圳，你可以不接受，因为合同中已经约定好了工作地点，用人单位变更了工作地点属于用人单位违约。

第五，工作时间。工作的时间是每天 8 小时工制，每周不超过 40 小时。但是有些单位就会特殊一些，不是按规律的 8 小时，周一到周五上班；又比如朝九晚五，可能有些单位比较特殊，早上 8 点上班，晚上提前一小时下班，这些都要在劳动合同中有约定。

第六，劳动报酬。这对于每个劳动者都是非常重要的，也是比较关心的，劳动报酬应该明确地写进劳动合同中。

第七，社会保险。国家规定用人单位必须为员缴纳社会保险，也就是我们通常说的五险一金，其中包括养老保险、失业保险、医疗保险、工伤保险、生育保险和住房公积金，医疗保险与工伤可以放在一起，实际上三险一金也对。住房公积金也是一个制纳的项目，如果用人单位不缴纳属于违法。

第八，劳动保护和劳动条件。有些特殊行业，比如有毒有害、高温高压这些行业，从事像机械类的、海上作业、航空等比较危险的职业，这一点尤为重要。

第九，弹性条款。法律法规规定的其他条款就是弹性条款，人力资源和社会保障部实施劳动法过程中还会出现新问题，再具体制定新的规定。

### （二）备选条款

备选条款包括以下几个方面：

第一个备选条款是试用期。用人单位都会约定试用期，法律规定试用期必须在劳动合同里约定，同时试用期单独约定，只允许在劳动合同中约定试用期，在试用期内签订试用期合同，转正之后再签订正式合同属于违法行为。如果单独签订一个试用期合同，法律把它视为劳动合同。法律还规定 3 个月以上不满 1 年的，试用期不得超过 1 个月，也就是说用人单位与劳动者签订 1 年的劳动合同，那么只能约定 1 个月的试用期。当然法律还有规定不管你签订多长期限的劳动合同，试用期都不超过 6 个月，超过 6 个月也是违法合同。

第二个备选条款是培训。对于刚毕业的大学生有些单位要进行培训。这个培训分为两种：一种是单位内部培训，也就是常说的上岗培训，学习了解公司的环境、文化及理念，这些都是不收费的必备培训；一种是约定在专业培训地点进行培训，这种培训是由单位出资，可能牵涉跳槽的违约金。上岗培训不得约定违约金，如果单位以劳动者参加了上岗培训为由收取违约金，属于违法行为。法律上可以约定培训合同，但是承担违约的培训就是专项培训，甚至有些是送出国外回来以后再为企业服务。

第三个备选条款为商业秘密和竞业禁止。两者有一定区别，不论签不签订条款或商业秘密保密协议，你都必须保守商业秘密，保守商业秘密是每个劳动者的义务。竞业禁止则是指你在公司从事很重要的岗位，如果你离职后去同业其他公司工作很可能会给公司带来损失，因此有的公司会针对内部某些职位以及特定岗位的员工进行竞业禁止约定，离开公司后两年内不能在同行业任职。但是，不论签不签这些条款，都不能泄露公司的商业机密。比如你要是在一个公司从事科研工作，在职期间会掌握数据或者很重要的尖端技术，那么公司虽然没有签订保密协议或竞业禁止协议，这只表明可以在同行业工作，关于商业秘密是必须保守的。如果没有进行竞业禁止约定，公司就不能约束员工跳槽之后去同行业其他单位工作。还有一点必须给予说明，竞业禁止协议可以签订，签订之后用人单位有义务给该员工支付竞业禁止补偿，简而言之就是就业者两年内在同行业工作，就必须给予补偿，否则就业者是不受竞业禁止条例约束的。补偿是在离职前，协定竞业禁止最长时间不得超过两年，关于竞业禁止补偿金也是由双方在劳动合同中进行约定。

## 二、就业协议与劳动合同的区别

就业协议是高校毕业生与用人单位确立劳动关系，明确双方在毕业生就业工作中权利和义务的协议。教育部颁布的《普通高等学校毕业生就业工作暂行规定》要求经供需见面和双向选择后，毕业劳动者与用人单位确立就业协议书，明确双方权利和义务关系的协议。两者的主要区别如下：

### （一）适用的法律、法规不同

劳动合同适用《中华人民共和国劳动法》《中华人民共和国劳动合同法》及劳动人事部门颁布的有关劳动人事方面的规章。就业协议适用民事法律法规、教育部颁布的《普通高等学校毕业生就业工作暂行规定》和有关政策。

### （二）适用主体不同

劳动合同是劳动者与用人单位之间确立劳动关系的协议，只要双方当事人协商一致，符合国家的法律、政策、法规，无欺诈、胁迫等手段，经双方签字盖章，合同即生效，尚需学校作为见证人参与。

### （三）内容不同

劳动合同的内容依《中华人民共和国劳动合同法》规定，比较详细。就业协议的条款比较简单，主要是毕业生如实向用人单位介绍自己的情况，愿意在规定期限内到用人单位报到，用人单位如实向毕业生介绍本单位情况，同意录用该毕业生，等等，另外还有一些简单条款。

### （四）适用的人员不同

劳动合同可以适用于各类人员。凡是中华人民共和国公民只要有劳动能力并符合法律规定的条件，经过供需见面，双向选择，一经录用都可以与用人单位签订劳动合同。就业协议只适用于高校毕业生、毕业研究生。

### （五）签订时间不同

一般来说，就业协议签订在前，劳动合同订立在后。就业协议是毕业生在找工作过程中，落实用人单位后签订的，就业协议在学生离校前签订。

劳动合同是毕业生到用人单位报到后订立的。如果毕业生与用人单位在工资待遇、住房等方面有事先约定，可在就业协议的约定条款注明，附后补充，日后订立劳动合同时对此内容应予以认可。

## 第三节　劳动争议的解决

劳动争议是社会生活中经常发生的一类纠纷，发生劳动纠纷如何选择解决方式呢？根据《中华人民共和国劳动法》第七十七条规定：“用人单位与劳动者发生劳动争议，当事人可以依法申请调解、仲裁、提起诉讼，也可以协商解决。调解原则适于仲裁和诉讼程序。”根据上述规定，劳动者与用人单位可以选择下列程序解决劳动争议。

发生劳动争议后，当事人可以向行政部门投诉；向相关调解组织申请调解；自劳动争议调解组织收到调解申请之日起 15 日内未达成调解协议的，当事人可以向劳动仲裁机构申请仲裁。达成调解协议后，一方在协议约定期限内不履行调解协议的，另一方当事人也可以依法申请仲裁。此外，当事人也可以直接向劳动仲裁机构申请仲裁。

## 一、协商程序

协商是指劳动者与用人单位就争议的问题直接进行协商，寻找纠纷解决的具体方案。与其他纠纷不同的是，劳动争议的当事人一方为单位，一方为单位职工，因双方已经发生一定劳动关系而使彼此之间相互有所了解。双方发生纠纷后先协商，通过自愿达成协议来消除隔阂。但是，协商程序不是处理劳动争议的必经程序。双方可以协商，也可以不协商，完全出于自愿，任何人都不能强迫。

## 二、申请调解

调解的程序。根据《中华人民共和国劳动法》规定：在用人单位内，可以设立劳动争议调解委员会负责调解本单位的劳动争议。调解委员会委员由单位代表、职工代表和工会代表组成。一般具有法律知识、政策水平和实际工作能力，又了解本单位具体情况，有利于解决纠纷。除因签订、履行集体劳动合同发生的争议外，均可由本企业劳动争议调解委员会调解。但是，与协商程序一样，调解程序也由当事人自愿选择，且调解协议也不具有强制执行力，如果一方反悔，同样可以向仲裁机构申请仲裁。

## 三、仲裁程序

仲裁程序是劳动纠纷的一方当事人将纠纷提交劳动争议仲裁委员会进行处理的程序。该程序既具有劳动争议调解灵活、快捷的特点，又有强制执行的效力，是解决劳动纠纷的重要手段。劳动争议仲裁委员会是国家授权、依法独立处理劳动争议案件的专门机构。申请劳动仲裁是解决劳动争议的选择程序之一，也是提起诉讼的前置程序，如果想提起诉讼打劳动官司，必须要经过仲裁程序，不能直接向人民法院起诉。

## 四、诉讼程序

根据《中华人民共和国劳动法》第八十三条规定："劳动争议当事人对仲裁裁决不服的，可以自收到仲裁裁决书之日起 15 日内向人民法院提起诉讼。一方当事人在法定期限内不起诉，又不履行仲裁裁决的，另一方当事人可以申请人民法院强制执行。"诉讼程序即我们平常所说的打官司，诉讼程序的启动是由不服劳动争议仲裁委员会决定的一方当事人向人民法院提起诉讼后启动的程序。诉讼程序具有较强的法律性、程序性做出的判决也具有强制执行力。

为了解决有些证据属于用人单位掌握管理，劳动者无法提供的问题，《中华人民共和国劳动争议调解仲裁法》规定，如果与争议事项有关的证据于用人单位掌握管理的，用人单位应当提供用人单位不提供或不在规定期限内提供证据应当承担不利后果。因支付拖欠劳动报酬、工伤医疗费、经济补偿或者赔偿金事项达成调解协议，用人单位在协议约定期限内不履行的，劳动者可以持调解协议书，依法向人民法院申请支付令。对追索劳动报酬、工伤医疗费、经济补偿或者赔偿金的仲裁案件，在当事人之间权利义务关系明确，不先予执行将严重影响申请人生活的情况下，根据当事人的申请，仲裁庭可以裁决先予执行。对于追索劳动报酬、工伤医疗费、经济补偿或者赔偿金，金额不超过当地月最低工资标准 12 个月的争议；或因执行国家的劳动标准在工作时间、休息休假、保险等方面发生的争议，除非劳动者对仲裁裁决不服的以外，该项仲裁裁决为终局裁决。

《中华人民共和国劳动争议调解仲裁法》规定，劳动争议申请仲裁的时效期间为一年，从当事人知道或者应当知道其权利被侵害之日起计算。劳动关系存续期间因拖欠劳动报酬发生争议的，劳动者申请仲裁不受仲裁时效期间的限制，但是劳动关系终止的，应当自劳动关系终止之日起一年内提出。

## 第四节　求职陷阱与应对措施

### 一、求职陷阱

常见的招聘中出现的欺骗现象大致有如下几种。

#### （一）利用招聘骗取财物

比如以招聘为由收取报名费、面试费、上岗培训费、服装费、合同保证金等，这些单位往往许诺丰厚报酬，利用应聘者急于求成的心理，达到行骗的目的。等到收够钱，就会不翼而飞，或者以费用已支出为由拒不退钱。对于这类陷阱很好识别，正规单位在招聘时是不会收取任何费用的，凡是在招聘时收取财物的都没有法律依据。

### （二）无偿占有毕业生的劳动

这类单位以招聘为名，让毕业生来实习，或者试用的名义让毕业生来工作，其间让毕业生做大量的本应让正式员工来完成的工作，实习期或试用期届满之时，以毕业生不符合要求为由拒不签订正式用人合同，从而廉价使用大学生的劳动力。

### （三）招聘后擅自降低毕业生待遇

大学毕业生按要求要与用人单位签订三方就业协议，任何一方违约都要承担违约责任。但三方协议只是一个初步的就业意向，并没有详细的工作岗位、待遇报酬等细节。有的用人单位就利用这一点，在签订协议前许诺各种好的条件、高的工资标准，等到毕业生去了单位签订劳动合同时，发现根本达不到以前承诺的条件，毕业生要离开的话又要承担违反就业协议的责任，只能陷入其事先设好的圈套。对于这种情况，毕业生可以在签订就业协议的时候，把招聘方许诺的各种条件以附件的形式附在就业协议书上，这样到了签订劳动合同的时候，如果详细内容与前面的不符，毕业生可以拒签约而不用承担违约责任。

### （四）中介陷阱

一些毕业生急于找到工作，又苦于没有机会，需要中介的帮助。有的职业中介确实能够为毕业生找到合适的工作，但大部分中介虽然大多有正规合法的营业执照，却行着欺骗之实。他们往往虚构一些职位引诱毕业生上钩，收取了费用后，随意从网络、报纸、杂志上摘抄一些招聘信息提供给求职者，或者同一些小公司串谋让毕业生去面试，最终都以毕业生自身能力不足为由，推脱其不能找到合适工作岗位的责任。更有者勾结不法分子从事非法勾当，引诱逼迫大学生干非法的事。

### （五）非法传销

非法传销和变相传销违法活动不仅严重扰乱了正常的市场经济秩序，而且给社会稳定带来巨大隐患，国家有关部门一直坚决打击，然而却屡禁不止。他们之所以能行骗成功，究其根源在于，一是传销往往有一些很诱惑人的虚假承诺，如数年就可以赚几百万，使急于发财的毕业生难辨真伪；二是传销常常是一些同乡、同学、亲戚、朋友等很熟悉的人来拉拢加人，甚至用帮忙找工作的名义，致使毕业生丧失了警惕。毕业生一旦陷入传销，便被限制人身自由，传销组织头目采取扣押身份证、控制通信工具、监视等手段不让离开，强迫他们联系亲友前来受骗。

## 二、应对措施

### （一）增强法律意识，慎重签订就业协议及劳动合同

所有劳动者无论是初次入职的毕业生，还是跳槽的职业人，只要与用人单位建立劳动关系，都应当订立劳动合同（或聘用合同）。在当今市场经济体制下国家提出高校毕业生在就业时要与用人单位“双向选择，自主择业”，按现行规定，在校生是不能建立劳动关系的（即使签订也不受法律保护），只有毕业后才有资格签订劳动合同。于是在从指令分配同双向选择转变的过程中，教育部门制定了《全国普通高等学校毕业生就业协议书》，产生了“介于国家分配派遣和市场寻找之间的就业协议”，用以解决存在的时间差问题。就业协议书涉及毕业生用人单位以及学校三方主体，俗称三方协议，因此说就业协议是高校就业制度下的特殊术语，是应届毕业生的“专利”。

就业协议着眼于规范协议签订后到毕业生去用人单位正式工作前的双方关系，是毕业生和用人单位在签订劳动合同前，双方确定就业意向和权益的依据。劳动合同则是在毕业生按照就业协议的约定，如期到用人单位报到后，由毕业和用人单位签订的规范在劳动关系中双方的权利义务的文本。毕业生先与用人单位签协议，毕业报到后再和用人单位签合同，此时毕业生的身份由学生变成劳动者。就业协议和劳合同也分别归属于不同的部门法调整，前者适用《中华人民共和国民法通则》《中华人民共和国合同法》等民事法律法规，后者受《中华人民共和国劳动法》等相关法律法规的约束。

### （二）毕业生自我保护

毕业生应了解目前国家关于毕业生就业的有关方针、政策和法规，熟悉自己的权利和义务，这是毕业生权益自我保护的前提。

毕业生应自觉遵守有关就业规范，接受其制约，保证自己的就业行为不违反就业的有关方针、政策和法规，不侵犯其他人的合法权益。在用人单位接收毕业生的过程当中，毕业生也对自己的权益进行保护。

### （三）申请维权的部门

无论是在试用期间还是试用期满之后，劳动者权益都是受法律保护的。如果权益受到损害，申请维权主要有两个途径：向劳动监察部门举报，每个区县劳动局都有监察大队，遇到所有侵权行为都可以向他们举报。当然还有一个渠道就是申请劳动仲裁，每个区县也设相应的劳动仲裁委员会来为劳动者进行维权。当然两个机构是行政执法机构，劳动仲裁委员会，在法律上称为准司法机构，它不是正规的司法机构，它裁决完双方如果不服就进入到法院诉讼程序。但是这两个部门各有侧重点，遇到用人单位没缴纳社保，我们可以向劳动监察部门举报，没有签订劳动合同也可以向劳动监察部门举报。劳动监察部门惩罚只是行政处罚，要求双倍工资赔偿维权的最好途径是申请劳动仲裁。在申请维权时要提供相关的证据，因此，平时相关的证据要保存好。签订劳动合同，这是毕业生与用人单位存在劳动关系的证据，签订合同劳动仲裁委员会能够证实，劳动仲裁委员会支持两倍工资的补偿。所以，大家只要把这些相关证据保存好，维权还是比较容易的。

### （四）寻求法律帮助

市场经济是法治经济，在就业过程中，毕业生必须了解与就业相关的法律法规、政策，了解劳动用工的相关规定，树立强烈的法律意识，懂法、守法、用法，学会运用法律的思维来思考遇到的问题，学会运用法律手段维护自身的合法权益。与毕业生就业紧密相关的法律，最主要的有《中华人民共和国劳动合同法》《中华人民共和国就业促进法》《中华人民共和国劳动法》。

在应届毕业生的就业中，最重要的材料是就业协议书，就业协议书是学校、毕业生、用人单位三者之间具有法律效力的就业契约，它明确和保护三方的利益，所以一方面，毕生必须充分重视和深刻理解就业协议的重要性，关注就业协议的内容，要有通过就业协议来保护自己合法权益的意识，谨慎签约；另一方面，就业协议一旦查即具有法律效力，须具有严格遵守、履行就业协议内容的意识，积极履约，任何一方不得毁约、违约，否则将受到经济和法律的制裁。有的毕业生法律意识淡薄，在与用人单位达成口头录用后，没有及时签订就业协议，到最后毕业派遣时，单位却以岗位已录满、用人指标没有来为由拒绝录用，毕业生只能自吞苦果。

此外，毕业生在就业过程中经常会遇到用人单位要求交纳押金的情况。签订劳动合同时，要求劳动者提供押金的做法是法律明令禁止的，但签订就业协议时是否可以收取押金，法律上没有明文规定。参照劳动合同，一般认为，签订就业协议收取押金也不合理。但用人单位坚持收取押金，一定要在协议书中注明或让单位出具标明“押金”字样的收据，日后作为证据使用。

## 【知识加油站】

大学生就业权益保护的主体包括哪些？

主要包括违约求偿权、公平录用权、自主选择权、被推荐权、接受就业指导权、获取就业信息权等多种权利，这些权利往往意味着对于大学生的一个就业保护，对于没有社会经验的大学生来说是一个十分不错的经验积累过程。

大学生就业保护有什么意义？

大学生就业保护最大的意义就是能够让大学生更好的对于目前的就业形势有自己的独特看法，对于大学生来说是能够更好地保证自己的未来发展，这一点是相当关键的，所以大学生在毕业或者是实习的时候，一定要严格按照法律法规来找自己的工作单位，其中对于自己应该要履行的义务和一些自己需要被保护的就业权益方面来说都是一个需要重点关注的内容，所以大学生在就业的时候应当要注意一些具体的工作方式和一些工作渠道，这一点对于大学生的保护还是十分关键的，所以应当要明确自己的权利和义务，严格按照规章制度进行分析。

大学生就业需要注意什么？

大学生在就业的时候一定要注意劳动合同的签订，针对相关的证据留存也要特别注意，毕竟现在的大学生是没有太多的社会经验的，所以这一点需要大家明确，自然也要更好的保证自己的未来发展，这一点是需要明确的，特别是针对一些就业形势和就业的时间地点，都是应该要有一定的证据留存，这样才能更好地保证自己的就业权益受到保护，大学生更应该要有一定的忧患意识，并且能够有自己的相关内容和具体实施的一个方式，所以这一点还是十分重要的，一定要明确其中的一些权利和义务，注意不良老板和公司，以防遭受损失。

大学生就业有哪些关键点？

大学生就业的关键点就在于自己的一个习惯性问题，针对自己的一些就业方向和就业时间来说是需要自己有一个认知，对于自己的能力也是需要明确的，所以这一点还是十分关键的，大家在就业途中应当明确其中的具体内容！

## 【课后作业】

思考就业协议与劳动合同的区别。

# 第八章　创业基本知识与实践

## 【学习目标】

1. 了解大学生创业的现状
2. 了解大学生创业的政策和特点
3. 掌握大学生创业的方法与技巧
4. 了解大学生创业的风险与防范措施

## 【案例导入】

小程发现校园打印的供需矛盾普遍存在，便想探索新型打印模式，让同学们在寝室里就可以打印资料。小程和伙伴们开发非接触式智慧云打印机并在学校部分公寓楼下进行试运行，受到同学们欢迎。到大四时，小程的团队已经向近 10 所高校投放了 100 多台设备，并与 27 所高校达成了合作协议，自成立以来，公司的总营业额累计超过 150 万元。如今已经大四的小程对于自己的未来道路十分明确，那就是继续创业，让更多的高校更多的学生能够享受云打印带来的便利。他说："客户的需求是我们努力的方向，'自强不息，修己助人'是我们公司的企业文化，希望通过自己的努力，能够更好地服务广大学生。"

**分析：**

小程的创业之路始于对生活的观察和思考，用科学的方法进行市场调研、利用专业背景优势开展自主研发、将产品投入市场并不断迭代升级，小程在校创业的经历无疑是成功的。

事实上，创业是一项极具挑战性的社会活动，具有一定的风险。创业成功与否，除了创业者自身的条件，还受很多外在条件的影响，如目前大学生创业的现状与政策、创业的方法与技巧等。

## 第一节　大学生创业概述

创业，是一种创新、创造性活动，一般指开创自己的事业或企业。有些创业是生存性的，有些创业是机会性的。大学生自主创业，一般指在校生或毕业生开创自己企业。对高校来说，就业和创业是大学生顺利告别学校、走向社会的两条途径。鼓励创业是实现经济良性互动的重要手段，鼓励自主创业，培育自主创业意识是国家发展的根基，是国家保持经济活力的源泉，创业也是扩大就业的基石，因此，一个人实现成功创业不仅仅可以解决自身的就业问题、实现劳动者自身价值，而且还可以创造倍增的社会就业机会。

在我国，随着改革开放的不断深入，大学生就业实行“双向选择，自主择业”。因此，大学生自主创业逐渐发展成为解决就业困难和大学生实现自我价值的重要途径。尤其是近年来，党和国家特别重视大学生的就业问题，相继出台了许多政策，鼓励和支持大学生自主创业。

### 一、推动大学生创业的策略

我国大学生创业才刚刚起步，创造良好的创业环境对推进大学生创业具有重要作用。

#### （一）政府支持

政府颁布配套的法规政策，使大学生创业行为受到法律保护，遇到问题有法可依，如保护大学生创业中的自主知识产权等。同时，出台鼓励民间资本参与、扶持大学生创业活动的优惠政策。如上海市政府最新出台的有关大学生创业政策优惠有：高校毕业生（含大学专科、大学本科、研究生）从事个体经营的，自批准经营日起，1 年内免缴个体户登记注册费、个体户管理费、经济合同示范文本工本费等。此外，如果成立非正规企业，只需到所在区县街道进行登记，即可免税三年。

### （二）创办独立的服务机构

高校中的指导大学生创业的部门逐渐独立出来，很多学校还成立了创新创业学院，全程指导学生进行职业生涯规划与设计、培养学生的创业意识、协助学生创业，为大学生的创业发展提供完善的服务。

### （三）营造创业氛围

充分利用校内外各种资源，营造毕业生自主创业的良好氛围，激发广大毕业生的创业热情。

通过网络、课堂等各个环节的直接咨询与交流，帮助广大学生树立正确的创业观，鼓励学生敢于创新、勇于创业。同时也可邀请创业成功的校友返校，与毕业生交流创业体会，分享经验得失，鼓励同学积极创业。

## 二、大学生创业的帮扶政策

大学创新创业教育是培养学生创新意识与主观能动性，适应全球化发展趋势，推动经济发展的重要途径。近年来国家和高校层面都对大学生创新创业给予了非常多的关注，国家每年都会出台许多相关的政策方针，涉及税收、创业培训、创业指导等诸多方面，大力推进创新创业，以创业带动就业。对打算创业的大学生来说，了解最新的创业政策和方针，才能更好地走好创业的第一步。

### （一）国家关于创业的帮扶政策与措施

早在 2014 年 9 月的夏季达沃斯论坛开幕式上，李克强总理发表讲话称，要借改革创新的“东风”，推动中国经济科学发展，在 960 多万平方公里土地上掀起“大众创业”“草根创业”的新浪潮，形成“万众创新”“人人创新”的新态势。随后在 2015 年全国人大会议上，大众创业、万众创新被列为我国经济增长的“双引擎”之一。

2015 年 3 月，国务院办公厅印发《关于发展众创空间推进大众创新创业的指导意见》，其中明确提出鼓励科技人员和大学生创业。鼓励高校开发开设创新创业教育课程，建立健全大学生创业指导服务专门机构，加强大学生创业培训，整合发展国家和省级高校毕业生就业创业基金，为大学生创业提供场所、公共服务和资金支持，以创业带动就业。

2018 年，教育部对于高校毕业生创业，重点提出了“深化高校创新创业教育改革”“落实创新创业优惠政策”和“提升创新创业服务保障能力”3 项措施。《人力资源社会保障部关于做好 2018 年全国高校毕业生就业创业工作的通知》中对大学生创业主要做出了以下指示，包括着力抓好就业创业政策的落实；着力推动创业带动就业。

2019 年《政府工作报告》中指出“2018 年大众创业、万众创新深入推进，新动能正在深刻改变生产生活方式、塑造中国发展新优势。2019 年要进一步把大众创业万众创新引向深入，鼓励更多社会主体创新创业。”

2020 年 9 月，中共中央组织部、中华人民共和国人力资源和社会保障部、中华人民共和国教育部、中华人民共和国科学技术部、中华人民共和国民政部、中华人民共和国财政部、共青团中央联合印发《关于实施高校毕业生就业创业推进行动的通知》，明确扶持创业创新。加强创业资金保障，落实创业担保贷款、创业补贴等政策，缓解融资压力。

### （二）地方具体优惠举措列举

按照相关文件指示，各级地方政府也纷纷出台了许多大学生创业的优惠政策。以杭州市和杭州市临安区为例：

**1. 杭州**

根据杭州市政府办公厅关于印发《杭向未来·大学生创业创新三年行动计划（2020—2022 年）实施细则》的通知（杭政办函〔2020〕11 号），大学生在杭州创业可享受“黄金 10 条”。

（1）设立青年人才专项

在市全球引才“521”计划、市“万人计划”、市领军型创新创业团队等人才计划中设立青年人才专项，入选市全球引才“521”计划青年人才项目给予 50 万元安家补助，入选市“万人计划”青年拔尖人才给予 50 万元支持，入选市领军型青年创新创业团队的给予最高 300 万元资助。

（2）实施博士后倍增计划

给予新设立的国家级博士后流动站、工作站 100 万元资助，省级博士后工作站 50 万元资助。每年招收博士后 300 名以上，在站期间给予用人单位每人两年 16 万元日常经费和 5 万元科研资助经费，给予博士后每人每年 12 万元生活补贴。对出站留杭（来杭）工作的博士后，给予每人 40 万元补助。

（3）加大大赛项目落地资助

提升创客天下创新创业大赛，大力推动项目落地，符合条件的获奖落地项目可获 20—500 万元资助。入围中国杭州大学生创业大赛 400 强以上项目在杭落地转化的，可免于评审享受 5 ～ 100 万元无偿资助。支持办好“创青春”“互联网 +”等国家部委举办的大学生创业大赛，获金、银、铜奖（或前三等相当奖项）项目在杭落地，可免于评审，直接申请享受 50 万元、30 万元、20 万元的项目无偿资助。

（4）创业项目资助

大学生（团队）创办企业及创业创新项目可申请 5 ～ 100 万元资助，特别优秀的项目可采取“一事一议”的办法支持。

（5）实施杰出创业人才培育计划

每年选拔 20 名培育对象，给予每人 50 万元培育扶持资金（40 万元为资助资金，10 万元进行境外高端参访和培训的资金）。

（6）专项补贴支持

对来杭工作的全球本科及以上学历应届毕业生发放一次性生活补贴，其中本科 1 万元、硕士 3 万元、博士 5 万元。

对来杭工作的本科及以上学历应届毕业生，在杭州市无房且未享受公共租赁住房、人才租赁房等住房优惠政策的，发放租房补贴，每户每年发放 1 万元，可发放 3 年，期满后收入低于城镇居民人均可支配收入的，可继续享受，最长不超过 3 年。

（7）经营场地房租补贴支持

符合条件的大学生在杭新创办企业租赁办公用房的，可享受 3 年内最高 10 万元的经营场所房租补贴。

（8）加大创业创新金融支持

大学生创业者可申请最高 50 万元的创业担保贷款。向来杭工作本科及以上学历应届毕业生提供最高 30 万元、为期 3 年的基准利率贷款。实施大学生创业“风险池”基金项目，对符合条件的创业企业原则上给予不高于年 1% 的优惠担保费率和不超过基准利率上浮 10% 的优惠贷款利率。

（9）加大知识产权创造资助

符合条件的大学生创业者在杭注册的企业获得国内职务发明专利授权后，每件资助 7000 元，获得国内非职务发明专利授权后每件资助 2500 元；获得美国、日本和欧洲发明专利的，每件最高资助20 000元；参加“市长杯”高价值知识产权创新创意大赛，其单位或个人获金奖、银奖、铜奖、优秀奖的，分别给予30万元、15万元、5万元和2万元资助。

（10）加大大学生见习训练

优化见习训练基地认定，完善见习训练工作机制，大学生在杭见习期间，可享受每月不低于市区最低月工资标准的见习训练生活费和综合商业保险补贴，鼓励和吸引全国大学生来杭见习就业。

**2. 临安区**

为了做好六稳六保工作，临安区推出了支持大学生创业就业多项举措，包括1～3万生活补贴、10万创业补贴、3年免费经营场所等等。

（1）提高偏远地区大学生生活补贴政策

对临安偏远地区创业就业的全日制本科及以上学历毕业生（含毕业5年内）增发一次性的生活补贴，其中本科1万元、硕士2万元，博士3万元（行政事业人员除外）。

（2）偏远地区初创企业创业补贴政策

2018年10月1日后，在校大学生和毕业5年以内（含）高校毕业生，在临安偏远地区，大学生初次创办现代农业（含农林牧渔业）、养老服务、家政服务、特色民宿、乡村旅游服务和农村电商企业，并担任法定代表人的，给予连续3年的创业补贴，补贴标准为第一年5万元、第二年3万元、第三年2万元。

（3）偏远地区初创企业创业补贴政策

资助对象为在杭普通高校在校生或毕业后5年内的全国普通高校毕业生，在临安区范围内创办企业并担任法人。对年税收10万元（含）以上或年带动就业20人（含）以上的大学生创业企业，经审核给予一次性10万元资助。

（4）大学生创业园资助政策

经认定的区级大学生创业园，由临安区财政给予20万元一次性建园资助；每年对区级大学生创业园进行考核，对考核为优秀的创业园给予10万元资助；考核为良好的创业园给予8万元资助；考核为合格的创业园给予6万元资助。大学生创业园以上资助资金主要用于园区建设、孵化培育和日常管理等方面支出。

（5）免费提供经营场地政策

在杭普通高校在校生及毕业5年内大学生所创办企业入驻杭州市大学生创业园（临

安），免费使用100平方米内办公场地和园内公共设施，期限不超过3年。

（6）大学毕业生创业培训政策

积极对具有创办企业意向的创业大学生进行企业创办能力、市场经营素质等方面的培训，并在企业开办、经营过程中给予一定的政策支持，培训费由政府全额补贴，学员免费参加培训。

## 三、大学生创业现状的特点

大学生创新创业能力，在教育过程中非常重要。在当前创新创业（简称“双创”）培养理念的倡导和政策利好的驱动下，有越来越多的大学生正参与到创业大军中去。国家发展和改革委员会在2020年全国大众创业万众创新活动周上公布的双创数据显示，大学生创业群体持续壮大，2019年创业的大学生达到74万人。据央视新闻报道，2020年大学生创业者人数再创新高，达到82万人。

作为创业大军中的一个特殊群体，大学生们拥有更高的文化水平，更容易接触到新鲜事物，他们创业或是为了自我价值的实现，或是为了更加自由的工作方式，或是追求更高的收入……然而，由于现行大学创业教育的缺失和制度的束缚，导致大学生创业困顿不前。

### （一）大学生创业的特点

在西方发达国家，大学生创业非常普遍。我国大学生创业的时间并不长，目前大学生创业出现了以下特点。

**1. 创业领域**

当前大学生创业的领域主要集中在服务业，因为其门槛较低，特别是商贸、物流这类服务业。其次，一些大学生的创业领域与所学专业相关。这表明，大学生所学的专业知识与创业方向有着直接关系。

**2. 创业心态**

大学毕业生对待创业的心态越来越理性。大学生对未来充满了希望，个个朝气蓬勃，在面临创业时，很多人也能考虑得比较全面，抱着务实的心态实施创业。

**3. 对创业的理解**

大学生对创业的理解比较片面，有人认为传统的小买卖、小店铺、摆摊就是创业，其实，“用智力换资本”才是大学生创业的优选之路。

**4. 创业不能付诸行动**

想创业的大学生很多，但真正行动的却很少。在大学生群体中，超过半数想过创业或表达过创业的意愿，但最终真正创业的人却极少。这一现象的出现，说明了 3 个问题。

（1）大学毕业生已经意识到毕业生数量的急剧增长与国家就业岗位缓慢增长之间的尖锐矛盾，就业不再是件容易的事，于是想创业。

（2）现实生活中出现了一些创业成功的传奇人物，如比尔·盖茨，加上媒体的炒作，为大学生创业增加了光明的预期，于是萌发了创业的想法。可是一觉醒来后，又认为创业离自己比较遥远。

（3）国家出台了很多鼓励大学生创业的优惠政策，无疑使大学生感受到了政府的关心和社会的支持，有了这样的宽松环境，更多的大学生跃跃欲试。

**5. 创业成功率低**

由于大学生涉世不深、缺乏各种经验、资本积累薄弱等原因，很容易导致大学生创业夭折。统计数据显示，中国整体的创业成功率达到 30%，而在创业大军中，大学生创业成功率仅为 3% 左右，只占成功创业企业的一成。

对于创业中的失败和挫折，许多大学生感到迷茫，不知道前进的方向，感到十分痛苦。因为他们在创业前看到的都是创业成功的例子，心态也是理想主义的，一旦失败往往很难再重新开始。

**6. 创业的科技转化率低**

虽然我国大学生创业所涉足的领域比较广，创业的形式也呈多样化发展，但相对于我国庞大的大学生群体，真正在高科技领域创业的却很少，科技转化率普遍偏低。

随着素质教育的不断深入，我们有理由相信，在不久的将来，大学生的科技创业会更加普遍。

### （二）大学生创业存在的问题

我国大学生创业经历了短短十多年的发展，虽然取得了一定的成效，但还是存在许多的问题。

**1. 服务体系不够完善**

目前，政府对创业的扶持政策主要聚焦在税费减免和融资服务等方面，对学生在创业过程中遇到的问题的解决途径关注较少。

### 2. 融资环境不利

创业是一项对资金需求较大的活动，而大学生普遍没有稳定的收入来源，因此，创业资金不足成为大学生创业需要面临的首要问题。

据调查显示，很多创业大学生的创业资金都来源于家庭支持或者是私人借贷，这种资金来源渠道获得的资金数额较小，并且持续性差，对于家庭条件一般的创业者来说，很容易造成沉重的心理压力，影响创业活动的决策。

### 3. 缺乏经验和技能

由于大学生长期生活学习在校园，对社会缺乏较深的了解和认识，特别是在市场运作、企业运营等领域缺乏相关的知识和经验。

目前，我国高校针对创业和企业管理的系统理论和实践课程较少，实际可用的创业技能更少。此外，由于大学生缺乏社会经验，对创办企业的各种办事流程不熟悉，社会交往、沟通能力也不够，对遇到的问题缺乏预见性，不会主动发现和解决问题。

### 4. 心理素质不高

现阶段有很大一部分大学生，为了逃避就业压力而选择创业；另一部分创业者则仅仅是受到朋友的影响或是一时心血来潮，盲目跟风，真正有创业理想和创业准备的人并不多。

刚走上社会的大学生依赖性强，抗挫折能力弱，而市场竞争是残酷的，大学生在创业过程中肯定会遇到各种挫折和打击。在创业初期，生意惨淡、连续一两个星期无人光顾的情况时有发生。在这种情形下，很少有创业大学生能够坚持下来。不少创业大学生很容易就此悲观消沉，最后选择退出创业，导致创业失败。

### 5. 管理能力不足

创业是一件很艰难的事情，需要创业者有较全面的综合素质，其中最重要的一点就是经营管理能力。

在创业初期，创业者个人的经营管理能力非常重要，凡事都要自己亲自动手。在企业初具规模后，创业者是否具有管理和领导团队的能力，是否懂得选择并留住合适的人才，这种管理能力往往比自身的经营能力更为重要，而这往往是大多数没有经验的大学生所欠缺的。

## 第二节　大学生创业的准备

创业是一项复杂的活动，不仅要求创业者具备广泛的知识、丰富的经验，更要求创业者本身必须具备一些特点和品质。有创业潜质的大学生更要明确在创业过程中个人素质、能力对创业成败的重要影响。要想成为一个成功的创业者，在创业准备期就必须对照这些品质不断地完善自己、锻炼自己。

### 一、创业必备的基本素质

创业是极具挑战性的社会活动，是对创业者自身的智慧、能力、气魄、胆识的全方位考验。一个人要想获得创业的成功，必须具备基本的创业素质，如创业意识、创业心理品质、创业能力、创业精神以及竞争意识等。

#### （一）强烈的创业意识

创业意识是人对客观世界的创业活动自觉、能动的反映，是指创业者在创业过程中起着动力作用的个性倾向，包括需要、动机、兴趣、思想以及世界观等心理成分。创业意识支配着创业者的态度和行为，规定着其态度和行为的方向、力度，具有强大的选择性和能动性，是创业素质的重要组成部分。

要想取得创业的成功，首先，要有企业家意识。其次，创业者应具备独立意识。再次，要树立风险意识和问题意识。

创业者树立了正确的创业意识之后，还要认识到创业是一种精神，更是一种素质，最后创业者需要明确创业目标，努力使自己具备发现机遇、凝聚梦想、不懈追求、学习新知、进取提升、敢于担当、直面挑战、居安思危、自省自警的意识。

#### （二）顽强的创业精神

创业精神是由现实的创业意识、创业思维、创业志趣和创业人格升华而成的一种精神境界，并高度浓缩成对创业实践的反思、检讨和批判。是激发大学生创业冲动的源泉，是支撑大学生创业活动的灵魂。拥有顽强的创业精神，可以使大学生在创业过程中信念坚定、目标明确、意志顽强，一步一步走向成功。当代大学生最需要具备的创业精神如下。

**1. 开拓创新的精神**

我们处在一个变化的环境里，只有创新才能打破常规，才能突破自己的传统思维。大学生要努力使自己具有开拓意识和创新精神，具备开拓事业的理想和前进的动力，通过创业找到实现人生理想的道路。

**2. 敢于冒险的精神**

成功者必须具有冒险精神。对于大学生创业者而言，冒险精神更加重要，因为在大学生创业的过程中，只有具备了冒险精神和承担风险的意识，才能对创业活动把握得更客观、更具有前瞻性，其智慧和胆识才能得到充分发挥。

**3. 自信、自强、自主、自立的创业精神**

自信心能赋予人主动积极的人生态度和进取精神，不依赖、不等待。而自强就是在自信的基础上敢于实践，不断增长自己各方面的能力，勇于使自己成为生活与事业的强者。

自主就是具有独立的人格，具有独立的思维能力，不受传统和世俗偏见的束缚，选择自己的道路，善于设计和规划自己的未来，并采取相应的行动。自立就是凭自己的智慧和才能，凭借自己的努力和奋斗，建立起自己生活和事业的基础。

### （三）好的创业心理品质

心理品质是指创业者的心理条件，包括自我意识、性格、气质、情感等心理构成的要素。作为创业者，应该具有非常强的心理调控能力，能够持续保持一种积极、沉稳的心态。

创业的成功在很大程度上取决于创业者的创业心理品质。正因为创业之路不是一帆风顺的，因此，如果不具备良好的心理素质、坚韧的意志，一遇挫折就垂头丧气、一蹶不振，那么，在创业的道路上是走不远的。只有具备处变不惊的良好心理素质和越挫越勇的顽强意志，才能在创业的道路上自强不息、顽强拼搏，创造出属于自己的一番事业。

### （四）全面的创业能力

创业能力是一种特殊的能力，它由决策能力、经营管理能力、专业技术能力与交往协调能力等组成。作为一个想创业并打算创业的大学生，必须培养和提高自身的综合能力。特别是要注意锻炼自己的用人能力、沟通交流能力和组织策划、管理、自我控制等能力。

1. **决策能力**

决策能力，是创业者根据主客观条件，因地制宜，正确地确定创业的方向、目标、战略以及具体选择实施方案的能力。

创业者的决策能力通常包括分析能力、判断能力和创新能力。大学生创业是一个充满创新的事业，创业者必须具备创新能力，不墨守成规，能根据客观情况的变化，及时提出新方案，不断地开拓新局面、创出新路子。可以说，决策能力是创业者不断前进的关键。

2. **经营管理能力**

经营管理能力是指对人员、资金的管理能力。它涉及人员的选择、使用、组合和优化，也涉及资金的筹集、分配、使用等。经营管理能力是一种较高层次的综合能力，是一种运筹性能力。

经营管理能力的形成要从学会经营、学会管理、学会理财等几个方面去努力。

3. **专业技术能力**

专业技术能力，是创业者掌握和运用专业知识进行专业生产的能力。许多专业知识和专业技能要在实践中摸索，逐步提高、发展、完善。

创业者要重视创业过程中的知识积累和专业技术方面的经验以及职业技能的训练，对于理论知识和实践中的经验，两者要结合运用，并在加深对理论知识理解的基础上不断提高和拓宽。对于陌生的知识和他人的经验更要探索，在探索的过程中形成自己的特色，并为我所用。只有这样，专业技术能力才能不断提高。

4. **交往协调能力**

交往协调能力，是指能够妥善地处理与公众（政府部门、新闻媒体、客户等）之间的关系，以及能够协调下属各部门成员之间关系的能力。

### （五）积极的竞争意识

竞争是市场经济最重要的特征之一，是企业赖以生存和发展的基础。人生充满竞争，竞争本身就是提高，竞争的最终目的就是取得最后的胜利。

随着我国市场经济的发展，竞争会越来越激烈，从小规模的分散竞争，发展到大集团集中的竞争；从国内竞争发展到国际竞争；从单纯的产品竞争，发展到综合实力的竞争。因此，创业者只有敢于竞争、善于竞争，才能取得成功。

## 二、创业的知识储备

与简单的自己去给别人打工不同，创业是自己要领导一些人为自己打工。这就要求创业者自己要懂得企业管理方面的知识。这也对高校有创业想法的大学生提出了更高的专业知识要求，即便不能做到面面俱到，也要做到“博览群书”。

在平时的学习过程中，既要学好自己的专业知识，还要利用业余时间多了解一些企业管理方面的知识，多参加一些有关创业方面的培训班，多了解一些成功企业的管理模式。

大学期间，有创业意识的大学生需要提前储备的创业知识包括管理知识、营销知识和财务知识等。

### （一）管理知识

一个管理有序的企业应该是先保证企业“做正确的事”，然后才是努力地“把事做正确”。创业初期可能要靠创业者的眼光与勇气来排除万难，积极投身于创业领域，而一旦企业步入正轨后，就需要管理者具有一定的管理能力，而这种管理能力往往来源于创业者的知识储备。

作为在校大学生，除了学好本专业知识，还应该多学习一下“管理学”这门课程，即使以后不创业，管理也是与我们的日常生活息息相关的。我们不妨在进入大学后，积极竞选班委会，参加各类学生会和社团组织，有机会可以到辅导员办公室从事学生助理工作，这些都可以让自己得到锻炼，学习各个组织、不同层面上的管理知识。

### （二）营销知识

营销知识是今后创业过程中经常要用到的知识之一，这需要大学生们在创业前就要认真学习和运用。在校大学生在日常的学习过程中不会过多地接触营销知识，但是我们可以通过以下方式进行学习。

多去图书馆阅读有关营销案例的书籍，这些成功企业的营销案例具有很强的实用性；由于大学的教室是开放式的，不存在班级与班级的壁垒，因此，大学生们可以选择性地去听一些管理专业的营销课程；多参加校内外的促销活动。虽然促销只是营销的一个方面，但是促销活动可以让自己明白谁是自己的顾客，顾客需要什么，怎样满足顾客的要求。这些其实就是在培养自己以顾客为中心的营销意识；利用寒暑假到一些企业从事兼职营销工作，参与企业的市场调研、产品渠道开发、公关促销等一系列活动，通过这些工作，让自己在创业前不断积累营销知识。

### （三）财务知识

创业需要创业者具备一定的财务管理知识，如启动资金需求的预算。作为一个正规的企业必须要让“财务报表说话”。不少准备创业的在校大学生比较缺乏财务管理知识，最终导致启动资金预算不准确，成本核算不全面，企业账目混乱。

因此，预先了解和学习一些基本的财务知识是非常有必要的。建议大学生多参加一些相关财务的管理知识培训，如财政系统提供的会计从业职业资格培训，这些都是现在高校学生培训中比较热门的财务知识培训。

## 三、创业的能力培养

能力是指人们顺利完成某件事情所具有的资源整合体。大学生如果想在创业方面取得一定的成功，至少要具备五大能力：学习能力、领导能力、协作能力、社交能力以及规划能力。

### （一）学习能力

学习型人才是当今社会需要的主流群体。在这样一个日新月异的时代，创业时要想把工作做好，就必须有好学与善学的精神。学习不是读死书，而是跟上时代的潮流，跟上经济发展的变化。既要见贤思齐，又要注重吸取经验教训。

大学生在校期间，要勤思考、勤动手，要时刻关注国家关于创业扶持的政策，特别是关注学校就业指导部门对大学生创业方面进行的政策解读，以便为日后的创业积累政策参考依据。

### （二）领导能力

创业者作为事业起步的“领头羊”，必须具备一定的领导才能和人格魅力。出色的企业创业团队的产生，是因为有一位优秀的领导者。创业者本身就具有一种感召力和吸引力，通过这些力量的融合，能够使自己的队伍努力为企业奋斗与付出。

领导力的培养主要与行业知识、人际关系、技能、信誉以及进取精神等多个方面相关。在校大学生不能单一地看学习成绩，还应该注重综合素质能力的培养。一个优秀的大学毕业生应在学习与社会实践两个方面都表现得很出色。除了平时学好专业知识外，还应该多参加学校组织的社会实践活动，如学生会组织、大型比赛活动、班委会组织等，这些都可以锻炼自己的领导能力。

### （三）协作能力

俗话说"一个好汉三个帮"，创业是一件富有挑战性和压力性的工作，仅仅靠一个人单枪匹马是很难的，需要有一个出色的团队来支撑。

因此，大学生创业可以试图联络周边与自己有共同理想和追求的同学，形成合力，共同面对挑战。如果说成功等于知识加人脉，那么人脉可能会占 80%。人脉关系的好与坏关系到团队能否顺利组建和是否团结一致。"团结就是力量"，团结协作能力是每个创业者应该具备的能力。

### （四）社交能力

社会交往能力是指能觉察他人情绪意向，有效地理解他人和善于同他人交际的能力，包括与周围环境建立广泛联系和对外界信息的吸收、转化能力，以及正确处理上下左右关系的能力。

对大学生创业者来说，利用人脉来扩大社交圈，通过朋友掌握更多的信息、寻求更大的发展，将成为成功创业的捷径。尤其是随着互联网、微信时代的到来，创业者的社交能力变得越来越重要。

### （五）规划能力

没有任何创业经验的大学生，首先应该学会按照自己的创业规划撰写创业计划书，然后再根据实际情况审视创业计划的可行性。

## 四、创业的资金筹备

想创业，资金是保障。那么，大学生自主创业的资金如何获得呢？创业资金的获得一般可以通过政府扶持、自筹资金和金融借贷三种途径。

### （一）政府扶持

新办的城镇劳动就业服务企业（国家限制的行业除外），当年安置待业人员（已办理失业登记的高校毕业生）超过企业从业人员总数 60% 的，经主管税务机关批准后，可免纳所得税 3 年。劳动就业服务企业免税期满后，当年新安置待业人员（已办理失业登记的高校毕业生）占企业原从业人员总数 30% 以上的，经主管税务机关批准后，可减半缴纳所得税 2 年。

### （二）自筹资金

创业之初应做好企业的启动资金预测和准备工作。一般情况下，大学生在创业之初没有足够的资金，此时可以选择寻求家长、亲戚、朋友和同学的帮忙。把自己的创业想法告诉周围的人，努力得到他们的理解和支持。作为刚刚走出校门的应届大学毕业生，也可以先找一份工作进行创业前的原始资本的积累，学习企业的经营管理经验，缓冲一段时间，待资金充足后再选择自主创业。

### （三）金融借贷

创业过程中，遇到资金紧张问题时难免会和金融机构打交道，这是企业发展过程中常有的事。金融机构其实是十分乐意将自己的钱贷给有良好信誉和有能力偿还的企业的。如果想获得金融机构的贷款，我们需要准备完备的《投资创业计划书》，要让金融机构看到企业的发展前景和盈利点。

作为大学生，要想从金融机构借贷，需要做好以下 3 方面的准备工作。

（1）要有项目可行性方案和《投资创业计划书》。

（2）要有贷款担保人或抵押物。

（3）要有良好的信誉记录和偿还能力。

当前，国家还专门针对应届大中专毕业生提供了一系列的配套小额贷款政策，创业者应准确理解并加以充分利用。

# 第三节　大学生创业指导

大学生自主创业是一个动态发展的运作过程，其最终的结果就是把创业者的理想变成现实的事业。创业的实施是整个创业活动的中心环节，其他创业活动都是围绕创业实施展开的，它的得失决定着创业的成败。

## 一、大学生创业步骤

创业步骤是对创业过程的大致概括，而创业计划则是创业者计划创立的业务的书面概要。对于实践经验尚不丰富的大学生创业者而言，可以通过以下 6 步来实现自己的创业之路。

### （一）选择创业项目

在创业之前，大学生创业者首要做的准备工作就是，选择一个既能使自己发挥所长又具有远大发展前途的创业项目。创业项目可以是有形的，也可以是无形的；可以是生产某种产品，也可以是提供某种服务。

只有选择好了创业项目，其他工作才能依次进行。项目选择对于创业活动来说意义重大，是创业能否成功的关键，也是大学生创业的内在动力。

### （二）慎选公司名称

最佳的公司名称，要能够充分反映产品或服务与众不同的特色及单一性。基本上，公司名称与产品之间的关系是成正比的，具有创意的公司名称不仅有助于建立品牌的形象，同时也能激发顾客的购买欲望。

在选择公司名称时应该具有前瞻性，所选的公司名称要尽可能地将自己的产品或服务推荐给消费者。最后，在注册公司名称前要核实，确定所选的名称还未被登记或已在公司商标法的保护中。

### （三）组建团队

企业的创办者不可能万事皆通，他可能是管理方面的专家，但对技术却一窍不通。因此，建立一个由各方面的专家组成的团队是十分必要的。

一个平衡且有能力的团队，应当包括有管理和技术经验的经理，以及财务、销售、产品设计等其他领域的专家。为了建立一个精诚合作、具有献身精神的团队，企业创办者必须使其团队成员有共同的奋斗目标。

### （四）制订创业计划书

一份创业计划书，既是开办一个新公司的发展计划，也是风险资本猎头评估一个新公司的主要依据。由于创业计划书要求创业者描述公司的创业机会，阐述创立公司、把握这一机会的进程，然后说明所需的资源，揭示风险和预期回报，最终提出行动建议，因此，它是对创业者创业可行性的一次全面考验。

### （五）募集资金

资金是大学生创业过程中不可缺少的资源，一定要先将资金募集充足。换言之，大学生必须明白公司在创立的早期很可能无法赚到钱甚至会亏损，因而要有所警觉，以渡过难关。大学生在筹集创业资金时，应该是以能支付企业创业第一年内所有的运营开销为最低目标。

大学生募集创业资金的渠道有很多，如亲戚、朋友、银行，甚至是房屋或车辆抵押。但必须谨记在心的是，一个成功的创业者总是知道如何善用各种渠道去募集充足的资金来作为创业的坚强后盾，千万不可只从单一渠道获取资金，以免资金周转出现困难时找不到救急的办法。

### （六）公司登记及相关法规

在开始营业之前，大学生创业者必须了解所有与商业有关的法规、申请执照或许可证的细节与表格。需要注意的是，由于区域不同，对营利单位的规定可能有差异，因此要明白自己的工作室或办公室所在的县市区域有哪些应该特别注意的法律规范。

通常，大学生创业者可以从各地的中小企业协会或商会取得相关信息，同时，还要留意营业执照的申请规定及办法。

## 二、大学生创业计划书

对于初创的企业来说，创业计划书尤为重要。创业计划书是创业项目可行性分析的成果，是创业者计划创立的业务的书面摘要，它以与拟创办企业相关的内、外环境条件和要素特点作为业务的发展指南，是衡量业务进展情况的标准。通常，创业计划书是市场营销、财务、生产、人力资源等职能计划的综合。

### （一）创业计划书的作用

创业计划书是商业模式的书面体现。拥有一份好的创业计划书，就好像有了一份业务发展的指示图，它会时刻提醒创业者应该注意什么问题，应该规避什么风险，并最大限度地帮助创业者获得来自外界的帮助。

**1. 指导创业者的创业行动**

编写创业计划书的过程，是一个调研与思考的过程，创业者可以在这个过程中清楚地看到自己所拥有的资源、已知的市场情况和初步的竞争策略等内容，使创业者进一步明确自己的创业思路和经营理念。

**2. 帮助创业者凝聚人心**

一份完美的创业计划书可以增强创业者的自信心。创业计划书通过描绘新创企业的发展前景和成长潜力，使管理层和员工对企业及个人的未来都充满信心，并明确了要从事的项目和活动，使大家有一个准确的角色定位。因此，创业计划书对于创业者吸引所需要的人力资源、凝聚人心，具有重要意义。

**3. 创业者获得融资**

创业计划书作为一份全方位的项目计划，在对即将开展的创业项目进行可行性分析的同时，也是在向风险投资商、银行和客户等宣传拟建的企业及其经营方式，包括企业的产品、营销、制度、管理等各个方面。在一定程度上，创业计划书也是拟建企业对外进行宣传和包装的文件。

### （二）创业计划书的编写原则

创业计划书必须充分展现创业者对于企业内、外环境的熟悉以及实现创业计划的信心。同时，还要体现重要的经营功能，以及对环境变化的假设与预测的一致性。要做到这些，创业者在编写创业计划书时应遵循以下原则。

**1. 坚持以市场为导向**

任何一个企业的利润都来自市场对产品与服务的需求，因此，创业计划书必须坚持以市场为导向的原则来编写，通过市场调查，充分展示创业者对于市场现状的掌握和预测未来发展的能力。

**2. 真实明确**

创业计划书内的数字不能凭空想象，必须通过调查得来，尽量做到客观、真实。创业者一般容易关注投资回报而低估经营成本和风险，因此，创业者要尽量列出可供参考的数据与文献资料，明确指出企业的市场机会与竞争威胁，并要以具体的资料和数据来证明。

此外，创业计划书还要明确说明各种分析所采用的假设条件、财务预测方法、市场需求分析所依据的调查方法与事实依据等信息。

**3. 展现优势与投资者利益**

创业计划书不仅要将经营、管理方面的资料完全展示出来，而且要充分展现创业者所具备的竞争优势。除此之外，还有重要的一点，那就是要明确指出投资者的利益所在，并显示出创业者创造利润的强烈愿望。

**4. 展现经营能力**

创业计划书的“管理团队”部分，要充分展现创业团队的经营能力与丰富的经验背景，并显示创业团队对于该产业、市场、产品以及未来运营策略的信心和对创业成功的把握。

**5. 内部逻辑一致**

创业计划书通篇都要做到前后的基本假设或预测相互呼应，保持前后逻辑一致。比如，人员的配备要依据经营规模的变化而变化。

**6. 完整性**

创业计划书一般包括封面、计划摘要、企业介绍、行业分析、产品介绍、组织结构、营销策略等多项内容，但其内容、用词要以简单明了为原则，做到文字流畅、表达准确，排版规范，对于非相关资料尽量不罗列出来。

### （三）创业计划书的主要内容

一份完整的创业计划书，应该由封面、计划摘要、企业介绍、市场预测及分析、营销策略等主要部分构成。

### 1. 封面

封面的设计要有审美观和艺术感。一个好的封面会使阅读者产生好感，形成良好的第一印象。

### 2. 计划摘要

计划摘要涵盖了计划的要点，是浓缩了的创业计划书的精华。在编写计划摘要时，以一目了然为原则，以便阅读者能在最短的时间内评审计划并作出判断。计划摘要必须认真书写，保证内容全面，以吸引投资者关注。它一般应包括以下内容。

（1）公司介绍。

（2）管理者及其组织介绍。

（3）主要产品和业务范围。

（4）市场概貌。

（5）营销策略。

（6）销售计划。

（7）生产管理计划。

（8）财务计划。

（9）资金需求情况。

### 3. 产品（服务）介绍

在进行投资项目评估时，投资人最关心的问题之一就是，风险企业的产品、技术或服务是否具有独特性，是否能尽快占领市场。因此，产品介绍是创业计划书中必不可少的部分。通常，产品介绍应包括以下内容。

（1）产品的概念、性能及特性。

（2）产品的研究和开发过程。

（3）产品的市场竞争力。

（4）产品的市场前景预测。

（5）发展新产品的计划和成本分析。

（6）产品的品牌和专利。

在产品（服务）介绍部分，创业者要用通俗易懂的语言，对产品（服务）作出详细、准确的说明，达到让非专业人员的投资者都能看明白的目的。一般情况下，产品介绍都应附上产品原型、照片或其他介绍。

### 4. 人员和组织架构

一个企业除了拥有产品外，人员也是不可缺少的。企业管理层人员素质的高低和组织架构是否合理，直接决定了企业经营风险的大小。因此，风险投资家会特别注重对管理队伍的评估。

在创业计划书中，必须对重要人物进行介绍，包括他们所具有的能力，他们在本企业中的职务和工作经验，他们过去的详细经历及背景等。除此之外，在这部分中，还应对公司结构做简要的介绍，包括公司的组织结构图、各部门的负责人及主要成员、公司的董事会成员等。

### 5. 行业分析

在行业分析中，应该正确评估所选行业的基本特点、竞争状况以及未来的发展趋势等内容。以下内容是应该仔细思考并写进计划书的。

（1）该行业发展程度如何？现在的发展动态如何？

（2）创新和技术进步在该行业扮演着怎样的角色？

（3）该行业的总销售额有多少？总收入为多少？发展趋势怎样？

（4）经济发展对该行业的影响程度如何？政府是如何影响该行业的？

（5）竞争的本质是什么？你将采取什么样的战略？

（6）进入该行业的障碍是什么？你将如何克服？该行业典型的回报率有多少？

### 6. 市场预测

在创业计划书中，市场预测应包括需求预测、市场现状综述、竞争厂商概览、目标顾客和目标市场，以及本企业产品的市场地位等内容。

创业者进行市场预测时，首先要对需求进行预测，了解市场是否存在需求以及需求程度如何，市场规模有多大，影响需求的关键因素等。其次，市场预测还包括对市场竞争情况的分析，如主要竞争对手有哪些，本企业预计的市场占有率是多少，本企业进入市场会引起竞争者怎样的反应等。

在创业计划书中，创业者还应阐明竞争者给本企业带来的风险以及本企业采取的策略。投资风险描述得越详细，就越容易引起投资者的兴趣。

### 7. 营销策略

营销是企业经营中最富挑战性的环节。在创业计划书中，营销策略应包括以下内容。

（1）市场机构和营销渠道的选择。

（2）营销队伍的管理。

（3）促销计划和广告策略。

（4）价格策略。

对创业企业来说，由于产品和企业基本无知名度，很难进入其他企业已经稳定的销售渠道。因此，企业不得不暂时采取高成本低效益的营销战略，如广告策略，大打商品广告；价格策略，向批发商和零售商让利等。

**8. 生产制造规划**

创业计划书中的生产制造规划应包括产品制造和技术设备现状、新产品的投产计划、技术提升和设备更新的要求、产品各项固定成本与变动成本的说明，以及详细生产成本的预估、质量控制和质量改进计划等内容。

在寻求资金的过程中，为了增加企业在投资前的评估价值，创业者应尽可能地使生产制造规划更加详细、可靠。一般来说，创业者在编写生产制造规划前应回答以下问题。

（1）企业生产制造所需的厂房、设备情况如何？

（2）生产线的设计与产品组装是怎样的？

（3）生产周期标准的制定以及生产作业计划的编制。

（4）设备的引进和安装情况，谁是供应商？

（5）供货者的前置期和资源的需求量。

（6）物料需求计划及其保证措施。

（7）质量控制的方法是怎样的？

（8）怎样保证新产品在进入规模生产时的稳定性和可靠性？

**9. 财务规划与报酬分析**

财务规划一般要包括创业计划书的条件假设、预计的资产负债表、预计的损益表、现金收支分析以及资金的来源和使用。财务规划的重点是资产负债表、利润表（也称损益表）、现金流量表的编制。

企业的财务规划应保证和创业计划书的假设相一致。事实上，财务规划和企业的生产计划、人力资源计划、营销计划等是密不可分的。要完成财务规划，必须明确以下问题。

（1）每件产品的生产费用是多少？

（2）每件产品的定价是多少？

（3）什么时候开始产品线扩张？

（4）使用什么分销渠道，所预期的成本和利润是多少？

（5）雇佣何时开始，工资预算是多少？

此外，报酬分析的主要内容包括：提供未来 5 年的损益平衡分析、投资报酬率预估，说明未来融资计划，说明投资者回收资金的可能方式、时机及获利情况等。

**10. 风险评估**

风险评估旨在详细说明公司在运作过程中可能遇到的各种风险，并估计其严重性发生的概率，然后提出相应的解决方法。风险分析是为了确认投资计划可能伴随的风险，并以数据方式衡量风险对投资计划的影响，目的是向投资者说明风险的对应策略。

常见的风险包括以下内容。

（1）资源限制的风险。

（2）市场不确定性带来的风险。

（3）管理经验限制的风险。

（4）关键管理者的风险。

（5）不可抗力的风险。

### （四）创业计划书的编写流程

创业计划书是在对行业、市场进行充分研究的基础上编写完成的，它的最终目的是为了获得投资。因此，创业计划书的设计应从投资者的角度来考虑。在编写创业计划书时，要注意措辞准确、行文条理清晰、简明扼要，并围绕投资者的关注点去思考、调查和分析。创业计划书的编写可以分为以下 6 步。

**1. 经验学习**

初创企业的创业者完全没有编写创业计划书的经验，此时，可以先搜集国内外较为成功的创业计划书范文。借鉴这些资料中的内容、结构和写作手法后，取其精华，然后整理自己的写作思路。

**2. 细化创业构想**

创业者对自己将要开创的事业要给予非常具体、细致的思考，并细化创业构想，制定明确的时间进度表和工作进程。如果构思不完整，企业后期很可能经营困难，甚至破产倒闭。因此，成熟的创业者应具有较为完整的创业构思，并在制订计划书前，思考下面几个问题。

（1）我为什么要创业？是有创业条件与机会，还是被逼无奈？

（2）分析与评估自己，自己的优点是什么？缺点又是什么？

（3）寻找适合自己创业的领域。

（4）选定具体的经营范围，并对市场机会与市场前景有相当程度的把握。

**3. 市场调研**

市场调研就是市场需求调查，即运用科学的方法，有目的有计划地收集、整理、分析有关供求和资源的各种情报、信息和资料。在市场调研过程中，调研者要同潜在顾客展开接触，搜集顾客购买此类产品的时间周期、谁在决定是否购买、你的产品或服务凭什么吸引目标市场中的消费者等信息，以便制定销售策略。

此外，市场调研还包括对竞争对手的调查，例如竞争对手都有哪些？他们的产品与本企业的产品相比，有哪些相同点和不同点？竞争对手采用的营销策略是什么等。

**4. 方案起草**

收集到足够的信息后，创业者即可开始起草创业计划。由于创业计划书中包含的内容较多，因此，创业者在计划时要明确各个部分的作用，做到有的放矢。同时，在撰写创业计划书的过程中，创业者还需咨询律师或顾问的意见，确保计划书中的文字和内容没有歧义，不会发生误解。

**5. 完善方案**

首先根据撰写的计划书，把其中最重要的内容做成一个 1 至 2 页的摘要，放在前面。然后，认真检查一遍创业计划书，千万不要有错别字之类的低级错误，否则别人会觉得你做事不够严谨。最后，设计一个漂亮的封面，编写目录与页码，然后打印、装订成册。

创业计划书的封面要简洁有新意，包含项目或企业名称、地址、联系方式等。版本装订要精致，要按照资料的顺序进行排列，并提供目录和页码，最后还要附上计划书中支持材料的复印件。

在撰写创业计划书的过程中，要注意控制篇幅。简要的创业计划书一般为 4 至 10 页，全面翔实的创业计划书一般在 40 页以内。另外，封面的纸质要坚硬耐磨，尽量使用彩色纸张，以增加文件的外观吸引力，但颜色不要过于耀眼。

**6. 检查方案**

对创业计划书文本和内容进行检查，以保证计划书的正确和美观。创业计划书的检查包括以下几方面的内容。

（1）检查创业计划书是否体现出具有管理公司的经验。

（2）检查创业计划书是否显示出公司的偿还能力。

（3）检查创业计划书是否显示出已经进行过完整的市场调研。

（4）检查创业计划书是否容易被投资者所领会。

（5）检查创业计划书中是否有计划摘要并放在最前面。

（6）检查创业计划书是否在文法上全部正确。

## 三、大学生创业的方法

俗话说："好的开始等于成功的一半。"对于初涉商场的大学生创业者来说，如何成功地迈出创业的第一步，并获得"第一桶金"至关重要。一般来说，大学生成功启动创业，可以通过以下 4 种方法来实现。

### （一）先就业再创业

以个人创业为目的进行打工。首先要选择自己喜欢从事的工作，要选择所在地区颇具规模、有优势的企业。其次，有目的地去学习和积累经验，如学习所在企业的管理模式、产品知识和营销知识；最后充分利用现有的资源平台打好基础，待时机成熟后，再努力开创自己的事业。

### （二）"捆绑"成功人士创业

创业成功的一个有效秘诀是跟随已经事业有成的成功人士。大学生有了创业计划后，可以寻找一位成功人士作为自己的标杆，有目的、有准备地用心学习该成功人士的思考方式、做事方法、处事原则等，并用心与成功人士成为知心朋友，以获得成功人士的帮助与指导。

### （三）"摸石头过河"创业

"摸石头过河"创业法，是指一边创业一边修正创业失误，并不断克服创业困难的创业方法。这种方法能满足一些大学生创业者快速实现梦想的渴望，但在创业过程中可能会经历较多的挫折和失败。

### （四）有效利用网络创业

网络创业不同于传统创业，无须白手起家，而是利用现有的网络资源。网络创业的准入门槛低、成本少、风险小，并且方式也很灵活，特别适合初涉商海的大学生创业者。

目前，网络创业主要包括：网上开店和网上加盟两种形式。例如，京东、淘宝等知名商务网站都具备较完善的交易系统、交易规则以及成熟的客户群，每年这些网站还会投入大量的宣传推广费用。因此，大学生创业者可在投资较少的情况下，加盟这些网站，依托电子商务平台来发展业务。

## 四、捕捉商机的技巧

市场需求自身创造着商业机会，大学生创业者在寻找商机的同时，商机也在寻找着创业者。因此，掌握寻找商业机会的技巧能帮助大学生创业者在竞争中脱颖而出。

### （一）分析环境，寻找商机

从环境中发现商机。一般来说，环境可分为创业的一般环境和具体环境。

（1）创业的一般环境。通常是指创业者所处的宏观环境，可以从政治、经济、社会和技术 4 个方面进行划分。

（2）创业的具体环境。通常是指创业者所处的微观环境，一般从供应商、顾客、竞争者、政府以及公众压力 5 个方面来进行分析。

环境既蕴涵着无限的商机，也隐藏着一定的威胁，大学生创业者要充分利用环境变化提供的机会，小心规避环境中的风险与威胁，并从分析环境的机会与威胁中发现创业商机。假设开办一家食品厂，当得知“现在人们都很注重食品安全的问题，到底吃什么才最安全？”已成为国家当前关注的问题时，那么生态、绿色食品就将会成为时下的商机和卖点。

### （二）调查研究，寻找商机

调查研究是发现商机的前提与基础，没有深入的市场调查和社会调查，就不会发现与环境相容并且能够满足顾客需求的商机。大学生创业者既要对市场需求进行调查、研究，又要对社会进行调查、研究，从调查中得出关于产品设计、生产规模和财务核算等信息，进而研究出相应的经营对策。

通过调查研究，寻找创业商机的方法如下。

（1）观察。即对事物进行仔细地察看和了解。观察顾客的状况、竞争者的状况、街区环境状况等，发现其中所蕴含的商机，并把这些记录下来，作为创业思路和备选项目的依据。

（2）体验。即通过亲身实践来认识周围的事物。大多数创业者都有过看似浅显和认为应该成功的项目，但真正接触后才发现不像想象得那么简单，最终以失败收场。正所谓“出水才见两脚泥”，只有亲自实践才能体验到事物的本质和内涵。

例如，只有亲自去饭店体验他们的服务质量，才知道招聘和培训服务员的重要性；只有亲自去参与促销活动，才能够掌握促销活动的实际作用和效果。

（3）询问。即打听或征求意见。询问不是自己直接去看或体验，而是了解他人的看法和感受。因此，大学生创业者还要向有创业经验的亲朋好友请教和询问，向相关的顾客询问，向周围的公众询问等。通过询问对象的经验、意见与建议，会帮助大学生创业者评判自己所确立的商机是否正确，使自己少走弯路。

（4）换位。即转换自己的位置，从项目关系人的位置和利益出发，对商机进行调查研究。创业项目是否具有商机，来自外部（包括顾客、竞争者、供应者等）的需要与认可。因此，在进行创业机会调查研究时，就不能一厢情愿，而应站在顾客、竞争者、供应商等的位置，从他们的角度和利益出发，运用观察、体验和询问去调查和收集第一手资料。

### （三）挖掘热点，寻找商机

从产品市场的发展规律来看，由潜在的市场变为现实的产业化市场，大致可以通过以下 5 个主要步骤来实现。

（1）种子市场阶段。消费者对尚未存在的东西具有的需求和欲望，形成种子市场。例如，我国近年来出现的私有高档住宅和小区，催生了业主们期望有人为他们“看家护院”的需求和欲望。

（2）市场具体化阶段。推出适合潜在市场的产品或服务，引起市场的具体化。例如，中国月嫂的出现。

（3）市场扩展化阶段。跟进者的行为，使市场得以扩展。例如，月嫂培训班的出现。

（4）市场独立化阶段。市场被跟进者占满以后，新产品就需要高度独特化，市场出现分裂。例如，满足业主不同需求的月嫂出现了等级划分的情况等。

（5）市场再结合阶段。市场走向再结合。例如，我国目前正由房地产商为主体的物业销售模式转变为由业主为主体的物业购买模式。

从这个产品市场发展的过程来看，创业最容易成功的时机是在市场具体化和市场再结合这两个阶段。这两个阶段的变化最为剧烈，产品市场最热，剧烈的变化则蕴涵着商机，蕴涵着新的需求。因此，大学生创业者要善于在热点产业中积极寻找商机。

## 第四节　大学生创业的风险与防范

在创业道路上机遇与挑战同在，成功与挫折并存。了解创业过程中可能存在的风险，寻找防范措施，避免陷入创业误区，对于大学生创业者来说，具有积极的意义。

### 一、大学生创业的风险

做任何一件事情都会有风险，创业更是如此，那么大学生创业一般会遇到哪些风险呢？

#### （一）缺乏市场调研

缺乏对市场的了解是目前大学生创业中普遍存在的现象，不少大学生创业者没有对其产品或项目做市场调查的意识，而只是进行理想化的推断，甚至仅凭一时心血来潮做决定。大学生在创业初期一定要做好市场调研，在了解市场的基础上创业，才能长久。

#### （二）缺乏创业技能

很多大学生创业者眼高手低，当创业计划转变为实际操作时，才发现自己根本不具备解决问题的能力，这样的创业无异于纸上谈兵。

#### （三）社会资源贫乏

企业创建、市场开拓、产品推介等工作都需要调动社会资源，大学生在这方面就会感到非常吃力。平时要多参加各种社会实践活动，扩大自己人际交往的范围。

### （四）缺乏承受挫折的能力

很多创业大学生的经历是一帆风顺的，没有经历过挫折与失败，所以抗挫折能力较差，加上没有做好迎接困难、面对挑战的心理准备，当遇到问题时，很容易心灰意冷，停滞不前。

另外，从创业成本上来讲，很多创业大学生对昂贵的、高风险创业费用的承受能力也是有限的。

### （五）盲目扩张

当创业者初尝甜头后，往往急于求成，想更快地收回成本创造盈利，从而盲目扩张，造成企业不能与自身能力、市场需求相协调，这样是极其危险的。此时，如稍有意外，就可能产生巨大的损失，最终导致前期所有的努力都功亏一篑。

### （六）管理风险

企业管理，是一个合伙企业存活的关键。大学生创业初期的合作伙伴往往是亲朋挚友，由于初涉商场，知识单一，又缺乏实践经验，就会出现决策随意、信息不通、患得患失、用人不当、急功近利、盲目跟风等现象。再加上对合作伙伴的信任，而忽略了企业管理的重要性，长此以往，导致企业的管理混乱不堪，最后企业的存活也就越来越艰难。

### （七）竞争风险

任何行业都会面临竞争的问题，对于新创企业更是如此。如果创业者选择的行业是一个竞争非常激烈的领域，那么在创业之初很有可能受到同行的排挤。

一些大企业为了把小企业吞并或挤垮，常常会采用低价销售的手段。对于大企业而言，由于实力雄厚且已形成规模效益，短时间的降价并不会对企业造成致命的伤害，而对于初创企业则可能意味着倒闭的危险。因此，考虑好如何应对来自同行的残酷竞争是创业企业生存的必要准备。

### （八）团队分歧

现代企业越来越重视团队的力量。初创企业在诞生或成长过程中最主要的力量来源一般都是创业团队，一个优秀的创业团队能使创业企业迅速地成长起来。但与此同时，风险也蕴含其中，团队的力量越大，产生的风险也就越大。一旦创业团队的核心成员在某些问题上产生分歧，就极有可能会对企业造成强烈的冲击。

事实上，做好团队的协作工作并非易事。很多创业初期很好的伙伴因为股权和利益最终不欢而散。

## 二、创业风险的防范措施

虽然创业过程中的各种风险是难以预测且不可避免的，但是通过科学的方法，仍可以未雨绸缪，针对不同风险制定不同的防范措施，最大限度地降低风险的发生概率，甚至化风险为机遇。

### （一）应对竞争对手

所有的行业都不可能是独家经营，都不可避免地面对竞争对手，当竞争对手与自己不相上下，该如何保证自己始终处于优势状态呢？下面将根据实战经验给出一些面对竞争对手的应对策略。

（1）控制技术，限制竞争。如果创业依托的技术有专利权，那么将在很大程度上排除同类竞争项目出现的可能性，降低投资成本和投资的商业风险。

（2）密切注视同行的动向。在企业的研发阶段，应密切注视其他公司类似工作的进展情况，如同类产品的功能设计，从中找出自己产品的优势，为产品推出市场，以及后期如何跟进提供了可执行的方案。

（3）选择高技术项目。如果项目的技术含金量足够高，那么其他企业要想通过完全破解技术配方或关键内核来仿制新产品是不可能的，而其他企业自行研制开发也需要很长的时间。因而高技术项目能够有效地延长其他企业跟进的时间。

（4）重视产品的更新换代。在第一代产品还在酝酿过程中时，就要制订后续系列产品的开发计划，并在生产规划中详细论证以确保开发计划的实施。因此，企业一方面要抓紧时机生产出升级换代产品以完善原有产品的缺点，更好地满足顾客的需求；另一方面还要优化生产工艺和销售渠道，在成本和价格方面适应市场竞争的需要。

（5）注重产品多样性。在当今市场竞争日益激烈的情况下，创业企业推出主打产品的同时一定要采取产品多样化的战略，以扩大市场占有率。此外，多样化的产品也能有效地防止竞争者的模仿和进攻。

### （二）应对市场变化

不管是企业还是企业的产品，都需要面对变幻莫测的市场，作为创业者应该采取哪些措施来应对呢?

（1）有效的市场调查。只有进行有效的市场调查和研究，才能了解顾客的需求。市场调查不仅包括项目创意的调查，而且要贯穿产品研发和试制过程的始终，成为可依赖的标准，切实指导产品的开发和改进。

（2）扎实高效的组织。仅有好的创意、好的机会还不足以真正成就一个企业，新产品、新技术的实现和推广，还要依靠扎实高效的团队努力。因此，建立高素质、善于学习和能够主动适应市场的组织，才能将新产品的营销、推广策略真正落到实处。

（3）新领域的先锋。新技术、新产品不仅能满足顾客需要，还应能够发掘并引起新的市场需求，动态地改变消费者的偏好，成为新领域的先锋。

### （三）应对管理危机

由于创业企业的管理团队一般都很年轻，又是刚刚组建，彼此间缺乏默契，再加上管理经验不足，又要在短时间完成新技术、新产品的生产和推广，因而会出现很多的管理问题，必须积极采取措施进行应对。

**1. 借用外脑**

对于创业公司管理队伍年轻化的问题，在公司起步这个比较关键的发展阶段，可以考虑与风投公司或是孵化公司合作，邀请有经验的人士参与经营管理；也可以聘用各方面专业人才加盟。这样可以利用有经验的专业人士带动整个组织及其管理团队的成长和进步。

**2. 培养团队精神**

团队精神是企业抵达成功彼岸的基石。在社会分工越来越细的今天，企业之间的竞争，已经不是个人赛，而是团体赛。因此，面对竞争日益激烈的市场，企业更应该注意自己团队人才的培养，塑造符合自身发展目标的企业文化。

### 3. 控制人员的流失

由于创业企业很容易遇到各方面的风险和阻力，因此常常要面对技术、管理和销售服务人员的流失问题。要留住人才，就要根据不同类型人才的特点，采取不同的措施。

（1）管理、技术人才。明确利益关系，对于高素质的专业人才可考虑分配一定数额的公司股份；同时制定有效的激励机制，管理人员和技术人员应该适用不同的绩效考评机制，还要用企业文化所形成的强大凝聚力留住人才。

（2）销售、服务人才。根据业绩评估，及时提高工资和福利待遇；建立完善的晋升制度，做到奖惩分明；加强并提高服务人员从业素质的培训，使其感到在公司中的个人价值。

防止专业人才及业务骨干流失是创业者应当时刻注意的问题，在那些依靠某种技术或专利创业的企业中，拥有或掌握这一关键技术的业务骨干的流失是创业失败的最主要风险源。

## （四）应对财务危机

在创业初期前两年很可能会遭遇财务危机，度过这个危机，企业就可能迎来一个春天。面对这些财务危机时，创业者应采取相应的措施。

### 1. 完善财务管理体系

大学生创立企业要建立一套严格的财务管理制度，包括财务报表制度、投融资制度、赊销制度以及审核制度等，真正把财务管理工作提高到企业管理的高度上来，而不仅仅是记账手段。

此外，大学生创立企业一般初始资金都不富裕，这就需要科学、合理地配置这些有限的资源，以发挥他们的最大效用。一般来说，创业初期的资金应本着“专款专用”的原则，不能拆东墙补西墙，更不能把短期资金用作长期投资，否则容易引发企业的资金链断裂。

在企业创立的最初几年，至少是前 5 年，始终把用户的需求作为第一目标，并在资金允许的情况下加大投资力度，提高产品技术含量。

### 2. 适时调整财务结构

企业在发展过程中应适时改变财务结构。事实证明，如果销售额增长，新企业的成长速度就会大于资本结构的成长速度。因此，新企业的每一次成长，都需要一个与众不同的新财务结构。

公司在运营一定年限后，会力求寻找更大的资金来源，主要途径有寻找合伙人，或与其他公司合伙等。在选择资金来源时，企业家必须充分了解合伙人或合伙公司的信誉和营业互补性及发展前景等信息。

**3. 拓宽融资渠道**

资金是决定大学生创业企业生存和发展的关键性问题。为了应对创业过程中的财务危机，大学生创业者可以通过以下方式来缓解。

（1）大学生创业者要充分了解并利用国家、省市各级政府提供的鼓励创业的优惠政策。一般来说，这些优惠政策主要包括：创业企业注册资金允许分期支付，享受国家相应的税费减免，创业贷款政府贴息，对大学生创业企业录用应届毕业生就业给予奖励等。

（2）创业企业可以利用商业信用保持适度负债，例如，企业采购原料时尽量避免现金支付，力争延长信用期限，从而有利于资金的融通。

（3）创业企业可以开展股份融资，通过设立企业股份，吸纳资金充裕的个体以资金作为股本加入创业团队，不仅可以缓解融资难的问题，还能够分散创业企业的经营风险。

（4）对于初创企业而言，筹集资金除了依靠开源以外，也要注重节流。在企业经营管理过程中，都应本着节约的原则。除此以外，创业企业本身也要更注重产品质量和服务水平，本着诚信经营的原则，树立良好的商业信用，从而增加金融机构授信的砝码，提高企业自身的融资能力。

**4. 增加成本意识**

企业创立初期，大学生创业者们往往会选择开辟新市场、扩大销售量，而忽略了成本控制这一环节。甚至有部分大学生创业者在没有摸清市场状况的前提下，就贸然购买原料、设备等投入生产，结果导致产品滞销。这种滞销的库存商品又会导致当期生产成本的增加，进而造成企业的流动资金短缺，甚至出现现金流断裂。

一般而言，大学生在创业初期所要投入的成本主要有：场地租金、生产经营设备的投入、员工工资、开办企业所缴纳的各项税费等。大学生在创业初始阶段，要严格核算企业的可控变动成本和可控固定成本，根据企业经营目标和产品市场状况，合理确定可控成本的范围以及边界。

【知识加油站】

## 2021届毕业生在杭就业创业最新指南大合集

就业手续篇：

**1. 特色**

高校毕业生在杭就业手续网上办理跑零次。

**2. 接收条件**

凡意向在杭就业，并与杭州市、区（县、市）属用人单位签订就业协议或劳动合同（研究生可办理“先落户、后就业”），均可通过网上办理方式办理在杭就业手续。

**3. 材料和办理流程**

**材料（对应上传）**

①“普通高校毕业生签订就业协议”。上传加盖用人单位公章或人事章的就业协议书（普通高校毕业生自主创办企业的，可与所创办企业签订就业协议，上传加盖用人单位公章的就业协议书）。

②“普通高校毕业生签订劳动合同”。上传加盖用人单位公章的劳动合同。

③“研究生先落户后就业”。上传空白就业协议书即可。

**办理流程**

①实名注册登录浙江政务服务网（www.zjzwfw.gov.cn）或浙里办 App，选择“杭州市”，搜索“高等学校等毕业生接收手续办理”。点击“在线办理”完善毕业生个人相关信息及上传相关附件。

步骤一

实名注册登录浙江政务服务网（www.zjzwfw.gov.cn），定位“浙江省—杭州市”。

图8-1　浙江政务服务网

步骤二

搜索栏搜索“高等学校等毕业生接收手续办理”，点击“在线办理”。

图8-2　在线办理

步骤三

请根据具体情况选择类型，并按要求填写各项，取件方式建议选择自行下载。

图8-3　高等学校毕业生接收手续办理

图8-4　高等学校等毕业生接收手续办理

步骤四

上传对应材料

图8-5　上传对应材料

②提交网上申请后，等待后台受理审核。

③线上审核通过后毕业生可在个人中心“办事记录”中查询办理状态，受理通过的自行打印《杭州市高校毕业生就业接收函》(简称“《接收函》”)。

④毕业生须将《接收函》及时交予高校，高校根据《接收函》上载明的档案转递地址寄送学生档案。若高校已将学生档案完成转递的，毕业生须将《接收函》交予档案所在机构办理转档，《接收函》作为转档凭证（或调档函）。

**其他说明**

①高校毕业生办理《接收函》手续，原则上由毕业生在网上自助办理，如确需到现场办理的，凭本人身份证和就业协议书（或劳动合同）至我市相应各级人才服务机构现场办理。

②杭州市各级人才服务机构地址及咨询电话（行政区划调整后的相应联系方式待明确后公布）

档案和落户篇：

**常见问答**

**NO.1**

问：我是应届高校毕业生，想知道毕业后我的人事档案该由谁来保管？

答：毕业后，如果您就业的单位是国家机关或国有企事业单位，由就业单位或其上级主管部门负责保管；如果您就业的单位是非公有制企业或社会组织，由就业单位所在地或本人户口所在地公共人才服务机构管理；毕业后未就业的（包括出国留学继续深造的），由本人户口所在地（生源地）公共就业或公共人才服务机构管理。根据人事档案管理相关规定，严禁个人保管本人或他人的人事档案。

已在杭州找到就业单位的应届高校毕业生，在线或现场办理在杭就业手续后，须将《接收函》及时交予高校，高校根据《接收函》上载明的档案转递地址寄送学生档案。若高校已将学生档案完成转递的，毕业生须将《接收函》交予档案所在机构办理转档，《接收函》作为转档凭证（或调档函）。

**NO.2**

问：我的人事档案从学校寄往杭州市人力社保局（杭州市人才管理服务中心），如何知道有没有到杭州市人才管理服务中心？我的存档信息应该去哪里查询？

答：您好！在杭州市人才管理服务中心存档的人员可以通过杭州市人力资源和社会保障网（http：//hrss.hangzhou.gov.cn/）“流动人员人事档案管理”入口进入“浙江政务服务网杭州市人才服务”页面，进行自助查询流动人员人事档案存放信息查询或登录浙江政务服务网（www.zjzwfw.gov.cn）或浙里办 App，选择“杭州市”，搜索“查询打印流动人员人事档案存档证明”事项，点击“在线办理”，实名注册登录即可查询打印。

图8-6　杭州市人力资源和社会保障局

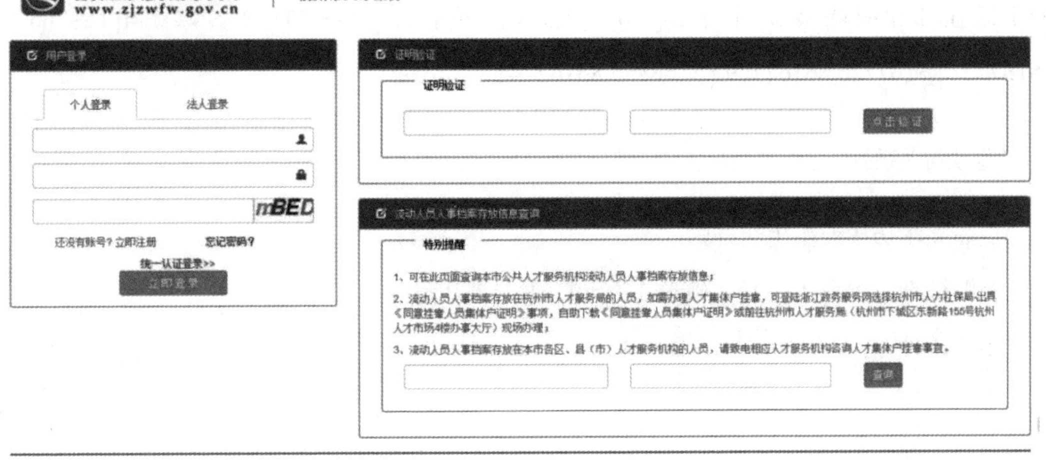


图8-7　浙江政务服务网

**NO.3**

问Q：我的人事档案在杭州市人才管理服务中心，是否可以将户口挂靠在杭州市人才管理服务中心人才集体户？

答 A：您好！流动人员人事档案存放在杭州市人才管理服务中心的存档人员，在杭包括杭州市主城区、萧山区、余杭区、钱塘新区无自有产权住房（包括配偶和未成年子女在杭无自有产权住房），且工作单位无集体户的，可以将户口挂靠在杭州市人才管理服务中心人才集体户（登录浙江政务服务网（www.zjzwfw.gov.cn）或浙里办 App，选择“杭州市”，搜索“申请挂靠人才集体户口”事项，点击“在线办理”，实名注册登录即可打印）。本市公安部门负责进杭落户审核审批，具体进杭落户条件、落户所需材料、落户办事流程请查阅本市公安部门公布的落户办事指南（登录浙江政务服务网（www.zjzwfw.gov.cn），选择“杭州市—下城区”，搜索“人才引进落户”事项，点击“在线办理”，实名注册登录即可在线申请。

**NO.4**

问 Q：除了在线办理相关手续外，我可以来杭州市人才管理服务中心现场办理相应的手续吗？

答 A：为深入推进“最多跑一次”改革要求，办事群众可通过浙江政务服务网在线办理相关手续，也可持本人身份证前往相应的办事大厅现场办理手续。杭州市人才管理服务中心地址：杭州市东新路 155 号四楼。服务时间为：工作日周一至周五（节假日根据上级通知相应调整），上午 8：30—12：00；下午 13：30—17：00。联系电话：0571-85167727.85167728.85167729.85166855.85167741。

专项补贴篇：

应届高学历毕业生生活补贴

补贴标准：本科 1 万元、硕士 3 万元、博士 5 万元。

**申请条件：**

**表8-1 应届高学历毕业生生活补贴申请条件**

<table>
<tr><td>国籍</td><td colspan="2">中国国籍</td><td colspan="2">外国国籍</td></tr>
<tr><td>毕业学校类型</td><td>国内普通高校</td><td>国（境）外高校</td><td>国内普通高校</td><td>国（境）外高校</td></tr>
<tr><td>申请时限</td><td>毕业一年内</td><td colspan="3">毕业五年内</td></tr>
<tr><td rowspan="3">用人单位<br>（申报单位）</td><td colspan="4">1. 企业：税务登记注册在杭州市，区县（市），且依法在杭州缴纳流转税（增值税、消费税）的各类企业。</td></tr>
<tr><td colspan="4">2. 行政事业单位：市本级所属或区、县（市）所属行政事业单位（包含体制上实行双重管理，在我市各级机构编制部门办理登记发证手续的机关事业单位）。</td></tr>
<tr><td colspan="4">3. 其他用人单位：发证机关为市级或区、县（市）级政府管理部分的社会团体、民办非企业、基金会等。</td></tr>
<tr><td rowspan="4">申请人</td><td colspan="4">1. 全球本科及以上学历应届毕业生[国内高校应届毕业生学习形式应为全日制，国（境）外高校应届毕业生学历学位需经教育部留服中心认证]。</td></tr>
<tr><td colspan="4">2. 毕业时间在 2019 年 6 月 3 日（含）之后。</td></tr>
<tr><td colspan="4">3. 申请时限内在我市用人单位就业或自主创业。</td></tr>
<tr><td colspan="4">4. 按规定缴纳社会保险。</td></tr>
</table>

**备注：**

①申请日期认定。以申请人的用人单位在“亲清在线”数字平台上提交时间或申请人在“杭州市民卡”App“人才码”上提交时间为准。

②毕业时间认定。国内高校应届毕业生以学历证书上载明的毕业时间为准，国（境）外高校应届毕业生以教育部留学服务中心学历学位认证书上载明的毕业时间为准。学历证书或教育部留学服务中心学历学位认证书上载明具体年月日的，以载明的日期为准；仅载明毕业年月，未载明具体日期的，毕业时间以当月最后一天认定。

③申请人在富阳区、临安区、桐庐县、淳安县、建德市等西部区、县（市）领取补贴后，在所在区、县（市）连续工作满 3 年，可再次申请本科 1 万元、硕士 3 万元、博士 5 万元一次性补贴，其他申请条件不变。

**法律责任告知**

申请人与申请单位应诚信申请生活补贴，申请信息应确保真实有效。凡申请人或申请单位通过虚构劳动关系、提供虚假信息等方式骗取生活补贴的，将依法追究相关法律责任。

**申请流程**

申请可通过“亲清在线”数字平台或“杭州市民卡 App”。

（1）“亲清在线”数字平台（单位法人登录申请）

申请人向所在用人单位提交材料，用人单位对材料的真实性进行核实后，登录“亲清在线”数字平台进行网上申报。系统自动比对审核通过后，向申请人的银行卡拨付资金。

申请人属于劳务派遣人员的，由实际用工单位进行审核申报。实际用工单位与劳务派遣公司签订的有效期内劳务派遣合同以及申请人劳务派遣合同由实际用工单位留存备查。

（2）“杭州市民卡 App”平台（个人登录申请）

申请人登录“杭州市民卡”App“人才码”，点击“生活补贴”进行申报。

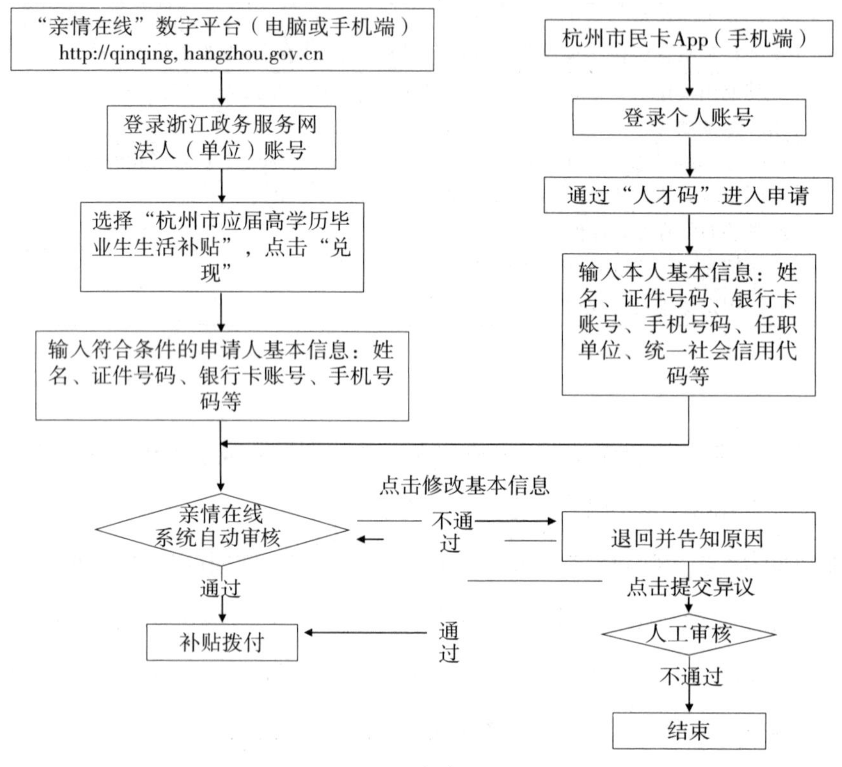


图8-8 申请流程

**其他说明**

①申请人只能享受一次应届毕业生生活补贴，西部区、县（市）再次申领补贴的除外。

②在职人员获得全日制普通高校毕业证书或国（境）外高校学历学位的，不纳入应届毕业生生活补贴范畴。

③特别提醒：弄虚作假、虚报冒领或以不正当手段骗取政策待遇的个人和用人单位，纳入个人和企业征信体系，情节严重的，追究法律责任。

**咨询电话**

政策咨询电话：0571-96345

常见问答

（1）生活补贴的申请条件是否有户籍限制?

不限户籍，满足申请条件即可申请。

（2）在杭省属单位的可以申请吗?

企业需满足条件：税务登记注册在杭州市，且依法在杭州缴纳流转税（增值税、消费税）。

省属行政事业单位，发证机关为省民政厅的民办非企业、社会团体、基金会等不在补贴范畴。

（3）回国留学人员、外国人才申请时限放宽至毕业后5年内，申请时限如何计算?

回国留学人员、外国人才首先要满足毕业时间在2019年6月3日（含）之后这一条件，毕业时间之后的5年内均可申请。

（4）我现在是本科毕业工作，之后获得硕士学历还能再申请吗?

申请人只能享受一次应届毕业生生活补贴，若本科已申领，学历升级也无法再次申请。

（5）劳务派遣人员怎么申请?

申请人属于劳务派遣人员的，通过“亲清在线”数字平台由实际用工单位进行审核申报，实际用工单位与劳务派遣公司签订的有效期内劳务派遣合同以及申请人劳务派遣合同由实际用工单位留存备查。

（6）申请人的社会保险由人力资源服务公司代缴的，是否能申请?

如果人力资源服务公司为不存在劳动关系的高校毕业生等人员缴纳社会保险，是违反相关法律法规规定的，申请人不符合申请要求。如人力资源服务公司只是代为办理社会保险参保手续，社会保险关系与劳动关系一致，符合申领。

## 新引进应届大学生租房补贴

### 政策内容

对在杭州市无房且未享受公共租赁住房、人才租赁房等住房优惠政策，市、区县（市）各单位新引进的应届全日制本科（含）以上大学毕业生发放租房补贴。每户每年发放1万元，可发放三年，期满后收入低于城镇居民人均可支配收入的，可继续享受，最长不超过三年。

申请条件、流程等具体详情咨询 0571-96345。

## 创业服务政策篇

### 一、大学生在杭州创业能享受哪些优惠政策?

根据杭州市政府办公厅关于印发《杭向未来・大学生创业创新三年行动计划（2020—2022 年）实施细则》的通知（杭政办函〔2020〕11 号），大学生在杭州创业可享受“黄金 10 条”。

**1. 设立青年人才专项**

在市全球引才“521”计划、市“万人计划”、市领军型创新创业团队等人才计划中设立青年人才专项，入选市全球引才“521”计划青年人才项目给予 50 万元安家补助，入选市“万人计划”青年拔尖人才给予 50 万元支持，入选市领军型青年创新创业团队的给予最高 300 万元资助。

**2. 实施博士后倍增计划**

给予新设立的国家级博士后流动站、工作站 100 万元资助，省级博士后工作站 50 万元资助。

每年招收博士后 300 名以上，在站期间给予用人单位每人两年 16 万元日常经费和 5 万元科研资助经费，给予博士后每人每年 12 万元生活补贴。

对出站留杭（来杭）工作的博士后，给予每人 40 万元补助。

**3. 加大大赛项目落地资助**

提升创客天下创新创业大赛，大力推动项目落地，符合条件的获奖落地项目可获 20—500 万元资助。

入围中国杭州大学生创业大赛 400 强以上项目在杭落地转化的，可免于评审享受 5—100 万元无偿资助。

支持办好“创青春”“互联网 +”等国家部委举办的大学生创业大赛，获金、银、铜奖（或前三等相当奖项）项目在杭落地，可免于评审直接申请享受 50 万元、30 万元、20 万元的项目无偿资助。

**4. 创业项目资助**

大学生（团队）创办企业及创业创新项目可申请 5—100 万元资助，特别优秀的项目可采取“一事一议”的办法支持。

**5. 实施杰出创业人才培育计划**

每年选拔20名培育对象，给予每人50万元培育扶持资金（40万元为资助资金，10万元进行境外高端参访和培训的资金）。

**6. 专项补贴支持**

对来杭工作的全球本科及以上学历应届毕业生发放一次性生活补贴，其中本科1万元、硕士3万元、博士5万元。

对来杭工作的本科及以上学历应届毕业生，在杭州市无房且未享受公共租赁住房、人才租赁房等住房优惠政策的，发放租房补贴，每户每年发放1万元，可发放3年，期满后收入低于城镇居民人均可支配收入的，可继续享受，最长不超过3年。

**7. 经营场地房租补贴支持**

符合条件的大学生在杭新创办企业租赁办公用房的，可享受3年内最高10万元的经营场所房租补贴。

**8. 加大创业创新金融支持**

大学生创业者可申请最高50万元的创业担保贷款。

向来杭工作本科及以上学历应届毕业生提供最高30万元、为期3年的基准利率贷款。

实施大学生创业“风险池”基金项目，对符合条件的创业企业原则上给予不高于年1%的优惠担保费率和不超过基准利率上浮10%的优惠贷款利率。

**9. 加大知识产权创造资助**

符合条件的大学生创业者在杭注册的企业获得国内职务发明专利授权后，每件资助7000元；获得国内非职务发明专利授权后每件资助2500元；获得美国、日本和欧洲发明专利的，每件最高资助20000元；参加“市长杯”高价值知识产权创新创意大赛，其单位或个人获金奖、银奖、铜奖、优秀奖的，分别给予30万元、15万元、5万元和2万元资助。

**10. 加大大学生见习训练**

优化见习训练基地认定，完善见习训练工作机制，大学生在杭见习期间，可享受每月不低于市区最低月工资标准的见习训练生活费和综合商业保险补贴，鼓励和吸引全国大学生来杭见习就业。

## 二、在杭高校大学生创业有什么培育扶持？

已创业或有创业意向的在杭高校大学生，可参加大学生创业“双营计划”，分为“大学生创业训练营”和“涌泉创业实践营”。前者通过6次课程培训加2次企业考察，帮助在校大学生丰富创业知识，提升创业技能；后者通过提供为期一个月的CEO助理岗位实践，帮助大学生积累创业经验和实战能力。

## 三、如何申请参加大学生创业“双营计划”？

市人才管理服务中心每年分片区举行“大学生创业训练营”，已创业或有创业意向的在杭高校大学生可通过所在高校创业学院或分管创业的相关部门推荐参加培训课程。完成“大学生创业训练营”课程后，有意向的学员可申请参加次年举办的“涌泉创业实践营”，到优秀创业公司完成为期一个月的CEO助理岗位实践学习。

政策咨询：市人才管理服务中心大学生就业创业服务处

联系电话：0571-85167553，85167795

## 四、杭州大学生创业学院是怎样的机构？

杭州大学生创业学院是杭州市人力资源和社会保障局发起创办的国内首家公益性大学生创新创业教育服务平台。每年分层次举办雏鹰班、强鹰班、精英班和行业专题班（2021年为新制造业专题班和数字经济专题班），提高大学生创业者综合素质，助推大学生创业企业健康快速成长。雏鹰班主要面向成立1年左右的大创企业主要负责人；强鹰班主要面向成立2—3年左右的大创企业主要负责人；精英班主要面向成立3年以上，较成熟的优秀大创企业主要负责人；行业专题班主要面向成立2—3年左右的新制造业、数字经济领域相关的大创企业主要负责人。

## 五、如何申请参加杭州大学生创业学院学习？

每年杭州大学生创业学院招生公告下发后，符合条件的大学生创业者可通过浙江政务服务网（杭州市）的“杭州市大学生创新创业‘一件事’联办（企业事项）”或通过杭州大学生创业学院专属报名链接进行网上申报，在线提交相关材料。

政策咨询：市人才管理服务中心大学生就业创业服务处

联系电话：0571-85167553，85167795

## 六、中国杭州大学生创业大赛的参赛对象及参赛要求有哪些?

中国杭州大学生创业大赛是由杭州市人民政府主办，以“宣传推介杭州创新创业环境，集聚吸引优秀大学生来杭创业”为宗旨，通过吸引全国优秀大学生创业项目来杭参赛，促成优秀参赛项目在杭落地转化的创业赛事。参赛对象为全国全日制普通高校（含港澳台地区高校）和海外高校在校大学生及毕业 5 年以内大学生（包括专科、本科、研究生）。大赛要求以创业项目的形式参加，参赛团队成员必须对其参赛项目拥有合法的知识产权或使用权（授权）；项目所提出的产品和服务，可以是参赛者参与或经授权的发明创造、专利技术或课外制作，也可以是一项可能研发实现的概念产品或服务。有意向参赛的大学生或项目团队可通过网站 http：//www.hzrc.com/cy/ 报名。

## 七、中国杭州大学生创业大赛有哪些奖励及扶持措施?

大赛采取奖励和扶持的鼓励措施，分别设特等奖、一等奖、二等奖、三等奖若干名，并给予相应的资金奖励。同时大赛扶持政策体系完备，400 强以上项目若在大赛结束一年内在杭落地转化的，可免于评审，享受 5—100 万元无偿资助。资助标准为：前 400 强项目 5 万元，前 100 强项目 8 万元，三等奖项目 20 万元，二等奖项目 30 万元、一等奖项目 50 万元，特等奖项目 100 万元。

政策咨询：市人才管理服务中心大学生就业创业服务处

联系电话：0571-85165796.85167795。

## 八、“杭州市大学生杰出创业人才培育计划”培育对象须符合哪些条件?

培育对象须为毕业 5 年内普通高校毕业生（包括留学生）或在杭高校在校生，在杭州市税务登记注册，符合我市产业发展导向的企业并担任法定代表人，依法在该企业缴纳社保。还须符合以下条件：

（1）大学生创业团队核心成员出资总额不低于创办企业注册资本的 30%，留学人员自有资金（含技术入股）或海内外跟进的风险投资占公司注册资金的30%以上；

（2）上一年度年销售收入不低于300万元。在富阳区、临安区、桐庐县、建德市、淳安县创办的企业上一年度年营业收入不低于200万元。

## 九、如何参加“杭州市大学生杰出创业人才培育计划”选拔?

选拔工作每年开展一次，符合条件的申请人可通过浙江政务服务网（杭州市）“特色服务”栏目中的“大学生创新创业一件事”，通过“法人登录”界面进行网上申报；或填写申报表、准备相关材料，向税务登记注册地人力社保部门提出申请。

（资料由杭州市人才管理服务中心大学生就业创业服务处整理）

## 【课后作业】

1. 收集学校以及生源地的创业政策。
2. 阅读一份创业计划书并尝试撰写。

# 参考文献


[1] 尹刚，张海军. 大学生就业指导与创业教育［M］. 现代教育出版社，2016.

[2] 钟云华，刘姗. 新中国成立以来高校毕业生基层就业政策变迁逻辑与发展理路——基于1949—2020年政策文本的分析［J］. 高校教育管理，2021，15（2）：114-124. DOI:10.13316/j.cnki.jhem.20210206.011.

[3] 通识教育规划教材编写组. 大学生就业指导：慕课版［M］. 北京：人民邮电出版社有限公司，2019.

[4] 苏文平等. 职业生涯规划与就业创业指导（第2版）［M］. 北京：中国人民大学出版社，2020.

[5] 端木奕祺，杨碧霞，郝勇. 大学生职业发展与就业指导［M］. 北京：国防大学出版社，2016.

[6] 甘萍，吴丹. 大学生职业发展与就业指导［M］. 北京：人民邮电出版社有限公司，2019.

[7] 孙鑫，李华. 大学生职业生涯规划与就业指导［M］. 北京：中国电力出版社，2019.

[8] 马建青等. 大学生心理健康教程（第3版）［M］. 杭州：浙江大学出版社社，2021.

[9] 金海燕. 大学生人生规划与择业指导［M］. 浙江：浙江科学技术出版社，2012.

[10] 钟谷兰，杨开. 大学生职业生涯发展与规划［M］. 上海：华东师范大学出版社，2008.

[11] 何平. 大学生职业生涯规划与就业创业指导［M］. 北京：现代教育出版社，2011.

[12] 张福健. 大学生就业与创业指导［M］. 北京：现代教育出版社，2010.

[13] 张延东. 大学生就业指导与创业教育［M］. 北京：现代教育出版社，2012.

[14] 吴昌政. 大学生职业发展与就业创业指导［M］. 北京：现代教育出版社，2012.